Klassische

Musik

John Bailie

Klassische Musik

Epochen Werke Komponisten

Aus dem Englischen von
Dorothee Göbel

Knesebeck

Der Autor dankt Joanna Bailie für ihren Rat und ihre Unterstützung
beim Verfassen dieses Buches.

Titel der Originalausgabe:
The Hamlyn History of Classical Music
Erschienen 1999 bei Hamlyn Octopus, einem Imprint
der Octopus Publishing Group Ltd,
2–4 Heron Quays, Docklands, London E14 4JP

Die Deutsche Bibliothek – CIP-Einheitsaufnahme
Ein Titeldatensatz für diese Publikation ist bei
Der Deutschen Bibliothek erhältlich

Deutsche Erstausgabe

Satz: satz & repro Grieb, München
Umschlag: Zembsch' Werkstatt, München
Umschlagabbildung vorne: AKG, Berlin

Printed in China

ISBN 3-89660-060-5

Inhalt

Die Ursprünge der

abendländischen Musik

1

Die Ursprünge abendländischer Musik gehen bis ins antike Mesopotamien zurück. Das Kalksteinrelief aus dem Palast eines assyrischen Königs von einer Ausgrabung in Ninive zeigt Armeemusiker, die Streich- und Schlaginstrumente spielen. Das Relief stammt aus dem 7. Jahrhundert v. Chr.

Seit frühester Überlieferung nimmt die Musik im Leben der Menschen einen bedeutenden Platz ein. Es gibt viele Theorien über ihre Entstehungsgeschichte: als Form der Kommunikation, als Begleitung religiöser Zeremonien oder rhythmisch betonter Arbeitsabläufe auf dem Feld, aber auch als Ergänzung zu Gesang und Spiel und anderen gesellschaftlichen Anlässen. Obwohl die Musik in den frühen Zivilisationen des indischen Subkontinents und in China eine wichtige Rolle spielte, liegen die Ursprünge der abendländischen Musik des vierten vorchristlichen Jahrtausends in Mesopotamien.

3500 v.Chr.–200 n.Chr.

Mit der Gründung der sumerischen Stadtstaaten in den fruchtbaren Landstrichen am Ufer des östlichen Mittelmeeres begann um 3500 v. Chr. die früheste Zivilisation. Der Musik kam im Leben der sumerischen Völker offensichtlich von den ersten Anfängen an große Bedeutung zu. Aus der Zeit um 2800 v. Chr. sind Abbildungen auf Tontafeln überliefert, die eine dreisaitige Harfe zeigen. Harfen aus späterer Zeit sind mit sechs oder sieben Saiten bespannt. Die Leier hatte vergleichbare Bedeutung. Auf Rollsiegeln findet man viele Abbildungen dieser Instrumente. In der sumerischen Kultur spielte die Religion, mit der die Musik vor allem in Verbindung gebracht wurde, eine besondere Rolle – in den Tempeln musizierten und sangen Berufsmusiker. Aus jener Zeit der akkadischen Könige gibt es sogar Belege über antiphonal ausgeführte Musik, bei der zwei Gruppen im Wechsel singen. Um 2350 v. Chr. wurden die Sumerer zwar von einer Reihe mächtiger Dynastien unterworfen, dennoch hatte ihre Kultur auf spätere Zivilisationen in diesem Gebiet entscheidenden Einfluss. Die Babylonier führten dann eine kleinere, leichter tragbare Leier und eine Winkelharfe ein, die einer Laute ähnelte. Außerdem musizierten sie auf Trommeln unterschiedlicher Größe und einer Vielzahl von Blasinstrumenten. Auch die Assyrer waren dafür berühmt, festliche Anlässe und Feierlichkeiten musikalisch zu begleiten. Auf erhaltenen Flachreliefs sind Männer und Frauen abgebildet, die auf verschiedenen Instrumenten spielen, unter anderem Doppeloboen, Rahmentrommeln, Harfen und Trompeten. Die neuen Völker, die Mesopotamien eroberten, übernahmen die vorgefundenen musikalischen Traditionen und ergänzten sie um ihre eigenen. Und doch blieb die Musik während eines Zeitraums von 3000 Jahren hauptsächlich mit dem Kultus verbunden.

Der Beitrag Ägyptens

Oben: **Im Alten Ägypten spielte die Musik bei religiösen wie weltlichen Zeremonien eine bedeutende Rolle. Musikinstrumente wie die neunsaitige Harfe, die in diesem Musikzimmer in Theben erklingt, wurden immer weiter verbessert.**

Unten: **Das Neue Reich (1550–1050 v. Chr.) war die Goldene Ära des ägyptischen Kulturlebens. Diese hölzernen Rasseln oder Trommelschlegel stammen aus der 18. Dynastie des 14. bis 16. vorchristlichen Jahrhunderts.**

Die Zivilisation in Ägypten setzte etwa 500 Jahre nach der Gründung des Sumerischen Reiches ein. Die verwendeten Musikinstrumente kennt man auf Grund von Abbildungen auf Wänden, Reliefs, Ton- und Alltagsgegenständen. Aus der Zeit des Alten Reiches (2700–2200 v. Chr.) sind Bilder von Musikern mit Harfen und Flöten überliefert, die den Gesang der Priester und den Tanz begleiten. Im Mittleren Reich (2050–1750 v. Chr.) wurden die Instrumente verfeinert, außerdem neue Instrumente eingeführt, vor allem das Sistrum, eine Art Rassel, und eine zylindrische Trommel. Im Neuen Reich (1550–1050 v. Chr.) vergrößerte Ägypten seinen Machtbereich. Auch die Kultur erlebte eine Blütezeit. Besondere Bedeutung hatte dabei die Musik. Neue Formen von Harfe und Leier entstanden, aus Mesopotamien führte man ein lautenähnliches Saiteninstrument ein. Wandmalereien belegen die Vielfalt dieser Musikinstrumente. Die Musik hatte eine entscheidende Funktion im Kultus, bei Begräbnissen und Festmahlen. Aus dieser Zeit belegen Abbildungen das Ensemble-Spiel. Sie zeigen einen Sänger, der möglicherweise eine Gruppe von Instrumentalisten durch Handzeichen anleitet. In der Folgezeit waren solche Handzeichen anscheinend nicht mehr üblich, was das Vorhandensein eines Notationssystems vermuten lässt – schlüssige Beweise fehlen hier allerdings. Im Dunkeln bleiben auch Details der Stimmsysteme und die Melodien selbst. Das Neue Reich in Ägypten wurde in seiner Spätphase von Invasoren unterworfen. Das bedeutete zugleich den Niedergang der Künste.

Das Vermächtnis des hebräischen Volkes

Im Alten Testament sind Tanz und Gesang beschrieben, mit denen das Volk der Juden unter der Führung von Moses aus Ägypten floh. David erscheint in der Bibel zunächst als Musiker, Komponist und Darsteller am Hofe König Sauls, der durch sein Spiel die Traurigkeit des Königs besänftigt – ein frühes Beispiel für die heilenden Kräfte der Musik. Er stellte die Musik seines Volkes auf eine neue Grundlage, indem er im Gottesdienst sowohl den Gesang wie auch den Einsatz von Instrumenten unterstützte. Das Singen von Psalmen wurde zu einem wesentlichen Bestandteil des Gottesdienstes im Tempel von Jerusalem. Das dabei verwendete Instrumentarium bestand unter anderem aus Kinnor (einer Art Leier), Newel (einem harfenähnlichen Instrument) und Becken. Auch andere Ereignisse wie Hochzeiten, Feste, Beerdigungen und Siegesfeiern wurden musikalisch gestaltet. Meist griff man bei festlichen Anlässen auf Trompete und Schofar (Widderhorn) zurück. Mehrere Trompetenstöße sollen mit zum Fall der Mauern von Jericho beigetragen haben – ein weiteres Beispiel für die magischen Kräfte der Musik. Aus dieser Zeit gibt es bereits Belege für antiphonalen Gesang – auf den Vortrag durch eine Solostimme folgt die von der ganzen Gemeinde gesungene Antwort. Diese Tradition wurde später in die Liturgie der frühen christlichen Kirche aufgenommen und bedeutet eine wichtige Verbindung zwischen der Musik des jüdischen Volkes und der Entwicklung abendländischer Musik.

David erscheint in der Bibel zunächst als Musiker, Komponist und Darsteller am Hofe König Sauls, der durch sein Spiel die Traurigkeit des Königs besänftigt – ein frühes Beispiel für die heilenden Kräfte der Musik.

Die Buchmalerei aus einem Psalter des 9. Jahrhunderts zeigt König David beim Spiel eines Saiteninstruments. Begleitet wird er durch zwei Trommler und Tänzer. König David war ein großer Förderer der Instrumental- und Vokalmusik; der Psalmengesang wurde so zu einem wesentlichen Bestandteil des Gottesdienstes.

Diese griechische Marmorstatuette zeigt einen Harfenspieler. Die alten Griechen waren der Auffassung, dass durch die der Musik innewohnenden Kräfte der Zuhörer zu guten wie bösen Taten angestiftet werden könne, je nach Art der vorgetragenen Musik.

Auf diesem griechischen Gefäß sind weibliche Tänzer und Musiker abgebildet. Musik und Tanz spielten eine bedeutende Rolle bei Prozessionen, Festlichkeiten und im Kultus. Es gab eine Fülle von Instrumenten, darunter Rasseln, Lyra, Aulos und Kithara.

Die Bedeutung der griechischen Musik

Die erste bedeutende europäische Zivilisation setzte in Kreta zu Beginn des dritten vorchristlichen Jahrtausends ein, ihren Höhepunkt erreichte sie um 1500 v. Chr. Bildliche Darstellungen auf Vasen zeigen Leiern, Rasseln und Doppeloboen, die den Instrumenten auf ägyptischen Abbildungen ähneln. Auf die minoische Kultur Kretas folgte die mykenische Kultur in Griechenland und schließlich fiel die Macht an die Dorer, die das so genannte Dunkle Zeitalter über Griechenland brachten. Die Gesänge Homers (9. Jahrhundert v. Chr.) wurden wahrscheinlich durch eine Lyra begleitet. In seinen Werken *Ilias* und *Odyssee* erwähnt Homer Instrumente wie Phorminx (eine große Lyra), Panflöte oder Syrinx, Salpinx (eine Trompete) sowie Aulos, eine Doppeloboe mit äußerst problematischer Intonation.

In der griechischen Antike wurde unter dem Begriff »mousiké« nicht nur Musik, sondern auch Dichtkunst und Tanz subsumiert. Im weiteren Verlauf der Geschichte erhielt die Musik eine immer wichtigere Rolle. Der griechischen Mythologie zufolge wurde sie von den Göttern erfunden, denen man dann ganz bestimmte Instrumente zuwies. Im Apollo-Kult wurde vorrangig die Lyra verwendet. Den Aulos spielte man zu Ehren von Dionysos, dem Gott des Weines. Er diente zur Begleitung des Dithyrambus, eines kultischen Weihelieds, das von einem Chor vorgetragen wurde. Aus diesen Chören entwickelte sich später das griechische Drama, in dem Dichtkunst, Musik und Tanz miteinander verschmolzen.

Aulos und Kithara, eine aufwendige Lyra mit bis zu elf oder zwölf Saiten und einem großen hölzernen Schallkörper, waren die beiden wichtigsten Instrumente. Die durchdringenden Klänge des Aulos begleiteten Prozessionen, Tänze, Märsche, Chöre, Hochzeiten und Beerdigungen. Die Kithara verwendeten die Griechen bei Gesang oder der Rezitation heldischer Dichtung. Doch sowohl Aulos als auch Kithara wurden auch als solistische Instrumente gespielt; in Wettbewerben wurden die besten Künstler ausgezeichnet.

Mit Pythagoras setzt im 6. Jahrhundert v. Chr. die Entwicklung der griechischen Musiktheorie ein. Der Philosoph und Mathematiker war überzeugt, dass die Welt der Zahlen zum Verständnis der Musik wie des gesamten Kosmos grundlegend sei. Diese Anschauung kulminierte in seiner Vorstellung von einer »Sphärenmusik«. Ihm wird die Entdeckung der mathematischen Grundlage unterschiedlicher Intervalle zugeschrieben, möglicherweise übernahm er diese Kenntnisse aber auch von den Babyloniern.

Plato vertrat die Meinung, dass Musik ein wesentlicher Bestandteil der Ausbildung sei und dass eine sorgfältig ausgewählte Musik den Charakter eines Menschen nachhaltig und positiv beeinflussen könne. Musik versetze den Menschen unter anderem in die Lage, Gutes und Schönes von Hässlichem und Bösem zu unterscheiden. Auch Aristoteles glaubte an die ethische Kraft der Musik. Da sie direkt auf die Emotion wirke, hielt er das Anhören einer bestimmten Musik auf dem ihr angemessenen Instrument für hilfreich, sich ihre besonderen Eigenschaften anzueignen. Umgekehrt meinte er, es könne nachteilig sein, sich der falschen Art von Musik auszusetzen.

Die Griechen gründeten ihre Musik auf Tonskalen, so genannten Modi, die aus verschiedenen Arten von Tetrachorden abgeleitet wurden (ein Tetrachord besteht aus vier Tönen, das Intervall zwischen erstem und viertem Ton ist eine Quarte). Um längere Skalen zu bilden, konnten solche Tetrachorde miteinander verbunden werden. Die griechische Musik war – so die allgemeine Annahme – einstimmig. Es gibt jedoch Hinweise auf

Mehrstimmigkeit, wenn die Singstimme auf Lyra oder Aulos durch eine freie und häufig ausgezierte Fassung der Melodie begleitet wird. Dadurch wird die Melodie aber eher verstärkt als in unserem Sinne harmonisch oder kontrapunktisch begleitet. Die Musik wurde improvisiert und die Rhythmen waren eng mit dem gesprochenen Wort verbunden. Aristoxenus, ein Musiker aus dem 4. Jahrhundert vor Chr., bemühte sich um die Sammlung der verschiedenen theoretischen Schriften. Dabei erwähnt er sowohl die bei systematischen Überlegungen auftauchenden Probleme von »reiner« und »temperierter« Stimmung als auch musikalische Notationen. Die griechische Musik hatte erheblichen Einfluss auf die Entstehung der abendländischen Musikkultur.

Das römische Erbe

Dieses etruskische Fresko aus dem ehemaligen Grab des Leopard in Tarquinia zeigt verschiedene Blas- und Streichinstrumente. Die musikalische Tradition der Etrusker wurde nach der Eroberung von den Römern übernommen und weiterentwickelt.

Im Leben der Römer spielte die Musik von Beginn an eine bedeutende Rolle, sowohl als unveräußerlicher Bestandteil des Kultus wie auch bei geselligen Anlässen. Die Römer nahmen viele musikalische Traditionen von den Völkern auf, die sie unterwarfen, vor allem von den Etruskern, den Griechen und den hellenistischen Königreichen des östlichen Mittelmeerraumes. Zu den im Römischen Reich gebräuchlichen Instrumenten gehörte die dem griechischen Aulos verwandte Tibia. Die als *Tibicines* bezeichneten Spieler dieses Instruments wirkten bei religiösen und militärischen Festlichkeiten mit; als im weiteren Verlauf der Zeit das griechische Drama an Bedeutung verlor, spielten sie auch im Theater.

Die Römer entwickelten zahlreiche, von etruskischen Vorbildern geprägte Instrumente aus Messing oder Bronze, vor allem die Tuba, eine Art Trompete, sowie drei Arten von Horninstrumenten, *bucina, cornu* und *lituus*. Diese Instrumente zeugten von dem Einfluss Ägyptens und des Mittleren Ostens, vor allem im Hinblick auf die *hydraulis*, eine einfache Vorform der Pfeifenorgel. Auch Sistren, Zimbeln, Fußrasseln und Rahmentrommeln belegen die enge Verbindung zu dieser Tradition. Die Kithara wurde zum gebräuchlichsten Saiteninstrument. Auch die Lyra passte man dem römischen Geschmack an.

Musikalische Darbietungen wurden auch in Rom meist improvisiert. Man kannte zwar eine Art musikalischer Notation, sie fand aber selten Verwendung. Deshalb wissen wir nur wenig vom Klang der römischen Musik. Sie muss nicht nur beim Volk sehr beliebt gewesen sein, sondern auch im Erziehungssystem eine wichtige Funktion gehabt haben. Dichter und Philosophen beschrieben die positiven Auswirkungen auf Rhetorik oder Medizin. Der bedeutendste musikalische Beitrag Roms bestand aber im Weiterreichen des unschätzbaren griechischen Musikerbes an die mittelalterliche Welt.

Die Musik im Mittelalter

2

[illegible] adelationis u̅ba deriuat̄. arrogans [illegible] tam fidel exprimitur. Vn be[illegible]

Das Römische Reich erreichte seine größte Ausdehnung zu Beginn des 2. Jahrhunderts n. Chr. In den darauf folgenden 50 Jahren begann jedoch ein langsamer und unerbittlicher Abstieg. Die Christen waren zunächst vom römischen Staat wiederholt verfolgt worden, zu Beginn des 3. Jahrhunderts hatte sich der christliche Glaube aber im ganzen Reich verbreitet. Im Jahr 312 konvertierte Kaiser Konstantin zum christlichen Glauben und 380 wurde das Christentum offizielle Staatsreligion. Einfluss und Bedeutung der Kirche nahmen zu und mit dem Zusammenbruch des Weströmischen Reiches wurde sie in einem von Umsturz und Unsicherheit geprägten Zeitalter zu einer wichtigen Stütze der Zivilisation. Die Klöster etablierten sich nun zu alleinigen Zentren von Gelehrsamkeit und Wissen. Sie bewahrten das kulturelle Erbe der Antike und dazu gehörte natürlich auch die Musik.

4.–12. Jahrhundert n. Chr.

Als vom späten fünften Jahrhundert an fremde Völker nach Europa und Nordafrika eindrangen, herrschten unruhige Zeiten. Die Westgoten, Franken, Mauren, Wikinger und andere Völker eroberten neue Gebiete und das römische Kaiserreich wurde von einer Reihe rivalisierender Königtümer abgelöst. Im Osten dagegen blieb das Byzantinische Reich mit seiner Hauptstadt Konstantinopel ein weiteres Jahrtausend lang bestehen. Der Versuch Karls des Großen das Weströmische Reich im 9. Jahrhundert zu erneuern war zwar zum Scheitern verurteilt, machte aber den Weg zur Gründung des Heiligen Römischen Reiches im Jahr 962 frei. Das Gebiet dieses großen Reiches umfasste nun Deutschland, Österreich, Norditalien und einen Teil Frankreichs. Im 11. Jahrhundert eroberten die Normannen England, die Spanier begannen mit der Vertreibung ihrer muslimischen Herren und die ersten Kreuzfahrer machten sich auf den Weg ins Heilige Land. Die Bevölkerungszahlen nahmen zu, die Städte vergrößerten sich, in Bologna, Paris, Oxford und Cambridge wurden Universitäten gegründet und zunehmend verfasste man literarische Werke in den jeweiligen Landessprachen.

Die Musik der frühen Christen

Papst Gregor I. diktiert seinem Schreiber einen Text, Buchmalerei aus dem 12. Jahrhundert. Gregor I. begann als erster, die in der Kirche gesungenen Melodien zusammenzustellen und zu kodifizieren. Der einstimmige gregorianische Choral ist nach ihm benannt.

Die Musik im frühen Christentum stand deutlich unter dem Eindruck der Synagoge. Dieser Einfluss zeigte sich vor allem beim Rezitieren der Schriftworte und beim unbegleiteten Singen von Psalmen und Hymnen. Auch der responsoriale Gesang – Solist und Chor wechseln sich im Vortrag ab –, ebenfalls Bestandteil der jüdischen Liturgie, wurde später in den christlichen Gottesdienst übernommen. Der antiphonale Gesang, bei dem zwei Chöre alternieren, wurde wahrscheinlich in Syrien entwickelt, einem der frühesten Zentren der Christenheit außerhalb Jerusalems. Die syrische Kirche zeichnete sich auch durch den

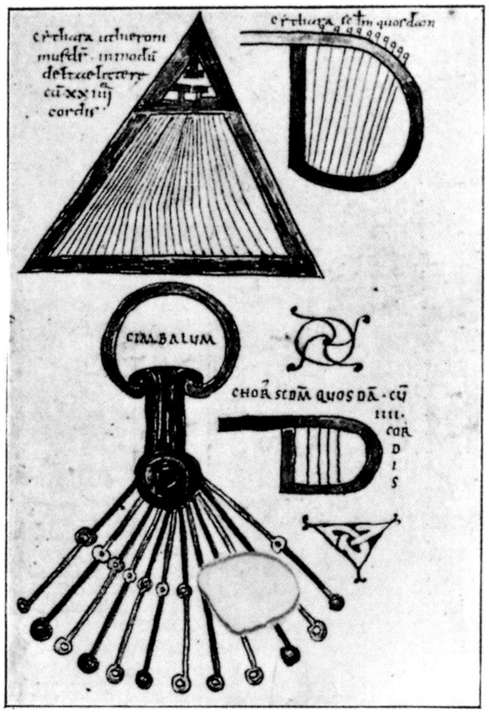

Eine Seite aus dem Musiktraktat *De institutione musica* von Boethius. Der römische Philosoph und Schriftsteller fasste in seinem Traktat die griechische Musiktheorie, unter anderem auch die Ideen des Pythagoras zusammen. Sein Werk fand im Mittelalter große Beachtung.

Psalmgesang aus, vor allem aber durch die Verbreitung eines neuen Hymnus. Diese Entwicklung führte zur byzantinischen Kunst der Hymnodie. Obwohl die Kirche im Oströmischen Reich nie die Kraft ihres westlichen Widerparts erreichte – dort prägte die Kirche in hohem Maße die Musikkultur –, übermittelte sie dem Westen sowohl die Grundlagen des Tonsystems als auch bestimmte grundlegende Notationsformen.

Ambrosianischer und gregorianischer Gesang

Das 4. Jahrhundert war sowohl hinsichtlich der Liturgie wie auch der kirchlichen Musik ein Zeitalter der Reformen. Die in der Liturgie bis dahin gebräuchliche griechische Sprache wurde im Weströmischen Reich durch das Lateinische ersetzt. Dort waren einzelne Kirchenregionen relativ unabhängig von Rom, sodass die Gestaltung des Gottesdienstes wie auch die dort gespielte Musik variierte. In Mailand, einem bedeutenden Zentrum der Christenheit mit starken Verbindungen nach Byzanz, entwickelte sich der ambrosianische Gesang. Dieser Gesang der Mailänder Kirche ist nach dem heiligen Ambrosius benannt, einem Mailänder Bischof, dem man die Einführung der Antiphon in die Liturgie der lateinischen Kirche zuschreibt. Da die frühesten erhaltenen Beispiele dieses Wechselgesangs aus dem 11. und 12. Jahrhundert datieren, ist es allerdings möglich, dass diese Neuerung vielleicht sogar erst im 9. Jahrhundert vorgenommen wurde.

Das von Westgoten regierte Spanien führte eine eigene, unabhängige Liturgie ein, die unter der Herrschaft der Araber später als mozarabischer Gesang bezeichnet wurde. Diese Liturgie wurde erst im 11. Jahrhundert durch den römischen Ritus ersetzt. Der mozarabische Gesang ähnelt sowohl dem ambrosianischen und gallikanischen wie auch dem gregorianischen Gesang. Der im 5. Jahrhundert eingeführte gallikanische Gesang erlebte in Frankreich nur eine kurze Blütezeit. Zugunsten einer einheitlichen liturgischen Praxis wurde er dann von Kaiser Karl dem Großen unterdrückt. Rom blieb das bedeutendste Zentrum der Kirchenmusik; das unter dem Namen »altrömischer Gesang« zusammengefasste Repertoire lässt sich bis ins 8. Jahrhundert zurückverfolgen. Ersetzt wurde diese Musik schließlich durch den gregorianischen Choral, der zu einem wichtigen einheitsstiftenden Element der katholischen Kirche wurde. Der Tradition zufolge begann Papst Gregor I. (540–604) mit der Zusammenstellung und Systematisierung der in der Kirche verwendeten Melodien. Diesem Papst verdankt der gregorianische Choral seinen Namen. Gregor I. wird auch die Gründung einer *schola cantorum* in Rom zur Ausbildung von Musikern zugeschrieben.

Die Weiterentwicklung des gregorianischen Chorals

Sowohl die Gregorianik wie auch ihre musikalischen Vorläufer sind als einstimmiger Gesang zu bezeichnen, ohne jede instrumentale Begleitung. Die melodische Spannbreite ist relativ begrenzt und entspricht jeweils einem der acht Kirchentonarten. Während des 9. Jahrhunderts wurde das Repertoire durch Tropen und Sequenzen erweitert. Dem Mönch Tutilo (913) aus dem Kloster St. Gallen wird die Erfindung des Tropierens zugeschrieben, das ursprünglich die Ergänzung einer zusätzlichen Melodie bedeutete. Beim Tropieren fügte man eine musikalische Passage zur Verstärkung der

Textausdeutung durch neue Worte und Musik hinzu. Die Technik des Tropierens wurde in den verschiedensten Gattungen der geistlichen Musik angewandt und erfreute sich im 10. und 11. Jahrhundert außerordentlicher Beliebtheit. Ein Tropus, der aus einem kurzen, dramatisierten Dialog bestand und zum Introitus des Ostersonntags hinzutrat, wurde später während des Gottesdienstes in der Kirche aufgeführt. Aus diesen Anfängen entwickelte sich schließlich eine Folge dramatisierter Szenen. Die Geistlichkeit verbannte zuletzt diese zunehmend weltlich geprägten musikalischen Dramen aus der Kirche. Das Spiel wechselte ins Freie und entwickelte sich dort zu Mirakel- oder Mysterienspielen, bei denen gesprochene Dialoge den ursprünglichen Raum der Musik einnahmen.

Die Sequenz – eine Art ausgedehnter Tropus – war ursprünglich ein neuer Text, der zu schon vorhandener Musik, nämlich dem langen Melisma auf dem abschließenden »a« des Alleluja in der Messe gesungen wurde. Allmählich wurde dieser Teil des Alleluja immer stärker ausgeschmückt. Der bekannteste Komponist von Sequenzen war der deutsche Mönch Notker Balbulus (um 840–912), ebenfalls aus St. Gallen, das sich zu einem Zentrum der Musik entwickelt hatte. Die Sequenz war äußerst beliebt, sie regte die schöpferischen Kräfte an und wurde sogar für die weltliche Musik der Trouvères adaptiert. In ihrer geistlichen Form erlitt sie schließlich das gleiche Schicksal wie der Tropus: Das Tridentinische Konzil verbot im 16. Jahrhundert fast sämtliche Sequenzen.

Musiktheorie im Mittelalter

Der Kirchenvater Augustinus (354–430) hinterließ bei seinem Tod einen langen, allerdings unvollendeten Musiktraktat. Er war überzeugt darin, dass die Musik zu erhabenen Ideen inspirieren und die Zuhörer zum Guten beeinflussen könne. In der Geistlichkeit war die Ansicht weit verbreitet, dass Musik, welche die Menschen näher zu Gott heranführen könne, in der Kirche aufgeführt werden solle. Stark ausgezierte Musik, Instrumente, Gesang und Tanz wurden dagegen mit heidnischen Festlichkeiten assoziiert. Der römische Philosoph und Schriftsteller Boethius (um 480–524) verfasste den Traktat *De institutione musica*, eine nützliche, allerdings nicht immer ganz korrekte Zusammenfassung der griechisch-römischen Musiktheorie.

»Die Guidonische Hand« zur Veranschaulichung des aus Hexachorden gebildeten Tonsystems. Guido von Arezzo entwickelte ein aus vier Linien bestehendes Notensystem, auf dem man die Tonhöhe genau angeben konnte. Auf diese Weise konnten Sänger ein Musikstück ohne Hilfe eines Lehrers erlernen. Darüber hinaus entwickelte er auch die als Solmisation bekannte Bezeichnung der einzelnen Töne einer Skala durch Tonsilben.

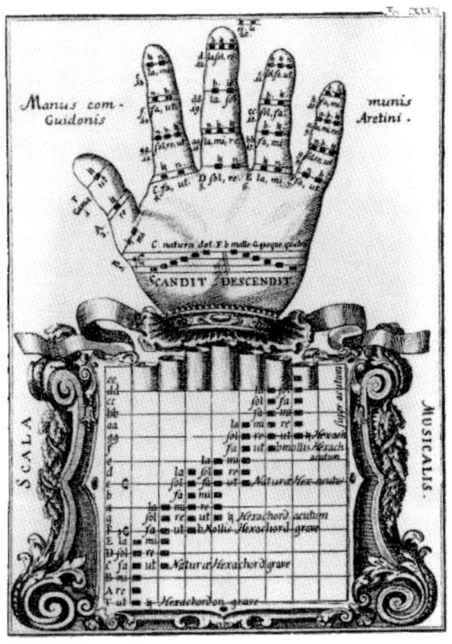

Zur Notation

Das systematische Festhalten musikalischer Klänge in einer Notenschrift oder in Aufführungshinweisen setzte bei den Griechen ein und wurde von den Römern übernommen. Ein Notationssystem, das beim Gesang liturgischer Texte behilflich sein sollte, gab es zunächst in den Ostkirchen und in der jüdischen Synagoge. Die Melodien des einstimmigen Chorals dagegen konnten nur von den Sängern selbst weitergegeben werden, sodass eine schriftliche Fixierung der gesungenen Melodien notwendig wurde. Im 7. Jahrhundert verwendete man hierzu zunächst so genannte Neumen, Zeichen, die über den Text geschrieben wurden und auf das Steigen oder Fallen der melodischen Linie hinwiesen. Die frühesten Neumen waren mit kleinen Hinweisen zur Tonhöhe oder Länge einer Note versehen, eine einzelne Neume konnte für bis zu vier Noten stehen. Der deutsche Schreiber »Anonymus Vaticanus« berichtet, dass mit Neumen auch unterschiedliche Tonlängen notiert wurden, er erwähnt *brevis* und *longa* (= Bezeichnungen für einen kurzen bzw. langen Ton). Zudem konnten diese Neumen zu komplizierteren melodischen Mustern zusammengesetzt werden. Der fränkische Mönch Hucbald (um 840–930) entwickelte in seinem Werk *De harmonica institutione*, der ersten systematischen Musiktheorie des Westens, eine Notation, mit der Tonhöhenwechsel angegeben werden konnten. Neumen wurden immer stärker verfeinert: Die Höhe einer Neume über dem Text war zugleich Indikator der Tonhöhe und ergänzte Punkte und diagonale Linien repräsentierten längere und kürzere Noten der so genannten »zusammengesetzten Neumen«. Im 11. Jahrhundert wurden gefärbte

Linien zum Anzeigen der Tonhöhe verwendet. Der Mönch Guido von Arezzo (um 992–1050) entwickelte ein aus vier Linien bestehendes Notensystem, mit dem sich Tonhöhen genau fixieren ließen, sodass man eine Melodie ohne Lehrmeister erlernen konnte. Er führte auch die so genannte Solmisation ein, bei der die Töne einer Skala durch Silben gekennzeichnet wurden (dem bekannten ut, re, mi, fa, sol, la). Seinem System lagen Hexachorde zu Grunde (aus sechs Tönen bestehenden Skalen), welche die griechischen Tetrachorde (Vier-Ton-Skalen) ersetzten.

Frühe Mehrstimmigkeit

Bei mehrstimmiger Musik erklingen zwei oder noch weitere, voneinander unabhängige Melodielinien gleichzeitig. Sie entwickelte sich im Abendland erst allmählich und existierte eine ganze Weile neben der Einstimmigkeit des gregorianischen Gesangs. Die frühesten Beispiele für Mehrstimmigkeit finden sich in der *Musica Enchiriadis*, einer anonymen, wahrscheinlich aus dem frühen 9. Jahrhundert stammenden Gesangslehre. In diesem Traktat wird der ursprüngliche gregorianische Choral *(vox principalis)* durch eine zweite Stimme begleitet *(vox organalis)*. Die Stimmen wurden parallel geführt. Später ergänzte man weitere Stimmen, entweder eine Oktave unter der Ausgangsmelodie oder eine Oktave über der zweiten Stimme. Diese Frühform der Mehrstimmigkeit, die schon bald weiter ausgeführt wurde, bezeichnete man als »Organum«. Guido von Arezzo beschreibt in seinem Traktat *Micrologus* ein Organum, in dem die zweite Stimme unabhängiger wird und in dem das Intervall einer Terz (drei Töne) auftaucht. Während der folgenden hundert Jahre entwickelte sich eine kunstvollere Organumtechnik vor allem in den Abteien von St. Martial in Limoges und Santiago de Compostela. Die tiefere Stimme (Tenor), auch als *cantus firmus* bezeichnet, trug die dem Musikstück zu Grunde liegende gregorianische Choralmelodie vor, während die als Duplum bezeichnete Oberstimme mit einer ausgezierten Melodie, dem so genannten melismatischen Organum, mehr Ausdrucksmöglichkeiten hat.

Krönung der Jungfrau Maria, Buchmalerei aus einem Stundenbuch der Kathedrale von Notre-Dame, das bestimmte Gebete zu festen Tageszeiten vorsah. Die Schule von Notre-Dame in Paris war im frühen 12. Jahrhundert das Zentrum des europäischen Musiklebens.

Die Schule von Notre-Dame

In der ersten Hälfte des 12. Jahrhunderts wurde die Schule von Notre-Dame zum Mittelpunkt musikalischer Neuerungen in Westeuropa. Eine neue Generation von Komponisten erlangte dort Berühmtheit. Leoninus (um 1163–1190), über den man kaum etwas weiß, war vielleicht an der damals noch im Bau befindlichen Kathedrale von Notre-Dame tätig, möglicherweise als Chorleiter. Ein anonymer Theoretiker, mehr als hundert Jahre später, bezeichnet Leoninus als den bedeutendsten Organum-Komponisten und nennt ihn den Schöpfer des *Magnus Liber Organi*, einer Sammlung von Organa für das gesamte Kirchenjahr. Das Buch ist zwar verloren, der Inhalt des Werkes ist jedoch – mit Revisionen des Perotinus (um 1160–1220) – in Manuskripten aus dem 13. Jahrhundert überliefert. Perotinus und Leoninus sind die einzigen Mitglieder der Notre-Dame-Schule, die wir namentlich kennen. Perotinus entwickelte die mehrstimmige Musik weiter. Er schrieb drei- und vierstimmige Kompositionen, in denen die kunstvoll verflochtenen Stimmen Werke von beachtlicher Schönheit und Ausdruckskraft bilden. Der anonyme Autor, der Leoninus für seine Organa rühmte, nannte Perotinus den besten Komponisten der Discantus-

Technik. Bei dieser Kompositionsweise sind sämtliche Stimmen »Note – gegen Note« gesetzt. Perotinus entwickelte auch andere musikalische Formen, darunter den Conductus, einen mehrstimmigen Satz für drei oder vier Stimmen nach einer einstimmigen Melodievorlage. Unter den Werken von Perotinus, die auch heute noch gespielt werden, sind zwei vierstimmige Kompositionen, *Sederunt principes* und *Viderunt omnes*, bekannt.

Die Motette

Die Motette (aus dem französischen Wort *mot* für »Wort«), der man zuerst im 13. Jahrhundert begegnet, wurde im Mittelalter zu einer der wichtigsten kompositorischen Gattungen überhaupt. Bis zur Mitte des 18. Jahrhunderts blieb sie – in unterschiedlicher Gestalt – eine aktuelle Kunstform. Die Motette entstand in der Schule von Notre-Dame, als die untextierte Oberstimme (Duplum) bei kürzeren Abschnitten des Organums durch Texte ergänzt wurde. Später fügte man auch noch eine dritte Stimme, das Triplum, hinzu. Jede Stimme wurde in einem anderen Tempo, manchmal auch mit verschiedenen Texten gesungen. Die frühesten Motetten waren für den Gottesdienst gedacht, allmählich fanden aber auch weltliche Elemente Eingang. Die neuen Texte entstammten eher der französischen denn der lateinischen Sprache. Auch volkstümliche Lieder wirkten befruchtend auf die Kompositionen und zeugen von dem wachsenden wechselseitigen Einfluss zwischen geistlicher und weltlicher Musik.

Hildegard von Bingen

Die 1098 geborene Hildegard von Bingen wurde von Benediktinerinnen im Kloster Disibodenberg an der Nahe erzogen. Auf dem Rupertsberg gründete sie ihr eigenes Kloster

Hildegard von Bingen schreibt eine ihrer prophetischen Visionen nieder, die sie in Dichtung und Musik umsetzte. Detail einer Buchmalerei aus dem 13. Jahrhundert. Mit ihrem Œuvre einstimmiger Musik gehört sie zu den bedeutendsten Komponisten des Mittelalters.

und wurde Äbtissin. Ihre mystischen, prophetischen Visionen drückte sie in Literatur und Musik aus. Hildegard von Bingen hinterließ aber auch Werke zur Medizin und Naturkunde und komponierte darüber hinaus lyrische und dramatische Gedichte. Sie gehört zu den bedeutendsten Lied-Komponisten des Mittelalters. Dieser Ruhm gründet sich auf der Sammlung *Symphonia harmonie celestium revelationum*, die mehr als 70 vertonte Gedichte enthält. Die Komposition beschränkt sich auf eine recht begrenzte Zahl melodischer Muster, zeigt aber keine bemerkenswerte Individualität.

Die Musik der Troubadours

Die früheste überlieferte weltliche Musik stammt von den so genannten Vaganten, wandernden Studenten und Klerikern. Die Vaganten zogen durch die Lande und sangen dabei übermütige lateinische Lieder über Wein und Frauen sowie satirische Texte, die sich häufig gegen die hohe Geistlichkeit richteten. Eine andere Gruppe, der man im 9. und 10. Jahrhundert begegnet, waren die Jongleure oder Ménestrels, fahrende Sänger und Spielleute, die sich ihren Lebensunterhalt durch Singen, Tanzen und mit akrobatischen Kunststücken verdienten. Trotz des Widerstands geistlicher Autoritäten verbesserte sich der gesellschaftliche Status dieser Musiker allmählich. Sie gründeten eigene Zünfte, die für die Ausbildung des Nachwuchses sorgten. Einige erhielten sogar Stellungen in adligen Häusern. Sie erfanden auch die »Chansons de Geste«, lange epische Dichtungen mit Beschreibungen heroischer Taten, bei denen die Musik aus einfachen und immer wiederholten melodischen Abschnitten besteht. Das Rolandslied ist das bedeutendste dieser Epen.

Das 12. Jahrhundert zeitigte ein bemerkenswertes kulturelles Ereignis: das Aufkommen der Troubadours im Süden Frankreichs, Dichter-Musiker, die von höfischer Liebe sangen. Die Texte ihrer Lieder waren nicht in lateinischer Sprache, sondern in der Landessprache, der Langue d'oc, geschrieben. Die Troubadours entstammten meist den mittleren und oberen gesellschaftlichen Schichten, wenngleich einer ihrer bedeutendsten Vertreter, Bernart de Ventadour (um 1130–1195), von niederer Geburt war.

Die Trouvères, die nordfranzösischen Gegenspieler der Troubadours, erlangten Ende des 12. Jahrhunderts Aufmerksamkeit. Es gibt jedoch Parallelen zwischen den beiden Gruppierungen: Die Trouvère-Dichtung war im Wesentlichen höfisch und auch die Troubadours bewegten sich meist in adligen Kreisen. Die Trouvères verwendeten ebenfalls eine Vielzahl musikalischer Formen und variierten manchmal geistliche Lieder, indem sie die Texte durch weltliche ersetzten. Der berühmteste Vertreter der Trouvères ist Adam de la Halle (um 1237–1288), der zu einer Zeit, als die weltliche Musik generell noch einstimmig war, sowohl einstimmige wie auch mehrstimmige Werke komponierte. Am bekanntesten ist er für sein Singspiel *Le jeu de Robin et de Marion*.

Erst mit der Ausprägung komplexerer Mehrstimmigkeit begannen Instrumente in der kirchlichen Liturgie eine größere Rolle zu spielen. Viele wurden von den Kreuzfahrern nach Europa gebracht.

Musikinstrumente

In der Antike war die Instrumentalmusik eine eigene Kunstform; sie diente nicht nur der Begleitung der menschlichen Stimme. Die Kirche lehnte jedoch in den ersten nachchristlichen Jahrhunderten Instrumente im Gottesdienst wegen ihrer Verbindung zur heidnischen Vergangenheit ab. Erst mit der Ausprägung komplexerer Mehrstimmigkeit begannen Instrumente in der kirchlichen Liturgie eine größere Rolle zu spielen. Viele wurden von den Kreuzfahrern nach Europa gebracht.

Zu den gebräuchlichsten Instrumenten im Mittelalter gehörten das Psalterium, eine Art Zither und Vorläufer des Cembalos, Querflöte und Schalmei, ein Doppelrohrblattinstrument und Vorläufer der Oboe. Der Dudelsack, dessen Geschichte bis weit in die Antike

Buchmalerei aus einem spanischen Liederbuch des 13. Jahrhundert. Bibeltexte wurden oft zu spannenden Geschichten ausgedehnt, und jede Szene dann vertont. Aus diesen schlichten Anfängen entwickelte sich in Europa das Schauspiel.

zurückreicht, war das Instrument der Ménestrels und fahrenden Spielleute. Die Orgel wurde im 8. Jahrhundert in Europa wieder eingeführt, als der byzantinische Kaiser Karl dem Großen eine Orgel zum Geschenk machte. Für lange Zeit war sie als einziges Instrument in der Kirche erlaubt.

Die Harfe, ein weiteres antikes Instrument, nahm im Mittelalter ihren Weg von Irland und Wales nach Europa. Das von den Ménestrels gespielte Instrument erfreute sich großer Beliebtheit. Daneben musizierten sie auf der Fiedel, einer Art Violine, und auf der Cister, die mit einer Gitarre vergleichbar ist. Das Rebec, ein kleines Streichinstrument aus Nordafrika und wie die Fiedel ein Vorläufer der Violine, wurde zur Begleitung von Gesang und Tanz verwendet. Während die Fiedel im Sitzen gespielt wurde, legte man das Rebec unter das Kinn. Dem Organistrum, einem weiteren Streichinstrument, entlockte man Klänge, indem durch Drehen einer Kurbel ein Rad im Innern des Instruments in Bewegung gesetzt und so Saiten angestrichen wurden; zusätzliche tiefere Saiten wirkten als Bordune. Später entwickelte sich aus diesem Instrument die Drehleier. Die Laute kannte man zwar schon, sie verbreitete sich aber erst in der Renaissance; wie andere Instrumente stammt sie ursprünglich aus dem Mittleren Osten und erreichte Europa auf dem Weg über das maurische Spanien. Ferner wurde auf Trompeten und Perkussionsinstrumenten musiziert, darunter verschiedene Glocken; mit der Tabor, einer zweifelligen Zylinder-Trommel arabischen Ursprungs, gab man bei Gesang und Tanz den Takt an.

Die Blütezeit der Ars nova

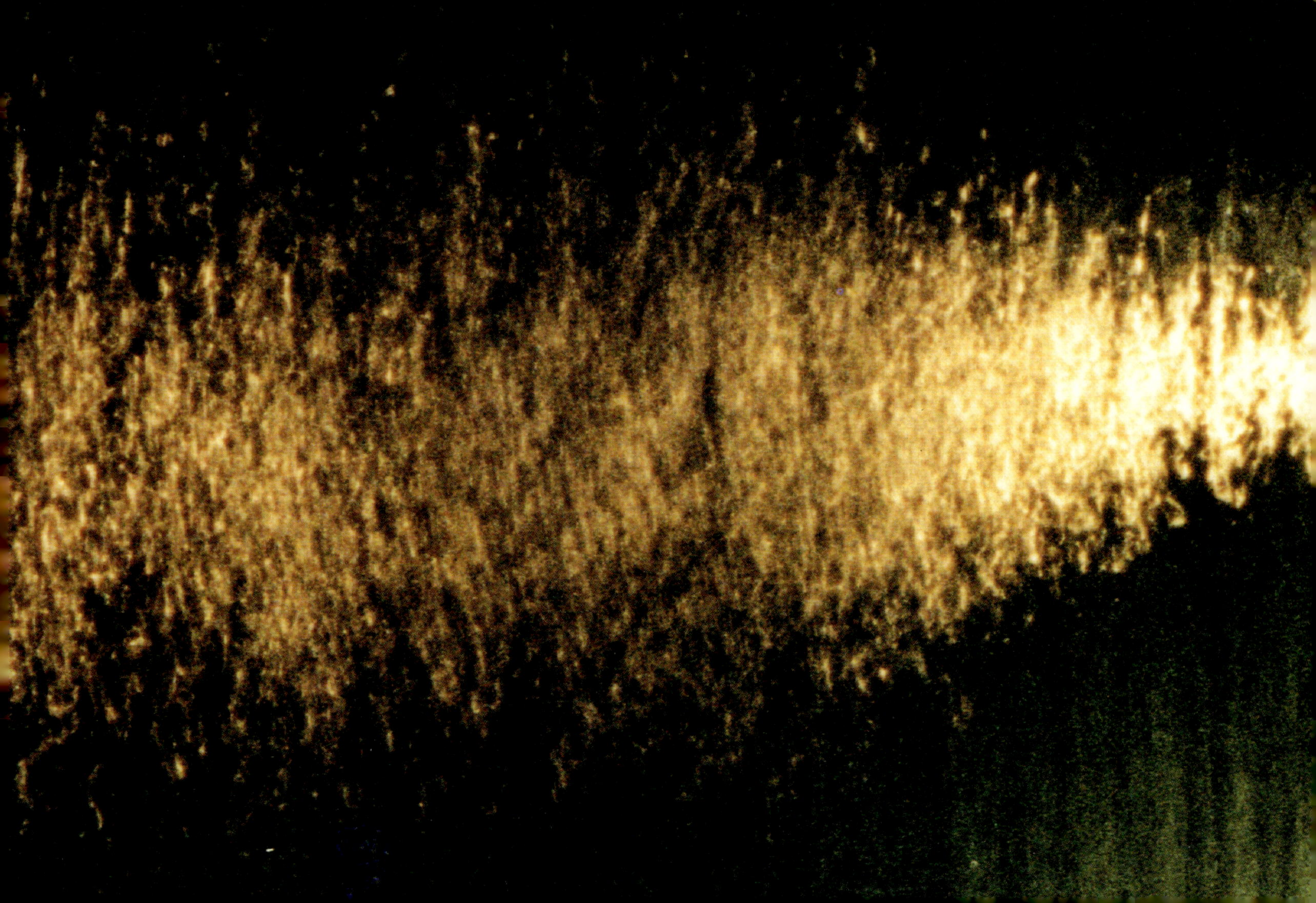

3

Seite aus dem *Roman de Fauvel*, einer allegorischen Vers-Satire auf die römisch-katholische Kirche. Das Buch enthält fünf mehrstimmige Motetten, die Philippe de Vitry zugeschriebenen werden. Er verwendete als erster den Begriff *Ars nova*, neue Kunst.

Das 12. und 13. Jahrhundert waren eine relativ friedliche Zeit. Doch mit dem 14. Jahrhundert begannen unruhige Jahre. Die Autorität der Päpste wurde zunehmend in Frage gestellt und der päpstliche Hof musste von Rom ins südfranzösische Avignon fliehen. Der Hundertjährige Krieg wütete von 1339 bis 1453 zwischen England und Frankreich. In derselben Dekade erreichte die Pest – der »Schwarze Tod« – Europa und verursachte mit 25 Millionen Toten einen katastrophalen Bevölkerungsrückgang. Diese Ereignisse sowie eine Reihe schlechter Ernten bewirkten Bauernaufstände und auch in den Städten herrschte Unzufriedenheit.

13.–15. Jahrhundert

Zu den bekanntesten Theoretikern der Ars antiqua im 13. Jahrhundert gehörten Franco von Köln (1350) sowie Petrus de Cruce (Wirkungszeit 1270–1290), dessen Motetten sich durch eine besonders kunstvolle Rhythmik auszeichnen. Franco von Köln kodifizierte das neue System rhythmischer Notation in seinem Traktat *Ars cantus mensurabilis* (Die Kunst des gemessenen Gesangs).

Papst Johannes XXII., der während des Schismas im Exil in Avignon residierte, lehnte die Ars nova ab und verlangte stattdessen, dass seine Musiker im althergebrachten Stil sängen. Diese Verweigerungshaltung war ein Indiz für den zunehmenden Abstand zwischen Musik und Kirche. So verstanden sich die Komponisten immer mehr als eigenständige Künstler.

Mit der Ars nova bezeichnet man die große Blütezeit der neuen Musik in Frankreich während des 14. Jahrhunderts. Der Begriff wurde von dem Komponisten, Musiktheoretiker und Kleriker Philippe de Vitry erstmals als Titel eines um 1320 geschriebenen Traktats geprägt. Ars nova bedeutet nichts anderes als die Befreiung der musikalischen Komposition von den Einschränkungen der Ars antiqua. Zu den wichtigsten Neuerungen gehört die Verwendung variablerer rhythmischer Modelle. Denn die bisherige Musik war – mit Ausnahme des gregorianischen Chorals – von dreifachen Unterteilungen der Notenwerte geprägt gewesen. Nun wurde auch die zweifache Teilung eines Notenwertes gebräuchlich. Eine weitere Neuerung war die Einführung der Minima (halbe Note; aus dem lateinischen *minimus*); mit diesem Begriff bezeichnete man in der mittelalterlichen Musik den kleinsten Notenwert. Mit Philippe de Vitry verbindet man außerdem die Isorhythmik (gleicher Rhythmus). Hierbei wird eine Vokalstimme – meist der Tenor – durch eine rhythmische Phrase gegliedert, die mehrfach wiederholt wird. Obwohl man isorhythmische Techniken auch vorher schon kannte, verwendet Philippe de Vitry diese Technik auf einer höheren Ebene als einheitsstiftende Basis eines ganzen Stückes. Das Bauprinzip der Isorhythmik führte häufig zu einer ausgesprochen komplizierten Verknüpfung melodischer *(color)* und rhythmischer Abschnitte *(talea)*; sie konnten von der Länge her zwar übereinstimmen, notwendig war die Entsprechung der beiden formalen Gestaltungsmittel jedoch nicht. Leider sind nur wenige Werke von Vitry überliefert. Fünf mehrstimmige Motetten fanden Eingang im *Roman de Fauvel*, einer allegorischen Satire in Versform über die römisch-katholische Kirche. Diese Motetten sind nach isorhythmischen Prinzipien gebaut und sie zeigen darüber hinaus eine neuartige Kompositionsweise, bei der die Tenor-Stimme gegenüber den schnelleren Notenwerten der Oberstimmen langsam geführt wird.

Französische Miniatur aus dem 14. Jahrhundert. In dieser allegorischen Darstellung bietet die Natur Guillaume de Machaut drei ihrer Kinder an. Machaut wird allgemein als der erste bedeutende Komponist angesehen.

Guillaume de Machaut

Guillaume de Machaut (um 1300–1377) war ein führender Vertreter der Ars nova. Er folgte in seinen Kompositionen den von Philippe de Vitry niedergelegten Gesetzen, ergänzte diese Vorgaben aber durch sein eigenes kreatives Genie. Seine vierstimmige Vertonung des Messordinariums, die *Notre-Dame-Messe* (um 1364), gehört zu den frühesten mehrstimmigen Messen und ist zugleich eine der ersten Messvertonungen, die von einem einzelnen Komponisten geschrieben wurden. Die verwendeten isorhythmischen Techniken bedeuteten einen Wendepunkt in der Geschichte der Messe als musikalischer Gattung. Machaut behandelte nicht nur die fünf Teile des Messordinariums als zusammenhängende Struktur; darüber hinaus bewirkte die Verwendung von nur zwei tonalen Zentren und gemeinsamen isorhythmischen Prinzipien einen einheitlichen Kompositionsstil.

Obwohl Machauts Vertonung des Messordinariums wahrscheinlich die bekannteste Komposition seines Zeitalters war, schrieb er den größten Teil seiner Musik nicht für die Kirche. Sein reiches Schaffen enthält Balladen, Motetten, Rondeaux, Virelais und Lais. Einige seiner Kompositionen folgen in ihrer Einstimmigkeit der Tradition der Troubadours, vor allem die Lais und Virelais (unbegleitete Lieder). Seine Balladen dagegen sind im neuen Stil gehalten: Er setzt sie für zwei bis vier Stimmen und zugleich für die unterschiedlichsten Kombinationen von Vokalstimmen und Instrumenten. Dabei überwiegt die Vokalstimme, die von zwei tiefer liegenden Instrumentalstimmen begleitet wird. Seine dreistimmigen Motetten sind durch die Verwendung von Isorhythmik gekennzeichnet. Der eher ungewöhnliche *Hoquetus David*, der von seiner rhythmischen Struktur her auf die Musik des 13. Jahrhunderts zurückverweist, war wahrscheinlich ausschließlich zur instrumentalen Ausführung gedacht und wird deshalb zu den frühesten Beispielen reiner Instrumentalmusik im Abendland gerechnet.

Das Rondeau *Ma fin est mon commencement* zeigt sowohl die besondere Begabung von Machaut wie auch seinen Erfindungsreichtum. Die tiefere Stimme trägt die gleichen Noten wie die Oberstimme vor, allerdings im Krebsgang, von hinten nach vorne; der von der mittleren Stimme vorgetragene zweite Teil der Melodie ist identisch mit dem ersten Teil, ebenfalls im Krebsgang. Machaut gilt als der erste bedeutende Komponist überhaupt; im Unterschied zu früheren Jahrhunderten, als man im Musiker nur das Instrument sah, durch das die Stimme Gottes sich Gehör verschaffte, war er ein Künstler aus eigener Kraft.

Weltliche Musik in Italien

Die erste Blütezeit weltlicher Musik erlebte Italien im frühen 14. Jahrhundert. 1318 veröffentlichte Marchettus von Padua – er komponierte Motetten, wurde aber vor allem für seine musiktheoretischen Arbeiten bekannt – sein *Pomerium musicae mensuratae* (Die Früchte der gemessenen Musik), mit dem er ein Notationssystem für Musiker einführte.

Der bedeutendste italienische Komponist des 14. Jahrhunderts war zweifellos Francesco Landini (um 1335–1397). Er verfasste ausschließlich weltliche Musik. Zu seinen überlieferten Werken gehören mehr als 140 Ballate, Madrigale und eine Caccia. Seine Kompositionen zeichnen sich durch ihre klangvolle Harmonik aus. Im Gegensatz zu den parallel geführten Sekunden und Septen, die im 13. Jahrhundert vorherrschten, setzt

Landini Quinten und Sexten oder Terzen. Durch die besondere Gestaltung von Kadenzen (der musikalischen und harmonischen Entsprechung von Satzzeichen) mit der nach ihm genannten »Landini-Klausel« sowie der »Doppel-Leitton-Kadenz« hatte Landini nachhaltigen kompositorischen Einfluss.

Die Ballata gehört mit Madrigal und Caccia zu den drei wichtigsten musikalischen Formen des italienischen 14. Jahrhunderts. Ursprünglich begleitete man mit einer Ballata den Tanz (*ballare*, ital. = tanzen). Die meisten überlieferten Ballate sind für zwei oder drei Stimmen gesetzt – Landini war ein wahrer Meister dieser Gattung. Das Madrigal (Ableitung des Namens ist unklar) – nicht zu verwechseln mit der musikalischen Gattung des 16. und 17. Jahrhunderts – war mehrstimmig und meist für zwei Vokalstimmen gesetzt. Als textliche Vorlagen dienten Hirten- oder Liebesgedichte, auch satirische Verse mit Strophen zu je drei Zeilen, auf die jeweils ein rhythmisiertes Ritornell mit anderer Melodik folgte. Madrigale sind durch eine stark verzierte Oberstimme gekennzeichnet, die von einer sehr viel schlichteren Unterstimme gestützt wird. Führende Vertreter des Madrigals waren Giovanni da Cascia und Jacopo da Bologna, dessen herrliches *Fenice fù* ein herausragendes Beispiel dieses Genres ist. Bei der Caccia (wörtlich »Jagd« oder »Verfolgung«) tragen zwei Vokalstimmen im Kanon einen Text vor, der Jagdszenen oder eine andere lebhafte Situation beschreibt. Der Begriff »Caccia« bezieht sich sowohl auf das »Verfolgen« der Stimmen wie auch auf die Verfolgung durch die Jäger.

Etwa von der Mitte des 14. Jahrhunderts an nahm die italienische Musik einige Elemente der französischen Ars nova auf. Der päpstliche Hof in Avignon war dabei ein wichtiger Bezugspunkt für Komponisten und als der Papst 1377 aus der Verbannung nach Rom zurückkehrte, wuchs der französische Einfluss auf die italienische Musik. Darüber hinaus zogen im späten 14. Jahrhundert zunehmend Komponisten aus Nordeuropa nach Italien und übernahmen dort wichtige Ämter. Zu der ersten Komponistengeneration der Niederländer gehörte Johannes Ciconia (um 1340–1411), der aus Lüttich stammte und später an der Kathedrale von Padua als Kantor tätig war. Zu seinen weltlichen Kompositionen gehören Ballate und Madrigale, am bedeutendsten sind aber seine Motetten, mit denen er wichtige historische Ereignisse oder namhafte Persönlichkeiten seiner Zeit feierte. In seiner Musik verbinden sich Stilelemente der späten französischen Ars nova mit dem eher überschwenglichen, zeitgenössischen italienischen Stil. Ciconia, der neben seinen Kompositionen auch zwei Musiktraktate hinterließ, übte einen erheblichen Einfluss auf die nächste Generation aus.

Das Grabmal von Francesco Landini, des wichtigsten italienischen Komponisten des 14. Jahrhunderts. Landini schrieb ausschließlich weltliche Musik, darunter 140 Ballate. Von seinen Zeitgenossen wurde er vor allem für seinen harmonisch klangvollen Satz bewundert.

John Dunstable und die Musik Englands

Über die englische Musik im frühen Mittelalter weiß man nur wenig. Der berühmte »Sommerkanon« *Sumer is icomen in* um 1300, in dem vier Oberstimmen nacheinander die Melodie über dem zweistimmigen Klangfundament vortragen, ist das früheste Beispiel sowohl eines Kanons wie auch eines sechsstimmigen Vokalwerkes. Die Musik des 14. Jahrhunderts kennen wir aus den so genannten Worcester-Fragmenten, einem Manuskript aus der Kathedrale von Worcester mit über hundert mehrstimmigen Kompositionen. Darunter befinden sich zweistimmige Tropen, Motetten und Rondelli (eine Art dreistimmiger Motette). Die englische Musik dieser Zeit ist durch den spezifisch »englischen Wohlklang« gekennzeichnet, der Dur-Klänge bevorzugt. Parallel geführte Sequenzen mit Terzen und Sexten werden zu einem besonderen Stilmerkmal der englischen Musik dieser Zeit, der Fachterminus für diese Art der Komposition heißt »Fauxbourdon«-Stil.

John Dunstable (um 1380–1453) war der erste englische Komponist, der sich auf dem Kontinent einen Namen machte. Viele seiner etwa 60 oder 70 verfassten Werke sind in italienischen Handschriften überliefert. Darunter gibt es ein- und mehrstimmige Messen sowie isorhythmische Motetten, besonders bemerkenswert das *Veni sancte spiritus*. Seine dreistimmige geistliche Musik – Vertonungen von Antiphonen und anderen liturgischen

Dieses flämische Gemälde, das um 1540 entstanden ist, bietet einen eindrucksvollen Einblick in die Musik am Hofe Franz I. Die Ars nova erlebte ihre erste Blütezeit am königlichen und päpstlichen Hof in Frankreich. Von dort aus verbreitete sie sich in den anderen Ländern Europas. Als der päpstliche Hof 1377 von Avignon nach Rom zurückverlegt wurde, geriet die italienische Musik deutlich unter französischen Einfluss.

Texten – sind ebenfalls bedeutend. Er schrieb wohl nur wenige weltliche Werke, darunter aber das gefühlvolle *O rosa bella*. Große Bedeutung für die Entwicklung der Musik in Europa hatte Dunstable vor allem auf Grund seiner Harmonik und seiner besonderen Begabung zu klangvoller Melodik.

Instrumentalmusik

Aus dem frühen Mittelalter ist nur wenig Instrumentalmusik überliefert, obwohl literarische Quellen und Bilddokumente den Schluss erlauben, dass der Instrumentalmusik bei geselligen Anlässen große Bedeutung zukam. Im 14. Jahrhundert erfährt man etwas mehr darüber. Da die Manuskripte häufig keine Hinweise auf die Besetzung enthalten, ist aber unklar, ob eine bestimmte Stimme für Instrumente oder für die vokale Ausführung gedacht war. Dennoch gab es eine beachtliche Vielfalt von Instrumenten. Als so genanntes »hohes« Ensemble bezeichnete man die vom Ton her stärkeren Instrumente wie Schalmeien, Zugtrompeten und Zinken (kleine, aus Holz gebaute Hörner), die man bei Festlichkeiten und zum Tanz einsetzte. Zum »niedrigen« Ensemble gehörten Fiedel, Harfe, Psalterium, Flöten, Blockflöten, kleine Orgeln sowie Zimbeln – Instrumente, die man bei intimeren Anlässen spielte.

Im Spätmittelalter gab die Kirche ihre strenge Ablehnung gegenüber Instrumenten in der Kirche allmählich auf, sodass Streichinstrumente wie Fiedel und Rebec vom 12. Jahrhundert an zugelassen waren, später auch Blasinstrumente wie Flöte und Schalmei sowie Harfe und Psalterium.

Notation und Musiktheorie im 14. und 15. Jahrhundert

Die französische Mensuralnotation ist die Vorform unserer heutigen Notation. Bei der Mensuralnotation können die wichtigsten Notenwerte, Maxima Longa, Brevis und Semibrevis, wahlweise in zwei (imperfekte) oder drei (perfekte) gleiche Werte unterteilt werden. Die unterschiedliche Teilung der Notenwerte bestimmte Modus, Tempus und Prolatio der Musik. Durch einen Kreis oder Halbkreis wurde gekennzeichnet, ob das Tempus dreizeitig (perfekt) oder zweizeitig (imperfekt) war. Ein Punkt bzw. das Fehlen eines Punktes im Innern des Kreises oder Halbkreises bezog sich auf die Prolatio major oder minor. Das heute gebräuchliche Zeichen für den Viervierteltakt, das C, entstammt dieser Notationsweise. Als in der Folge kürzere Notenwerte eingeführt wurden, Minima und Semiminima, differenzierte man die Symbole noch stärker: Längere Werte wurden durch nicht ausgefüllte, weiße Notenköpfe, kürzere Werte durch geschwärzte Notenköpfe gekennzeichnet, eine Anzahl verschiedener Fähnchen galt den noch kürzeren Notenwerten.

Die Einführung von Terzen und Sexten als »Füllstimmen« im musikalischen Satz führte dann zu neuen Regeln und theoretischen Überlegungen zur Harmonik, vor allem weil in der Kadenz nach den Regeln der *Musica ficta* bestimmte Noten zur Verbesserung der melodischen Linie, zur Vermeidung von *Tritoni* (dem dissonanten Intervall dreier Ganztöne) und zur Verstärkung der kadenziellen Wirkung erhöht oder erniedrigt wurden. Der Begriff *Musica ficta* beruhte auf der Einführung anderer Halbtonschritte neben den gebräuchlichsten Fortschreitungen H/C und E/F (diese Halbtonschritte entstammen dem Tonmaterial der so genannten *Musica vera* oder *Musica vecta*).

1477 kodifizierte der frankoflämische Theoretiker Johannes Tinctoris (um 1435–1511) in seinem *Liber de arte contrapuncti* (Buch über die Kunst des Kontrapunkts) die gebräuchliche Harmonik, vor allem in Bezug auf die Behandlung von Konsonanzen und Dissonanzen. Da im pythagoräischen Stimmsystem eine saubere Stimmung der nun verfügbaren größeren Zahl von Intervallen nicht gewährleistet war, bemühte man sich nun bei der reinen Stimmung darum sowohl Quinten wie Terzen harmonisch rein zu stimmen und so das Problem der nicht akzeptablen Terzen und Sexten zu lösen. Diese Stimmung führte allerdings in »entfernteren« Tonarten zu Problemen und wurde schließlich durch andere Stimmsysteme ersetzt.

Rechts: **Notenblatt aus dem Kloster Santa Maria degli Angeli in Florenz aus dem frühen 15. Jahrhundert.**

Rechts außen: **Seite aus Bartolomeo Ramos de Parejas Traktat *Musica theoretica*. Der spanische Theoretiker aus dem 15. Jahrhundert zeigt die Teilung der wichtigsten Notenwerte in zwei (= imperfekte) bzw. drei (= perfekte) Abschnitte. Diese Notation stammt aus Frankreich; unser heutiges Notensystem beruht auf dieser französischen Mensuralnotation.**

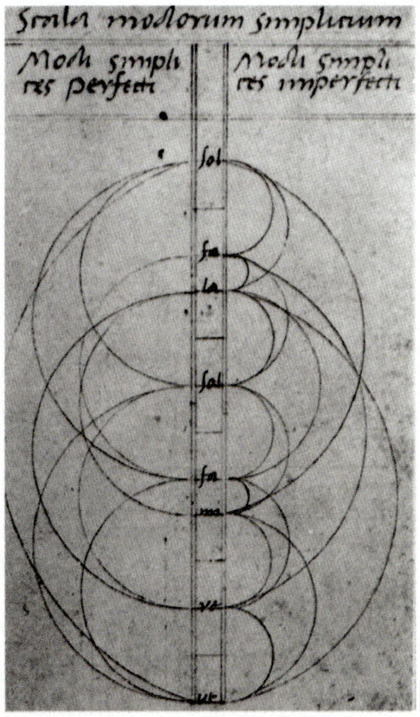

Die Renaissance

4

Der Zeitabschnitt vom Beginn des 15. Jahrhunderts bis zum Ende des 16. Jahrhunderts gehört zu den ereignisreichsten Epochen in der europäischen Geschichte. Die neue Ära setzte ein mit dem Aufblühen der Renaissance in den Städten und an den fürstlichen Höfen Italiens. In ganz Europa herrschte ein neuer, wissbegieriger Geist. Die Erfindung des Buchdrucks förderte die Verbreitung der humanistischen Ideen. Die Unzufriedenheit mit der katholischen Kirche wuchs und mündete in der Reformation. Die neue Religion fiel in Deutschland, Holland, Frankreich, in der Schweiz und in Skandinavien sowie in England – nach dem Bruch Heinrichs VIII. mit Rom – auf fruchtbaren Boden. Die Gegenreformation konnte die weitere Ausbreitung des Protestantismus zwar verhindern, Europa war von nun aber in zwei religiöse Lager geteilt.

15. und 16. Jahrhundert

Vom späten 14. Jahrhundert an regierten im Herzogtum von Burgund eine Reihe mächtiger Herrscher, die durch Heirat und Diplomatie große Territorien – darunter das nordöstliche Frankreich, Belgien und die Niederlande – erwarben und ihrem Einflussbereich eingliederten. Der reiche burgundische Hof wurde zu einem kulturellen Mittelpunkt im nördlichen Europa. Zahlreiche Komponisten der frankoflämischen Schule, welche die Musik des 15. Jahrhunderts prägen sollten, kamen aus dem heute zwischen Belgien und Nordfrankreich aufgeteilten Gebiet. Im späten 14. Jahrhundert richtete man an verschiedenen europäischen Fürstenhäusern Hofkapellen ein. In diesen Kapellen spielten bezahlte Musiker, die im Gottesdienst, aber auch bei weltlichen Anlässen für die musikalische Ausgestaltung sorgten. Die musikalische Qualität der burgundischen Hofkapelle war in ganz Europa bekannt, sodass man überall auf dem Kontinent nach jenen Musikern verlangte.

Die Komponisten der frankoflämischen Schule

Guillaume Dufay (um 1400–1474) galt als der führende Komponist am Hof zu Burgund. Er war kein großer Neuerer, verschmolz aber die französische Tradition der Ars nova mit den frühen Stilelementen der Renaissance, die er während seiner Reisen in Italien kennen gelernt hatte. Zu seinen bedeutendsten Leistungen gehören seine kirchenmusikalischen Werke, vor allem die Weiterentwicklung der Messe.

Dufay gilt als erster Komponist, der die einzelnen Sätze der Messe zyklisch vertonte, wobei er seinen Messkompositionen sowohl geistliche wie auch weltliche Vorlagen zu Grunde legte. Zu seinen bedeutenden Werken in dieser Gattung gehören die Messe *L'homme-armé*, deren Cantus firmus einem volkstümlichen Lied entlehnt ist, und die Messe *Se la face ai pale*. Seine berühmteste Messe ist das *Ave regina caelorum*. Dufay schrieb seine Motteten meist für feierliche Anlässe, so auch die berühmte isorhythmische Motette *Nuper rosarum flores* zur Einweihung der Florentiner Domkuppel. Auch Dufays weltliche Chansons sind wichtig. Dabei handelt es sich um Sololieder in der Art von Rondeaux oder Ballate, die von einem oder mehreren Instrumenten begleitet wurden und um Liebesdinge kreisten. Dufay zeichnet sich durch seine besondere Begabung und die große stilistische Breite seines Schaffens aus. Sein typisch burgundischer Stil bedeutet eine Verbindung zwischen der Musik des Spätmittelalters und der Komposition der Renaissance.

Philipp der Gute, Herzog von Burgund von 1419 bis 1467, unterhielt einen der angesehensten musikalischen Höfe Europas. Seine Musiker waren in ganz Europa gefragt, an den fürstlichen Höfen von Florenz und Mailand ebenso wie an der päpstlichen Kapelle in Rom und am Hof des Heiligen Römischen Kaisers in Österreich.

Buchmalerei aus einem Gesangbuch des 16. Jahrhunderts. Johannes Ockeghem dirigiert einen Chor, der das *Gloria* singt. Ockeghem war ein bedeutender flämischer Komponist des 15. Jahrhunderts, der vor allem wegen seiner wunderbaren Melodien geschätzt wurde.

Gilles Binchois (um 1400–1460) gilt zusammen mit Dunstable und Dufay als führender Komponist der ersten Hälfte des 15. Jahrhunderts. Er stammt wahrscheinlich aus Mons im heutigen Belgien und kam in den 20er Jahren des 15. Jahrhunderts an den Hof zu Burgund. Er schrieb bedeutende geistliche Werke, darunter viele Vertonungen einzelner Messsätze, jedoch keine komplette Messe. Man verbindet mit seinem Namen heute vor allem Chansons, hauptsächlich dreistimmige Rondeaux, bei denen die Melodie in der Oberstimme liegt. Ein typisches Beispiel ist *Filles à marier*, eine ausgelassene, an junge Mädchen im heiratsfähigen Alter gerichtete Ermahnung, sich nicht durch ein uneheliches Kind fesseln zu lassen.

Johannes Ockeghem (um 1425–1495) stammt aus Flandern, verbrachte aber den größten Teil seines Lebens in Frankreich, von wo aus er gelegentlich nach Spanien und Brügge reiste. Ockeghem komponierte Messen, Motetten und Chansons, wobei die Messen seine wichtigsten Werke sind. In diesen meist vierstimmig gesetzten Stücken übertrug er die Melodie nicht mehr ausschließlich dem Tenor und gab so den anderen Stimmen gleiches Gewicht; die Bassstimme wurde weiter nach unten geführt. Ockeghem schrieb lange melodische Linien von bemerkenswerter Schönheit – kompositorisch erreichte er diese Wirkung, indem er die Stimmen eng miteinander verband. Berühmt war Ockeghem auch für die Verwendung schwieriger und erfindungsreicher Kanontechniken, wie beispielsweise in seinen Messen *Missa prolationum* und *Missa cuivis toni*.

Durch den Einsatz unterschiedlicher Vorzeichenkombinationen in den vier Stimmen kann dieses letztere Werk in jeden der vier authentischen Kirchentöne transponiert werden. Ockeghems zehn überlieferte Motetten weisen ebenfalls außerordentlich kunstvolle Kanontechniken auf. Seine Chansons (erhalten sind über 20) sind vorwiegend in der Rondeau-Form höfischer Dichtung geschrieben und waren äußerst beliebt.

Ein weiterer Komponist aus dem nördlichen Europa, dessen Schaffen in die zweite Hälfte des 15. Jahrhunderts fällt, war Antoine Busnois (um 1430–1492). Der aus dem französischen Béthune stammende Komponist verbrachte die längste Zeit seines Lebens im Umkreis des burgundischen Hofes. Man erinnert vor allem seine Chansons, meist dreistimmige Rondeaux, darunter das bekannte *Bel-acueil*. In diesen Liedern zeigt er eine Fülle kontrapunktischer Techniken in Verbindung mit melodischer Schönheit und rhythmischer Vielfalt. Busnois' berühmteste Motette *In hydraulis* schrieb er zu Ehren von Ockeghem. Seine Messen *L'homme armé* und *O crux lignum* sind vierstimmig.

Josquin Desprez (um 1440–1521) ist der unumstrittene Meister der frankoflämischen Schule und er gilt als eine der bedeutendsten musikalischen Begabungen der Renaissance. Er stammt aus der Provinz Hainaut im Norden Frankreichs, die damals noch zu Burgund gehörte. Den größten Teil seiner Schaffenszeit verbrachte er jedoch in Italien und kehrte erst 1505 nach Frankreich zurück.

Die Musik verliert im Werk von Josquin und seiner Zeitgenossen allmählich ihre strenge Abstraktheit und spiegelt eine größere Bandbreite menschlicher Empfindungen wider. Josquin war ein wichtiger Komponist sowohl von Messen wie auch von Motetten, sein musikalisches Genie drückt sich in seinen Messen allerdings am besten aus. Während seine früheren Motetten formal eher traditionellen Schemata folgen, zeigen seine späteren Werke eine größere stilistische Vielfalt. Seine schönste Motette ist vielleicht das vierstimmige Werk *Ave Maria … virgo serena*. Josquin war außerdem einer der ersten Komponisten, die ihren Motetten Psalmen und andere Texte aus dem Alten Testament zu Grunde legten.

Von Josquins vielen Messkompositionen sind 18 Werke vollständig erhalten, wobei meist eine weltliche Melodie als Cantus firmus verwendet wird. Die Messen weisen eine Fülle erfindungsreicher kompositorischer Ideen auf. In der *Missa Hercules Dux Ferrariae* ist beispielsweise ein Thema komponiert, das aus den Vokalen des Titels und den entsprechenden Tönen des solmisierten Hexachords abgeleitet ist. In der Messe *Malheur me bat* lässt sich der Beginn der so genannten Parodie Messe nachweisen, einer formalen Anlage, die im 16. Jahrhundert zunehmend an Beliebtheit gewann. Das ursprüngliche, einer anderen Komposition entlehnte Thema, wird ganz vorgestellt, aber auch umgearbeitet und weiterentwickelt. Josquins berühmteste Messen sind die *Missa pange lingua* und die *Missa de beata virgine*.

In seinen Chansons – insgesamt etwa 70 Werken – verwendete Josquin wie häufig auch in seinen Motetten vierstimmige Sätze, die zum Teil auf schon vorhandene Melodien zurückgreifen. Überkommene Formen behandelte er großzügiger und er war vielleicht der erste, der von den strengen formalen Regeln von Rondeau und Ballata abging. So erreichte er in seinen bis zu sechsstimmigen Werken voller kontrapunktischer Verflechtungen zugleich einen intensiven und üppigen Klang. Zu seinen bekanntesten Chansons gehören *Mille regretz* sowie das Klagelied auf den Tod von Ockeghem, dessen Schüler er vermutlich war. Josquins besondere Bedeutung liegt in seinem Beitrag zur engeren Verbindung von Musik und Text. Die Worte waren verständlicher und die begleitende Musik passte sich dem Text hinsichtlich Betonungsmuster und Melodieführung geschickter an. In seiner Motette *Tu solus, qui facis mirabilia* komponierte er sogar in einem deklamierenden, homophonen Stil, an anderen Stellen hob er einzelne Worte durch den Einsatz von Chromatik und Kontrast besonders heraus.

IOSQVINVS PRATENSIS.

Josquin Desprez war der berühmteste Komponist der frankoflämischen Schule. Er führte die Elemente der spätmittelalterlichen Musik zusammen und legte so die Grundlagen für die Musik der Renaissance.

Jacob Obrecht (1451–1505) war ein weiterer bedeutender frankoflämischer Komponist. Er wirkte die meiste Zeit in den Niederlanden, verbrachte aber auch einige Jahre in

Das Porträt von Jacob Obrecht (1496) wurde noch zu seinen Lebzeiten gemalt. Obwohl er auch weltliche Lieder schrieb, schätzte man Obrecht vor allem für seine geistliche Musik. Der äußerst kreative Komponist war noch tief in der frankoflämischen Tradition verwurzelt.

Italien. Obrecht schrieb vor allem geistliche Musik; man verbindet mit seinem Namen insbesondere seine vierstimmigen Messen, von denen fast 30 überliefert sind. In den meisten Messen verwendete er als Cantus firmi weltliche oder gregorianische Melodien. Obrecht zeichnet sich durch die besonders kunstvolle Verarbeitung der von ihm entlehnten Musik aus. Die Melodie kann in jedem Satz mehrfach wiederholt werden, wird aber häufig in verschiedene Abschnitte aufgeteilt, die satzweise durchgeführt werden. Seine Motetten sind ebenfalls hervorragende Werke; zu seiner weltlichen Musik gehören Lieder, die auf französischen, italienischen und holländischen Texten basieren.

Heinrich Isaac (um 1450–1517), ein weiterer Zeitgenosse Josquin Desprez', wurde wahrscheinlich in Flandern geboren, lebte und arbeitete aber in Florenz und Österreich. In seiner Musik integrierte er musikalische Einflüsse aus Italien, Deutschland und den Niederlanden. Zu seinen geistlichen Kompositionen gehören mehr als 30 Vertonungen des Messordinariums, denen er wahlweise weltliche Musik oder gregorianische Choräle zu Grunde legte. Sein berühmtestes Werk ist die posthum veröffentlichte dreibändige Sammlung *Choralis Constantinus*, die fast 100 mehrstimmige Propriumsvertonungen enthält.

Isaacs Vielseitigkeit als Komponist wird aus seinen weltlichen Kompositionen überdeutlich. Er schrieb mehr als 80 Lieder, darunter französische Chansons, deutsche Lieder und italienische Frottole (vierstimmige Volksweise), komponierte aber auch instrumentale Werke. Seine Lieder sind mehrstimmig und basieren häufig auf einer meist im Tenor liegenden, entlehnten Melodie. Das berühmteste Lied von Isaac ist sein *Innsbruck, ich muss dich lassen*, das später von Johann Sebastian Bach und anderen umgearbeitet wurde. Die vorwiegend drei- oder vierstimmigen italienischen Frottole sind stilistisch schlichter, die meist klar strukturierte Melodie liegt in der Oberstimme. Isaac schrieb auch *canti carnascialeschi* (Karnevalslieder) für festliche Anlässe in Florenz, doch leider ist keines dieser Lieder vollständig erhalten.

Das Madrigal

Zu Beginn des 16. Jahrhunderts zeigte die Vokalmusik dank des großen Einflusses der vorhergehenden Generation frankoflämischer Komponisten ein sehr einheitliches Erscheinungsbild. Diese einheitliche Klanggestalt wurde aber allmählich durch ausgeprägte Nationalstile ersetzt, vor allem in Italien. Musik galt nun als unverzichtbares Attribut geselligen Beisammenseins und neue musikalische Techniken wurden schnell von einem Land zum anderen weitergegeben. Besondere Bedeutung hatte hierbei die Erfindung des Buch- und Notendrucks. Im Vergleich zu früheren Jahrhunderten wurde sehr viel mehr weltliche Musik geschrieben, die gegenüber der starr reglementierten geistlichen Musik erheblichen Spielraum für kompositorische Experimente bot.

Das Madrigal sollte in Italien die wichtigste Gattung der Vokalmusik im 16. Jahrhundert werden. Dabei handelt es sich um die Vertonung eines ernsten Gedichts, das sich vom textlichen Gehalt her für eine zeitgenössische, leichtfertige Frottola nicht eignet. Es unterscheidet sich somit deutlich vom gleichnamigen zwei- oder dreistimmigen Genre des 14. Jahrhunderts. Viele Texte entstammten der Feder berühmter Dichter wie Petrarca oder Ludovico Ariosto. Die Musik sollte die tiefen Empfindungen der Poe-

Porträt von Petrarca aus dem 16. Jahrhundert. Der gefeierte italienische Dichter des 14. Jahrhunderts wird von vielen als Vater der modernen Poesie angesehen. Im 16. Jahrhundert dienten einige seiner Gedichte als Textgrundlage für die neue Gattung des Madrigals – dem führenden Genre weltlicher Musik in Italien.

sie ausdrücken, Worte und Musik ergänzten sich nun in harmonischer Weise. Die unbegleitet gesungenen Madrigale wurden meist für drei oder vier, später auch für fünf Stimmen gesetzt. Sie enthielten sowohl homophon gesetzte Partien wie auch den imitativen Kontrapunkt, der Text wurde abschnittsweise relativ frei komponiert.

Zu den frühesten Vertretern der Madrigalkomposition gehören verschiedene franko-flämische Komponisten, die in Italien wirkten, darunter der in Florenz tätige Philippe Verdelot (um 1480–1545) und Adrian Willaert (um 1490–1562). Willaert war einer der einflussreichsten Musiker seiner Zeit und ließ sich schließlich in Venedig nieder. Jacob Arcadelt (um 1500–1568) stand im Dienst der päpstlichen Kapelle in Rom und gehörte später der königlichen Hofkapelle in Paris an. Das italienische Madrigal erreichte seinen Höhepunkt in der zweiten Hälfte des 16. Jahrhunderts mit Andrea Gabrieli, Orlando di Lasso und Giovanni da Palestrina. Zwei weitere bedeutende flämische Komponisten waren der von Monteverdi sehr bewunderte Cyprian de Rore (um 1516–1565) und Philippe de Monte (1521–1603). Monte war der fruchtbarste Madrigalist. Er diente unter den beiden Kaisern Maximilian II. und Rudolf II. in Wien und Prag.

Mit dem Wirken dieser und anderer Komponisten ging eine Verbreiterung der Ausdruckskala einher. Das Ende des Jahrhunderts war gekennzeichnet von gewagten chromatischen Experimenten, die mit immer größerer Kunstfertigkeit bei der Ausarbeitung und einem deklamierenden Stil verbunden waren. Das Werk des Italieners Luca Marenzio (um 1553–1599) steht exemplarisch für diese Epoche. Er verbrachte den größten Teil seines Lebens in Rom, aber auch kurze Zeit am polnischen Königshof. Marenzio beeinflusste vor allem die späteren englischen Madrigalisten. Nicola Vicentino war Musiker und Theoretiker gleichermaßen. Sein Buch *L'antica musica ridotta alla moderna prattica* (Die alte Musik, für die moderne Praxis dienlich gemacht)

Die frankoflämischen Komponisten Adrian Willaert (oben) und Philippe de Monte (unten). Beide waren führende Vertreter des Madrigals indem sie das neue Genre durch eine gesteigerte Ausdruckssprache bereicherten.

behandelt aktuelle Fragen zu Chromatik, Modulationen und dem Zusammenhang mit antiker Musik. Vicentino erfand darüber hinaus ein als Archicembalo bekanntes Instrument, das zwischen enharmonisch verwechselten Noten differenzieren konnte.

Carlo Gesualdo (1561–1613) kam vermutlich aus Neapel, wo er den größten Teil seines Lebens verbrachte. Einige Jahre lebte er auch in Ferrara, das damals ein blühendes Zentrum alter Musik war. Der eigenwillige und unorthodoxe Komponist veröffentlichte sechs Madrigalbücher und drei Sammlungen geistlicher Lieder. Gesualdos Musik zeichnet sich durch die Verwendung ungewöhnlicher Harmonien, Dissonanzen und eine gewagte Chromatik aus.

1588 veröffentlichte Nicholas Yonge, ein Chorsänger an der Londoner St. Paul's Cathedral, den Band *Musica Transalpina*, eine Sammlung italienischer Madrigale mit englischen Texten. Der englische Hof war bereits mit italienischen Madrigalen vertraut, und sowohl Heinrich VIII. wie auch Elisabeth I. beschäftigten italienische Musiker. Einer dieser Musiker, Alfonso Ferrabosco (1543–1588), beeinflusste seine Zeitgenossen in hohem Maße, darunter vor allem William Byrd, sodass das englische Madrigal eigene formale Gesetze entwickelte.

Thomas Morley (um 1557–1602), ein ehemaliger Schüler von Byrd, war der führende Vertreter der englischen Madrigalisten. Morley wirkte als Komponist, Theoretiker und Musikverleger. Seine *Plaine and Easie Introduction to Practicall Musicke* (1597) und die Sammlung von Madrigalen zu Ehren Elisabeth I., *The Triumphes of Oriana* (1601), zeugen von seiner Vertrautheit mit der italienischen Musik und deren Einfluss auf die englische Schule. Morley schrieb über 100 Madrigale – meist handelte es sich um Lobgesänge auf die Liebe oder Schönheit der Natur. Zu seinen leichteren weltlichen Werken gehören Balletti, die wegen ihrer tanzartigen Rhythmen und fa-la-Refrains bekannt sind. Ein schönes Beispiel dieser Gattung ist *Now is the month of Maying*. Seine Kanzonetten, die sich am besten als Madrigale in Miniaturform charakterisieren lassen, waren wie die Balletti nach italienischen Vorbildern gestaltet. Er schrieb aber auch geistliche Musik, darunter lateinische Motetten, englische Anthems und Psalmen sowie Instrumentalmusik.

Zur jüngeren Generation der Madrigalisten gehört Thomas Weelkes (um 1576–1623). Weelkes war einer der Komponisten, die zu der Sammlung *The Triumphes of Oriana* beitrugen. Auch er komponierte mehr als 100 Werke, die sich durch phantasievolle Wortmalerei und kunstvolle Beherrschung des Kontrapunkts auszeichnen. Die bekanntesten sind *Thule, the Period of Cosmographie* und das Balletto *O care, thou wilt despatch me*. Weelkes zeichnete sich aber auch als Komponist geistlicher Musik aus; zu seinen Kirchenkompositionen gehören fast 40 Anthems und das Madrigal *When David heard, As Vesta was, from Latmos Hill descending*.

John Wilbye (1574–1638), ein Zeitgenosse von Weelkes, bewies in zwei 1597 und 1609 veröffentlichten Madrigalbüchern seine musikalische Erfindungskraft und sein großes handwerkliches Können. Zu seinen bedeutendsten Madrigalen gehören die von sanfter Melancholie geprägten Werke *Adew, sweet Amarillis* und *Draw on sweet night*.

Die Chanson

Das gesellschaftliche und politische Klima in Frankreich zu Beginn des 16. Jahrhunderts, vor allem die Entstehung eines wohlhabenden Bürgertums, förderte die Entwicklung der weltlichen Vokalmusik. Diese Musik fand ihren lebhaftesten Ausdruck in der mehrstimmigen Chanson, einer neuen Form der mittelalterlichen Chanson, die von Josquin Desprez so erfolgreich wiederbelebt worden war. In den 30er und 40er Jahren des 16. Jahrhunderts entwickelten Komponisten im Umkreis von Franz I. die so genannte »Pariser Chanson« als passende musikalische Gattung für die neue Art kultivierter Lyrik. Diese Chansons wurden in verschiedenen Sammlungen von Pierre Attaingnant (um 1494–1552) veröffentlicht. Attaingnant verwendete bewegliche Lettern, bei denen Noten und Teile des Liniensystems in einer Type vereinigt waren. Auf diese Weise bewältigte er viel größere musikalische Textmengen als je zuvor.

Die frühesten Chansons waren für vier Stimmen gesetzt, wobei die Hauptmelodie in der Oberstimme lag. Diese Chansons lehnten sich eng an den Rhythmus der Textvorlage an. Der Pariser Claude de Sermisy (um 1490–1562) schrieb Messen und Motetten, ist aber mit seinen Chansons – fast 200 sind überliefert – am nachhaltigsten im Gedächtnis geblieben. Sie handeln häufig von der Liebe und zeichnen sich durch Schlichtheit und gefühlvollen Stil aus. Ein gutes Beispiel seiner Kompositionen ist *Tant que vivray*, die Vertonung eines Gedichts von Clément Marot. Sermisys Zeitgenosse Clément Jannequin (um 1485–1558) war besonders für seine lan-

***Das Konzert*, um 1550.**
Die drei abgebildeten Frauen musizieren – Flöte, Laute und Gesang – Claudin de Sermisys Chanson *Jouissance vous donneray*. Über 200 Chansons von Sermisy sind erhalten.

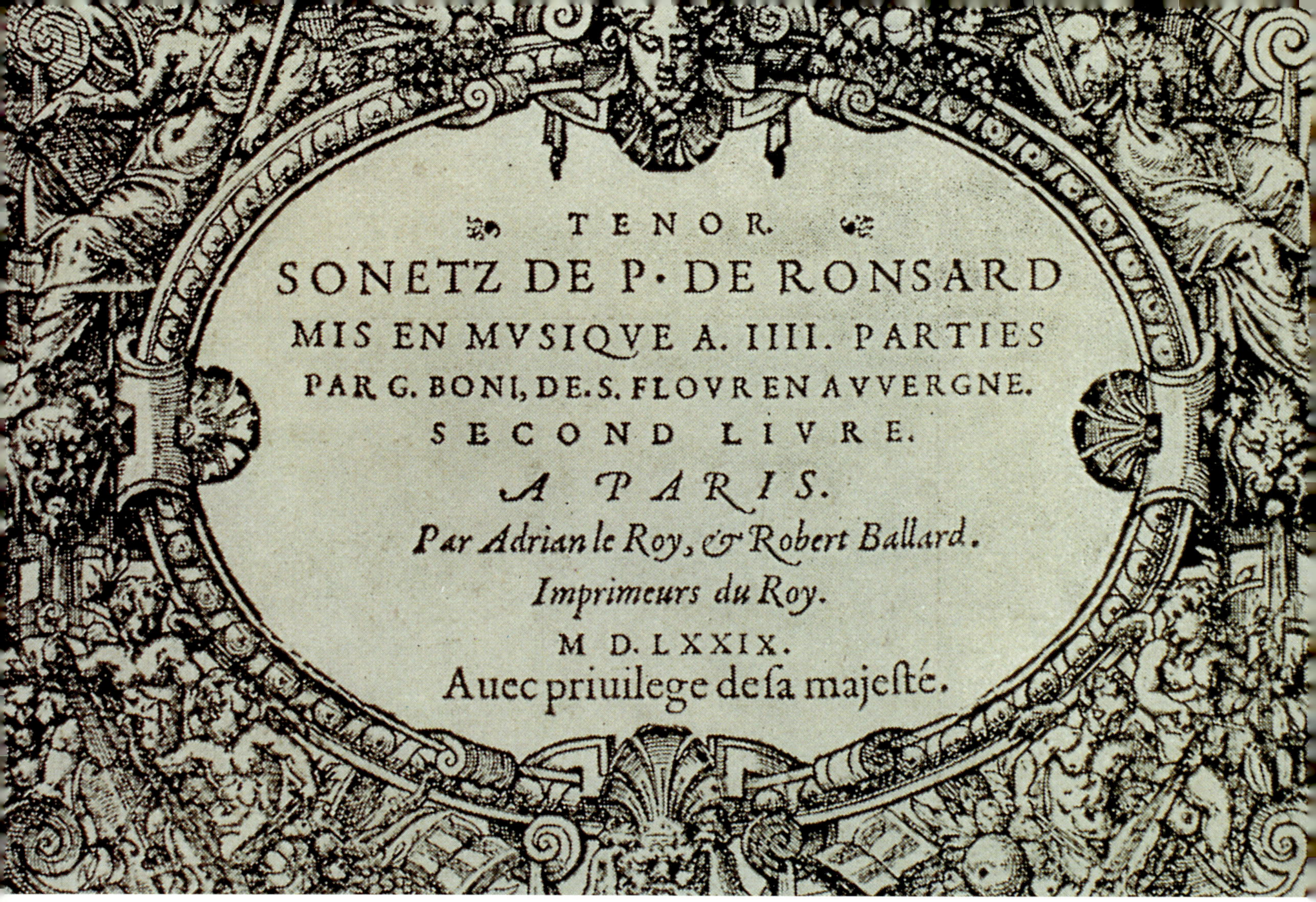

Titelblatt einer Sammlung von Sonetten des Dichters Pierre de Ronsard. Es handelt sich um das 1579 gedruckte zweite Buch der insgesamt vierteiligen Ausgabe. Ronsard gilt gemeinsam mit Clément Marot als Vertreter der neuen Lyrik, aus deren Vertonung die »Pariser Chanson« hervorging.

gen, erzählenden Chansons berühmt, in denen die Musik die dargestellten Ereignisse lebhaft abbildete. Werke wie *Le chant des oiseaux* (Der Gesang der Vögel), *La guerre* (Der Krieg) und *La chasse* (Die Jagd) sind voller onomatopoetischer Anspielungen.

Auch in der zweiten Hälfte des 16. Jahrhunderts dominierte die Chanson, wenngleich sie zunehmend vom italienischen Madrigal beeinflusst wurde. Zu den Komponisten dieser Epoche gehören Claude Le Jeune (1528–1600) und Guillaume Costeley (1531–1606). Le Jeune komponierte über 100 Chansons sowie Airs, Madrigale, Psalmen und Motetten. Sowohl Le Jeune wie auch Costeley gehören zu den Vertretern der »musique mesurée«, da sie metrische Strukturen verwendeten. Bei diesem Verfahren wurden lange und kurze Textsilben durch entsprechend lange und kurze Noten vertont, wobei die langen Notenwerte die kurzen genau verdoppelten. Sie folgten mit dieser Kompositionstechnik den Versuchen französischer Dichter, welche die antiken Regeln der Quantifizierung von Silben in ihre Werke zu übernehmen suchten.

Andere Komponisten, die gleichermaßen kunstvolle Chansons wie Madrigale schrieben, waren Orlando di Lasso und Jacob Arcadelt. Der holländische Komponist Jan Sweelinck schrieb ebenfalls Chansons, aus denen die französische Renaissancetradition deutlich hervorging. Zum Ende des Jahrhunderts hin tauchten die »chansons spirituelles« auf, ursprünglich weltliche Chansons, die umgetextet wurden, um den Standpunkt der Protestanten in den Religionskriegen, die Frankreich zu dieser Zeit so heftig bewegten, deutlich zu machen.

Musik in Deutschland

Heinrich Isaac führte die Kompositionstechniken der frankoflämischen Schule in Deutschland ein. Isaac war ein meisterhafter Vertreter der Liedkomposition im 15. Jahrhundert, die ihren Höhepunkt in den Werken seines Schülers und gebürtigen Schweizers Ludwig Senfl (um 1492–1555) finden sollte. Das Lied, die beliebteste Gattung weltlicher Musik, war zuerst im 13. Jahrhundert als einstimmige Melodie bei den als Minnesänger bekannten höfischen Musikern aufgetaucht. Die Meistersänger, Bürger der Mittelklasse, die sich in musikalischen Zünften zusammenschlossen, übernahmen diese Gattung und führten einstimmige, unbegleitete Lieder auf, die nach strengen Formschemata gebaut waren. In Deutschland pflegte man einen recht konservativen Musikgeschmack. Erst im 15. Jahrhundert kam es zu einer wirklichen Blüte mehrstimmiger Lieder. Das um 1455 zusammengestellte *Lochamer Liederbuch* enthält sowohl einstimmige wie auch mehrstimmige Lieder. Bei den dreistimmigen Sätzen liegt die Melodie im Tenor oder in der Mittelstimme. Senfls Lieder berührten eine Fülle von Themen, vom Satirischen und Komischen bis hin zu höfischen Liebesabenteuern. Hans Leo Hassler (1564–1612), der führende deutsche Komponist des späten 16. Jahrhunderts, schrieb etwa 60 Lieder, die den glanzvollen italienischen Stil mit deutscher Lyrik verbanden. Er war außerdem für seine geistliche Musik und seine Instrumentalwerke, für Kanzonetten und Madrigale bekannt. Erwähnenswert ist auch Orlando di Lasso, zu dessen reichem Werk in allen musikalischen Gattungen auch

Titelseite der Erstausgabe des Gedichts »Die Wittenbergische Nachtigall« (1523) von Hans Sachs, mit dem der Dichter für Martin Luther eintrat. Die von Luther ausgelöste Reformation hatte für die Entwicklung der Musik nachhaltige Bedeutung. Die Gestalt des Hans Sachs wurde später in Richard Wagners Oper *Die Meistersinger von Nürnberg* verewigt.

eine schöne Sammlung von Liedern gehört. Gegen Ende des 16. Jahrhunderts nahmen die deutschen Lieder allmählich italienische Züge an und der wachsende Einfluss des Madrigals führte schließlich zum Niedergang der Gattung.

Die Musik in Deutschland profitierte ebenso wie in anderen Ländern in ganz erheblichem Maße von der Erfindung des Buchdrucks durch Johannes Gutenberg in den 40er Jahren des 15. Jahrhunderts. Ottaviano Petrucci war 1501 in Venedig der erste, der mehrstimmige Notenwerke druckte, andere Länder in Westeuropa folgten. Davor erfolgte die musikalische Vorbereitung ausschließlich durch handschriftliche Kopien – ein zeitaufwendiges und teures Verfahren. Nun hatte erstmals eine wachsende Zahl von Musikliebhabern Zugang zu vergleichsweise billigen Notenausgaben in der Landessprache. Musiker erlernten das Notenlesen, sangen in kleinen Gruppen und spielten Instrumente. Das Musizieren wurde zu einem beliebten Zeitvertreib und einer angenehmen Beschäftigung.

Auch die Reformation hatte bedeutenden Einfluss auf die Entwicklung der Musik in Deutschland.

Die Musik in Deutschland profitierte ebenso wie in anderen Ländern in ganz erheblichem Maße von der Erfindung des Buchdrucks durch Johannes Gutenberg in den 40er Jahren des 15. Jahrhunderts. Nun hatte erstmals eine wachsende Zahl von Musikliebhabern Zugang zu vergleichsweise billigen Notenausgaben in der Landessprache.

Rechts: **Martin Luther war nicht nur Theologe, sondern auch ein begabter Musiker. Er vertrat die Ansicht, dass während des Gottesdienstes nicht nur Priester und Chor, sondern die ganze Gemeinde singen solle, um so die Grundlagen der neuen Glaubensrichtung zu festigen.**

Unten links: **Der Holzschnitt aus dem 17. Jahrhundert zeigt eine deutsche Druckerei. Die Erfindung des Buchdrucks mit beweglichen Lettern in den 40er Jahren des 15. Jahrhunderts förderte nicht nur die Verbreitung der Ideen Luthers, sondern eröffnete auch die Möglichkeit, musikalische Werke leichter und zu günstigeren Preisen als je zuvor verbreiten zu können.**

Martin Luther verfügte über beachtliche musikalische Begabungen: Er besaß eine gute Tenorstimme, beherrschte das Lauten- sowie Flötenspiel und schätzte die Musik der frankoflämischen Schule, vor allem die Werke von Josquin Desprez. Luther war von der zentralen Funktion der Kirchenmusik in der protestantischen Religion überzeugt. Gegenüber der römisch-katholischen Tradition, wo die Gemeinde das Rezitieren lateinischer und somit für die meisten Leute unverständlicher Gebete durch Priester und Chor schweigend verfolgte, wollte er die Gläubigen durch Lieder in der Landessprache direkt am Gottesdienst beteiligen. In Zusammenarbeit mit Johann Walther, einem Schüler von Ludwig Senfl, publizierte Luther 1524 das erste protestantische Gesangbuch. Einige der darin enthaltenen Melodien waren neu, andere waren, wie die Volkslieder, weltlicher Musik entnommen oder entstammten dem Repertoire der Gregorianik. Zu den Liedern des Gesangbuches gehört das berühmte *Ein feste Burg ist unser Gott*, zu dem Luther den Text, möglicherweise auch die Musik schrieb. Darüber hinaus wurden die Choräle zu einem zentralen Bestandteil des lutherischen Gottesdienstes. In der deutschen Musik des 17. und 18. Jahrhunderts sollte der Choral fortan eine besondere Stellung einnehmen.

Mehrstimmige geistliche Musik

Die katholische Kirche reagierte auf die wachsende Bedeutung des Protestantismus mit der Einberufung des Tridentinischen Konzils, das von 1545 bis 1547 tagte. Das Konzil wollte den Missbräuchen in der Kirche ein Ende setzen und notwendige Reformen voranbringen. Die geistliche Musik spielte bei diesen Überlegungen zwar nur eine Nebenrolle, musste sich aber ernsthafter Kritik unterziehen. Angeprangert wurde sowohl die Verwendung weltlicher Melodien in den Messkompositionen wie auch die komplizierte Mehrstimmigkeit, welche die Bedeutung der liturgischen Worte überdeckte. Es gab auch Widerstand gegen den Einsatz bestimmter Instrumente und einige Kirchenvertreter bemühten sich um eine Rückkehr zum einstimmigen gregorianischen Choral. Obwohl sich das Konzil nicht entschließen konnte mehrstimmige Musik zu verbieten, formulierte es unter anderem: »Sie sollen aus der Kirche alle Musik verbannen, die – sei es im Gesang oder beim Orgelspiel – Wollüstiges oder Unreines enthält.«

Giovanni Pierluigi da Palestrina (um 1525–1594) verdankt seinen Beinamen einer kleinen Stadt in der Nähe Roms. Um 1577 war er so berühmt, dass man ihn bat, die Revision des gregorianischen Chorals in Übereinstimmung mit den Entscheidungen des Tridentinischen Konzils zu überwachen, eine Aufgabe, die er bis zu seinem Tod nicht abschließen konnte. Palestrinas reiches Schaffen enthält über 100 Messen. Diese Werke beleuchteten in ihrer stilistischen Vielfalt und großen Besetzung (vier bis zu acht unbegleitete Stimmen) auf grandiose Weise den im Wesentlichen konservativen Geist der Gegenreformation. Einige der Messen basieren auf der Cantus-firmus-Technik mit einer vorgegebenen Melodie in einer der Vokalstimmen. Die meisten Messen komponierte er aber im moderneren Parodieverfahren, in dem er Werke anderer Komponisten (oder eigene) komplett übernahm und sie auf geniale Weise umarbeitete. Schließlich sind einige Messen ohne musikalische Entlehnungen geschrieben, darunter die bemerkenswerte vierstimmige *Missa brevis* aus dem Jahr 1570.

Palestrinas berühmteste Messvertonung war die sechsstimmige, Papst Marcellus II. gewidmete *Missa Papae Marcelli*. Dem Vernehmen nach konnte er mit diesem Werk die Kirche davon überzeugen, dass polyphone Satztechniken den Text der Liturgie nicht notwendigerweise in den Hintergrund treten lassen, und so die mehrstimmige geistliche Musik vor der Verdammung aus der Kirche bewahren. Palestrinas zahlreiche Motetten zeigen die besondere Vielseitigkeit und Begabung des Komponisten bei der kompositorischen Ausdeutung einzelner Worte. Das gilt vor allem für das Hohe Lied. Palestrina vermied die eher unorthodoxe Chromatik vieler seiner Zeitgenossen und verzichtete weitgehend auf Dissonanzen; dabei setzte er durchweg Überbindungen von unbetonten zu betonten Taktzeiten und löste die so entstehenden Dissonanzen stufenweise auftaktig auf. Palestrinas Melodien zeigen nicht nur äußerste Beherrschung der durch seinen Kontrapunkt hervorgerufenen harmonischen Wirkungen. In ihrem ebenmäßigen und kontrollierten Klang verweisen sie auf die Gregorianik früherer Jahrhunderte. Palestrina wird gemeinhin als bedeutendster italienischer Komponist unbegleiteter Vokalmusik betrachtet. Er war der erste Komponist, dessen Stil als so genannter Palestrina-Stil von einer späteren Generation als vorbildlicher Vokalstil kanonisiert wurde.

Obwohl Orlando di Lasso (um 1532–1594) zu Recht wegen seiner Madrigale und Chansons berühmt ist, gehört dieser letzte Vertreter der großen

Buchmalerei zu Orlandi di Lassos *Miserere mei …* Lasso war der letzte bedeutende frankoflämische Komponist. Er bereiste ganz Europa und schrieb über 2000 Kompositionen, die alle von dem großen Genie dieses weltoffenen Komponisten zeugen.

Giovanni Pierluigi da Palestrina wird dafür gerühmt, die mehrstimmige geistliche Musik vor der Verbannung durch die katholische Kirche bewahrt zu haben. 1577 übernahm er die Aufsicht über die Revision der gregorianischen Choräle in Übereinstimmung mit den Entscheidungen des Tridentinischen Konzils.

Das Tridentinische Konzil wurde von 1545–63 einberufen, um Missbräuchen innerhalb der katholischen Kirche Einhalt zu gebieten. Man diskutierte auch die Frage, ob die neue Mehrstimmigkeit die liturgischen Texte verdunkle.

frankoflämischen Schule auch zu den führenden Komponisten geistlicher Musik. Lasso schrieb mit seinen mehr als 2000 Kompositionen eine unglaubliche Fülle von Werken. Seine erste Sammlung mit Motetten und Chansons veröffentlichte er bereits im Alter von 24 Jahren. Als echter Internationalist vereinigte er in seinem Werk französische, italienische, deutsche und flämische Einflüsse. Am bekanntesten sind wohl seine etwa 1200 Motetten. Sie zeichnen sich vor allem durch den Einfallsreichtum aus, mit dem Lasso eine zugleich eindrucksvolle und empfindsame Reaktion auf den komponierten Text erreicht. Zu seinen bekanntesten Motetten gehören die Werke aus der Sammlung mit Bußpsalmen *Psalmi Davidis Poenitentiales* sowie die weltlichen *Prophetiae Sibyllarum*. Seine Villanellen (»Bauernliedchen«), Lieder, Chansons und Madrigale reichen thematisch von heiterer Empfindung zu stärkster Intensität, vom derben Trinklied bis zum zarten Ausdruck von Liebe.

Am Ende des 15. Jahrhunderts wurde auch die Musik Spaniens zunehmend von der frankoflämischen Schule beeinflusst. Einige Komponisten polyphoner Musik blieben aber dem musikalischen Erbe ihres Landes treu. Juan del Encina (1468–1529) war für seine »Villancicos« berühmt, durch Refrains verbundene Lieder mit mehreren Versen, die sich volkstümlicher Überlieferung verdankten. Francisco de Peñalosa (um 1470–1528) kennt man vor allem wegen seiner liturgischen Musik. Der führende spanische Komponist des frühen 16. Jahrhunderts war Cristóbal de Morales (um 1500–1553). Er verbrachte als Mitglied der päpstlichen Kapelle einige Zeit in Rom und schrieb hauptsächlich geistliche Werke, darunter Messen, Motetten und Magnificats.

Der mit Abstand berühmteste spanische Komponist dieser Zeit war jedoch Tomás Luis de Victoria (1548–1611). Er stammt aus Avila, lebte dann etwa 20 Jahre in Rom, wo er möglicherweise ein Schüler von Palestrina war, ehe er sich in den 80er Jahren des 16. Jahrhunderts wieder in Madrid niederließ. Der Geist der Gegenreformation fand in Spanien seinen Niederschlag in einem eifernden Katholizismus, der fast das gesamte Alltagsleben

Das Haus Tudor in England bereitete einer großen Epoche musikalischer Erneuerung den Weg. Das Gemälde zeigt Heinrich VIII. mit seinem Hofnarren beim Musizieren. Die wunderschöne Laute unten aus der Zeit Elisabeths I. wurde von John Rose 1580 gefertigt.

durchdrang. Victoria war ein Mann von tiefer Gläubigkeit und schrieb – als einziger unter den bedeutenden Komponisten dieser Epoche – ausschließlich geistliche Musik. Er komponierte mehr als 20 Messen für vier bis zwölf Stimmen. Als Vorlage verwendete er seine eigenen Motetten (er schrieb etwa 50 Werke dieser Gattung). Sowohl seine Messen wie auch die Motetten gehören zu den besten Werken dieser Zeit; Beispiele seines Schaffens sind das bekannte *O magnum mysterium* und *O quam gloriosum*. Sein letztes Werk war das bedeutende *Officium defunctorum*, das Requiem für die spanische Kaiserin Maria. Einige seiner Messen sind mehrchörig gesetzt, d. h. die Stimmen sind auf zwei und gelegentlich auf drei Chöre aufgeteilt. In seiner Musik verbindet sich ausgefeilte moderne Kompositionstechnik mit der emotionalen Intensität eines tiefen Glaubens.

Musik in England

Ende des 15. Jahrhunderts erlebte England unter dem Haus Tudor einen musikalischen Neuanfang. Großen Anteil hatte hieran die Förderung Heinrichs VIII. William Cornysh (um 1465–1523) ist sowohl für seine weltlichen Lieder als auch seine Motetten bekannt. Einige seiner geistlichen Werke befinden sich mit Stücken seines Zeitgenossen Robert Fayrfax (1464–1521) im Eton College. Fayrfax komponierte fast ausschließlich für die Kirche, darunter fünfstimmige Messen und Antiphonen für besondere Anlässe, aber auch weltliche Lieder und Instrumentalmusik.

John Taverner (um 1490–1545) war ohne Zweifel der führende englische Komponist des frühen 16. Jahrhunderts. Zu seinen vorwiegend geistlichen Werken gehören Messen, drei Magnificats und 28 Motetten. Seine Messe *Western Wynde*, eine Komposition auf einen weltlichen Cantus firmus, ist in dem für England typischen, reich verzierten, spätgotischen Stil geschrieben. Seine instrumentale Vertonung des »In nomine« aus seiner Messe *Gloria tibi trinitas* wurde später Grundlage für eine Vielzahl instrumentaler Kompositionen.

Thomas Tallis (um 1505–1585), der bedeutendste englische Komponist Mitte des 16. Jahrhunderts, lebte zu einer Zeit religiöser Unruhen. Während seines langen Lebens diente er vier verschiedenen Herrschern. Zu Beginn seiner musikalischen Laufbahn komponierte er Messen und Antiphonen zu verschiedenen Anlässen, nach der Inthronisierung des Protestanten Edward VI. englische Anthems für die neue anglikanische Liturgie. Zur Zeit Mary Tudors – ihre Herrschaft bedeutete eine kurzzeitige Rückkehr zur katholischen Orthodoxie – schrieb er lateinische Hymnen. Die siebenstimmige Messe *Puer natus est nobis* stammt wahrscheinlich aus dieser Zeit. Unter Elisabeth I. vertonte Tallis dann auch englische Texte. 1575 erhielten er und sein Schüler William Byrd von Elisabeth ein Privileg zum alleinigen Notendruck und -verkauf in England. Ihre erste Publikation war eine Sammlung lateinischer Motetten unter dem Titel *Cantiones sacrae*. Zu Tallis' klangvollsten und überzeugendsten Werken gehören zwei Vertonungen der *Klagelieder des Jeremias* aus dem Alten Testament. Seine erstaunlichste Komposition ist jedoch das *Spem in alium*, eine Motette mit 40 Stimmen für acht fünfstimmige Chöre.

Christopher Tye (um 1500–1573), ein Zeitgenosse von Tallis, hinterließ eine beachtliche Anzahl kirchlicher Werke, darunter Motetten und Messen in lateinischer Sprache, aber auch einige englische Anthems, die möglicherweise während der Herrschaft Edwards VI. entstanden.

Instrumentalmusik

Das Konzert im Freien. **Italienisches Gemälde aus dem 16. Jahrhundert, das die Freude am Musizieren darstellt Obwohl während des gesamten Mittelalters Instrumente gespielt wurden, traten sie gegenüber der menschlichen Stimme meist in den Hintergrund.**

Zu den wichtigsten Entwicklungen im späten 15. und frühen 16. Jahrhundert gehört die wachsende Bedeutung der Instrumentalmusik. Damit einher ging die Publikation von Lehrwerken. Instrumentenbauer begannen neue Techniken anzuwenden und setzten sich erfolgreich mit den Problemen von Stimmung und Stimmton auseinander. Zu dieser Zeit entstanden ganze Instrumentenfamilien, so genannte »Consorts«, bei denen der Tonumfang der einzelnen Instrumente den menschlichen Stimmlagen vergleichbar war. Komponisten schrieben zunehmend Musik ausdrücklich für bestimmte Instrumentengruppen, vor allem Blockflöten und Gamben. Das beliebteste Soloinstrument war die Laute. Daneben gab es eine Fülle von Blasinstrumenten, darunter Oboen, Krummhörner und Posaunen. Die meisten dieser Instrumente klangen im Ton weniger durchdringend als ihre heutigen Verwandten.

Natürlich vollzog sich der allmähliche Ersatz der menschlichen Stimme durch Instrumente in vielen Bereichen nur langsam. In Italien gab es ab dem frühen 16. Jahrhundert die Canzone als beliebte Variante der französischen Chanson. Der muntere Schwung und die lebhaften Rhythmen dieser Vokalgattung boten sich zur Übertragung auf Instrumente, zur Transkription vorzugsweise für Laute und Tasteninstrumente, geradezu an. Am Ende des 16. Jahrhunderts war aus der Canzone eine rein instrumentale Komposition geworden. Giovanni und Andrea Gabrieli, die Canzonen für Ensembles wie für solistische Instrumente schrieben, erreichten in dieser Gattung höchste Vollkommenzeit. Die Einführung zweier oder mehrerer kontrastierender »Themen« in eine Komposition führte zu den deutlich voneinander abgegrenzten Teilen, die man aus der Musik des 17. Jahrhunderts kennt.

Ebenso wie die Canzone wurde auch das Ricercare aus der Vokalmusik abgeleitet, aus der Motette. Meist handelte es sich um ein getragenes und langsames Stück, in dem mehrere Themen nacheinander bearbeitet wurden. Die meisten Ricercari waren zur Aufführ-

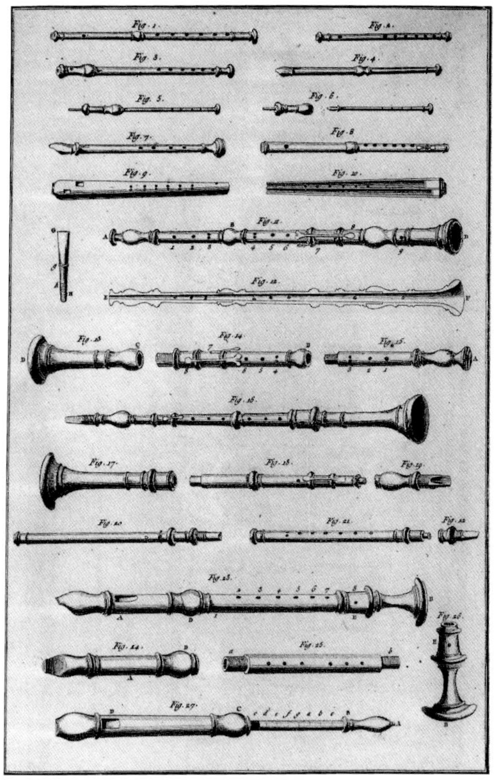

Blasinstrumente, Abbildung aus einem Buch über Künste und Wissenschaften aus dem 18. Jahrhundert. Bis zum 16. Jahrhundert lag die vorrangige Bedeutung der Instrumente im Ersatz von Vokalstimmen, sowohl in der weltlichen als auch in der geistlichen mehrstimmigen Musik.

rung durch ein Ensemble gedacht, ließen sich aber auch auf Instrumenten wie Laute oder Cembalo spielen. Andrea Gabrielis Ricercari für Orgel zeichnen sich durch ihre besondere kontrapunktische Brillanz aus.

Im 16. Jahrhundert wurde der Tanz zu einem festen Bestandteil höfischen Lebens in Europa. Man hielt ihn sogar für eine notwendige gesellschaftliche Fertigkeit. Seine zunehmende Beliebtheit wirkte als Stimulus bei der Erfindung von Instrumentalmusik. Obwohl Tanzmusik meist improvisiert wurde, brachten Drucker wie Ottaviano dei Petrucci (1466–1539) bedeutende Sammlungen mit Tanzmusik heraus. Viele dieser Stücke konnten auf Laute, Cembalo oder im Ensemble vertont werden.

Mit der Zeit entwickelte sich aus der originären Tanzmusik, die primär als Begleitung zu den Bewegungen der Tänzer gedacht war, eine eigenständige Musikform. Die starken rhythmischen Impulse, ein notwendiges Element aller Tanzmusiken, wurden zu Gunsten eines charakteristischen Instrumentalstils fallen gelassen. Nun stand die Musik selbst im Mittelpunkt der Aufmerksamkeit. Zunächst wurde sie für ein bestimmtes Soloinstrument geschrieben, später dann für ganze Ensembles. Zunehmend publizierte man Tänze, die in Zweier- oder gelegentlich Dreiergruppen zusammengestellt waren. Auf einen langsamen Tanz, etwa eine Pavane (von frz. »(Tanz) aus Padua«, würdevolles Schreiten), folgte die schnellere Galliarde (Tanz mit Sprüngen). Im weiteren Verlauf des 16. Jahrhunderts gewannen auch Allemande (von frz. »Deutscher (Tanz)«, gerader Takt und zweiteilige Form) und Courante (von frz. »Die Laufende«, rascher, ungerader Takt) zunehmendes Ansehen. Die bei Instrumentalisten übliche Improvisation – durch Verzierung einer Melodie oder Ergänzung einer weiteren kontrapunktischen Stimme – wurde in niedergeschriebenen Kompositionen für solistische Spieler fixiert, die Titel wie Fantasia oder Toccata trugen und hinsichtlich Form und Satzstruktur eine große stilistische Freiheit zeigten.

Die venezianische Schule

Venedig befand sich im 15. Jahrhundert durch den Handel zwischen Ost und West auf dem Gipfel von Macht und Wohlstand. Obwohl im 16. Jahrhundert ein allmählicher Rückgang einsetzte, gedieh das kulturelle Leben

Abbildung einer Karnevalsprozession aus einer venezianischen Flugschrift. Jene »Triumphzüge« wurden anlässlich wichtiger Ereignisse mit viel Gesang und Tanz gefeiert. Gegen Ende des 16. Jahrhunderts beeinflussten die venezianischen Komponisten die Musik in ganz Europa.

in der Lagunenstadt weiterhin. Im Mittelpunkt des Kulturlebens stand der im 11. Jahrhundert erbaute Markusdom, der den passenden Rahmen für prächtige öffentliche und kirchliche Feierlichkeiten bot. Die Welt beneidete Venedig um den Glanz dieser Veranstaltungen. Auch die Komponisten trugen erheblich zum Ruhm der Stadt bei und beeinflussten gegen Ende des 16. Jahrhunderts die Musik in ganz Europa.

Andrea Gabrieli (um 1510–1586), gebürtiger Venezianer, reiste aber auch nach Österreich und Deutschland. Gabrielis geistliche Werke entstanden meist für bedeutende Kirchenfeste. Er hatte besonderes Geschick darin, seine Kompositionen den ungewöhnlichen akustischen Gegebenheiten des Markusdoms anzupassen. Gabrieli setzte mehrere Chöre und Gruppen von Instrumentalisten ein, die er so in der Kirche verteilte, dass die Zuhörer Klänge aus unterschiedlichen Richtungen hörten – heute würde man das als Stereoeffekt bezeichnen. Andrea Gabrieli hinterließ ein umfangreiches Œuvre: Neben seinen groß besetzten Chor- und Instrumentalwerken, darunter Messen und Motetten, schrieb er auch Madrigale zu poetischen Texten sowie Ricercari und Canzonen für Orgel.

Andreas Neffe Giovanni Gabrieli (um 1554–1612) veröffentlichte eine Sammlung mit dem Titel *Concerti* – es handelt sich hier übrigens um die erste verbürgte Verwendung des Begriffs »Concerto« –, die neben eigenen Werken auch Kompositionen seines Onkels enthielt. Giovanni kultivierte die klanglichen Möglichkeiten kontrastierender Sängergruppen in noch stärkerem Maße als sein Onkel. Seine Motette *In ecclesiis* bedeutete mit ihrer üppigen Zusammenstellung von Solisten, Chor und einer Vielzahl von Instrumenten, die sowohl miteinander wie auch im Wechsel eingesetzt wurden, einen Markstein mehrchöriger Musik. Gabrieli schrieb darüber hinaus eine große Zahl von Werken für instrumentale Ensembles; seine Klangexperimente mit kleinen und großen instrumentalen Gruppen deuten bereits auf das Concerto grosso hin.

***Der Markusdom in Venedig*, Gemälde von Albert Goodwin. Die mächtige Kathedrale stand im Mittelpunkt der großartigen musikalischen Entwicklung, die sich während der Renaissance in Venedig vollzog. Komponisten wie Andrea und Giovanni Gabrieli, beide Organisten am Markusdom, zählten zu den bedeutendsten Vertretern der Venezianischen Schule.**

Kostbar gerahmte Miniatur von Nicholas Hilliard, die die englische Königin Elisabeth I. beim Lautenspiel zeigt. Die Laute war das beliebteste Soloinstrument während des Elisabethanischen Zeitalters. Der berühmte englische Komponist John Dowland war auch ein virtuoser Lautenist, der über 80 Ayres für Stimme und Laute schrieb.

Musik im Elisabethanischen Zeitalter

Die Herrschaftszeit von Elisabeth I. war geprägt durch eine Fülle musikalischer Begabungen, wobei die Laute als solistisches Instrument an erster Stelle stand. John Dowland (um 1562–1626) war der bedeutendste englische Lautenist und zugleich ein äußerst erfindungsreicher Komponist, der vor allem wegen seiner meisterlichen Beherrschung des kurzen, typisch englischen Liedes, des Ayre, bekannt war; er schrieb über 80 solcher Stücke für Vokalstimme und Laute. Die Melodien sind von besonderer Schönheit und die Texte häufig sehr melancholisch, wie etwa in *Flow my teares* oder *In darkness let mee dwell*. Dennoch wird in diesen Ayres Dowlands bemerkenswerte Fähigkeit zur Wortausdeutung deutlich, wobei er Musik und textliche Vorlage aufs Sorgfältigste verbindet. Zu seinen Instrumentalwerken gehören zahlreiche Lautenkompositionen, in denen Tanzformen kunstvoll verarbeitet werden. 1604 veröffentlichte er eine unter dem Namen *Lachrimae, or Seaven Teares* bekannte Sammlung für Gamben und Flöte, einen Variationszyklus über *Flow, my teares*, der ihm internationalen Ruhm bescherte.

Die Komponisten im Elisabethanischen Zeitalter schätzten vor allem Tasteninstrumente. Sowohl die Cembaloinstrumente wie Virginal und Spinett, bei denen die Saiten angezupft werden, wie auch das Clavichord, dessen Saiten man anschlägt, fanden im 16. Jahrhundert zunehmende Verbreitung. William Byrd (1543–1623), unzweifelhaft der bedeutendste englische Komponist dieser Zeit, war für seine Musik für Tasteninstrumente genauso berühmt wie für seine Vokalwerke. Zu Byrds reichem Schaffen gehören ungefähr 60 Anthems für den anglikanischen Gottesdienst, seine besten Vokalwerke sind jedoch die zu lateinischen Texten geschriebenen Motetten und Messen, die zur Aufführung in den Privatkapellen katholischer Familien gedacht waren. Ein herausragendes Beispiel ist die vierstimmige Motette *Ave verum corpus*, die in der Sammlung *Gradualia* (1605/07) veröffentlicht wurde. Seine drei lateinischen Messen für drei, vier beziehungsweise fünf Stimmen belegen überzeugend die meisterhafte Beherrschung dieses Genres.

William Byrd (1543–1623), unzweifelhaft der bedeutendste englische Komponist dieser Zeit, war für seine Musik für Tasteninstrumente genauso berühmt wie für seine Vokalwerke. Byrd schrieb mehr als 100 Werke für Tasteninstrumente.

Byrd schrieb mehr als 100 Werke für Tasteninstrumente (vor allem Virginal und Orgel), die häufig Tanzsätze wie Pavane und Galliarde enthielten. Besonderen Erfindungsgeist zeigte er bei der Verarbeitung vorgegebener Melodien in Variationsreihen. Seine *Psalmes, Songs and Sonnets* (1611), eine Sammlung weltlicher und geistlicher Musik, die aus Sololiedern mit Begleitung durch ein Gamben-Consort bestehen, zeichnen sich durch die kunstvolle Verwendung kontrapunktischer Techniken aus. Ausgesprochen modern war Byrd mit seiner Consortmusik für Gamben, die die Entwicklung improvisierender Fantasien bereits vorausnahm. Viele seiner Werke für Tasteninstrumente wurden in der Anthologie *Parthenia* (1612) veröffentlicht, andere fanden Aufnahme in *My Ladye Nevells Booke*, einer hervorragenden, von John Baldwin 1591 transkribierten handschriftlichen Sammlung, die ausschließlich Klaviermusik von Byrd enthält.

Dieses 1643 von dem Holländer Jan Ruckers gebaute Cembalo steht heute in Ham House, Surrey. Die Komponisten des Elisabethanischen Zeitalters bevorzugten Tasteninstrumente, vor allem Zupfinstrumente, bei denen die Saiten angerissen wurden.

John Bull (1562–1628) verbrachte wie Dowland ebenfalls viel Zeit im Ausland und beeinflusste das Werk anderer nordeuropäischer Komponisten ganz erheblich. Von Bull sind Kanons, Anthems und vor allem Klavierwerke überliefert. Sein Ruf beruht auf seinen zahlreichen Kompositionen für Virginal und Orgel, die eine bemerkenswerte Virtuosität und hervorragendes technisches Können verraten. Sein Œuvre für Virginal ist zum großen Teil im *Fitzwilliam Virginal Book* enthalten, das um 1620 erschien. Auch Bull lieferte Beiträge zu der schon erwähnten Sammlung *Parthenia*. Als Komponist war er nicht wirklich innovativ. Seine Begabung lag eher in der Fähigkeit eine einfache Melodie durch eine Reihe von Variationen brillant auszuarbeiten.

Orlando Gibbons (1583–1625) war sowohl begabter Organist wie auch Virginalist, wurde jedoch vor allem wegen seiner geistlichen Musik und seiner Madrigale gefeiert. Seine Psalmkompositionen, Full Anthems (für Chor) und Verse Anthems (für Chor und Solostimmen) wurden allesamt für die anglikanische Kirche geschrieben. Zu dieser Werkgruppe gehört auch die eindrucksvolle Komposition *This is the word of John*. 1612 veröffentlichte Gibbons *Madrigals and Motetts of 5 Parts*, eine sehr ernste und melancholische Sammlung, darunter die beiden berühmten Madrigale *The Silver Swan* und *What is Our Life?*. Gibbons schrieb auch eine Fantasie für Stimmen und Gamben, die thematisch die Straßenrufe in London aufgreift. Seine Instrumentalmusik enthält Werke für Tasteninstrumente und für Gamben-Consorts; auch er ist mit Virginalmusik in der Sammlung *Parthenia* vertreten. Sein Sohn Christopher Gibbons (1615–1676) komponierte Anthems, Gamben-Fantasien und Musik für Tasteninstrumente.

Die Musik des Barock

5

Europa war Anfang des 17. Jahrhunderts immer noch zwischen zwei Glaubensrichtungen tief gespalten. Der Dreißigjährige Krieg brachte Zerstörung über Deutschland. Frankreich hingegen stieg unter Ludwig XIV. zur mächtigsten Nation Europas auf. Während in Spanien eine Epoche des Niedergangs einsetzte, erlebten die Niederlande eine Zeit des Wohlstands. Der Sieg von Oliver Cromwell im englischen Bürgerkrieg ebnete den Weg zur Vorherrschaft des Parlaments und die Kolonisation Nordamerikas kündete von einer neuen Ära in der Weltgeschichte. Am Ende des Jahrhunderts waren sowohl Russland als auch Preußen zu bedeutenden Mächten internationaler Politik erstarkt.

17.–18. Jahrhundert

Mit dem zunächst abschätzig verwendeten Begriff Barock (»schwülstig«) bezeichnete man die Strömungen in Kunst und Architektur vom Ende des 16. Jahrhunderts bis zur Mitte des 18. Jahrhunderts. Es galt, Übermaß und fehlende Proportionen zu kennzeichnen, denen die harmonische Gliederung der Renaissance fehlte. Erst Ende des 19. Jahrhunderts benannten Kunstkritiker die positiven Seiten des Barock und seit dem frühen 20. Jahrhundert wird mit diesem Begriff auch die zeitlich identische Epoche der Musikgeschichte definiert.

Der Beginn des 17. Jahrhunderts bedeutete zweifellos einen wichtigen Einschnitt in der Geschichte der Musik. Vielen Komponisten war damals bewusst geworden, dass sie einen endgültigen Bruch mit der Vergangenheit vollzogen. Sie beschäftigten sich zu jener Zeit mit den Ideen der Affektenlehre, die davon ausging, dass man in einem Musikstück verschiedene Gemütszustände wie Ärger, Überraschung oder Erhabenheit auf objektive Weise ausdrücken könne. Italien, vor allem Venedig, war das musikalische Zentrum in Europa. Die rasche kompositorische Weiterentwicklung verlangte nach einer Unterscheidung zwischen zwei äußerst unterschiedlichen musikalischen Stilrichtungen, wobei sich die Unterschiede vor allem in der Vokalmusik zeigten. Claudio Monteverdi bezeichnete diese beiden Richtungen als »prima prattica« oder »stile antico« und »seconda prattica« oder »stile moderno«.

Die »prima prattica« war der überall anzutreffende polyphone Stil des 16. Jahrhunderts, der auf der frankoflämischen Schule basierte und nun weitgehend der Liturgie vorbehalten blieb. Bei der »seconda prattica« erhielten Text und Solostimme größere Bedeutung, sodass diese Satztechnik generell für weltliche Werke verwendet wurde, bei denen die musikalisch kunstvolle Satztechnik der Deutlichkeit der Textaussage nicht mehr im Weg stehen durfte. Monteverdi war der erste Vertreter dieses modernen Stils, der den Weg für völlig neue Formen von Vokalmusik frei machte.

Oben: ***Sitzende Virginalspielerin*, Gemälde von Jan Vermeer, um 1672. Das Virginal ist ein kleines Cembalo, das ein beliebtes Instrument der Hausmusik war. Der Name des Instruments rührt vielleicht von der Verwendung durch junge Damen her, die damit ihre musikalischen Fähigkeiten unter Beweis stellten.**

Links: **Die königliche Kapelle in Versailles, während der Regierungszeit von Ludwig XIV. erbaut. Frankreich wurde unter dem Sonnenkönig zum mächtigsten Staat Europas und erlangte zugleich auch die kulturelle Vorherrschaft.**

Auch die Instrumentalmusik veränderte sich in diesen Jahren entscheidend, primär durch die Entwicklung des Basso continuo oder bezifferten Basses – einer Art notationstechnische Kurzschrift. Bei der Begleitung einer Melodie befanden sich in der meist von einem Tasten- oder Zupfinstrument (Cembalo, Orgel oder Laute) ausgeführten Bassstimme Ziffern über oder unter den Tönen der Basslinie, welche die jeweils zu spielenden Harmonien angaben. Vom Begleiter wurde die Improvisation passender Akkorde erwartet, um so eine selbstständige Begleitung zu bilden. Bei polyphoner Vokalmusik war zuvor jede Stimme vom Komponisten notiert worden, da alle Stimmen im Satzgefüge die gleiche Bedeutung hatten. Nun brauchte der Komponist nur noch Melodie und Basslinie mit der entsprechenden Bezifferung aufzuschreiben. Diese neue Kompositionstechnik bedeutete nicht nur eine veränderte Hierarchie der einzelnen Stimmen – Melodie und Bassstimme waren nun die wichtigsten Stimmen –, sondern kennzeichnete auch eine neue Entwicklung musikalischer Satztechnik: von der Polyphonie zur Homophonie und einem harmonisch definierten Kontrapunkt. Die spieltechnischen Möglichkeiten der Instrumente sowie der Instrumentalisten selbst rückten zunehmend ins Blickfeld. Komponisten bemühten sich nun neben einer idiomatischen Schreibweise um einen durch bessere spielerische Fähigkeiten ermöglichten instrumentengerechten Satz. Daneben erhielten musikalische Ausbildung und Instrumentenbau zunehmende Bedeutung.

Die Oper war zweifellos die wichtigste musikalische Neuerung während des Barockzeitalters. Die Grundidee war, dass die Musik sich dem Text unterordnen müsse und dass ihre wichtigste Funktion darin liege, die dramatische Kraft der Worte zu verstärken.

Bis zum 16. Jahrhundert bildeten die mittelalterlichen Kirchentöne die Grundlage für Melodik und Harmonik. Gegen Mitte des 17. Jahrhunderts wurden diese alten Modi durch das neue Konzept der Dur-Moll-Tonalität vollständig abgelöst. An dieser Entwicklung hatten einige Elemente der früheren Musik – etwa Kadenzbildung und Modulationen in entferntere tonale Bereiche – entscheidenden Anteil. Die neue Basso-continuo-Technik akzentuierte die Bedeutung von Akkorden gegenüber melodischen Linien. Darüber hinaus wird tonal empfundene Musik von einem tonalen Zentrum und nicht von einer Skala geprägt. Die harmonische Bewegung beruht auf der Verwendung des Grundakkords Tonika (I. Stufe), der Dominante (V. Stufe), Subdominante (IV. Stufe) und verschiedener Nebenakkorde. Der Schritt von der Dominate zur Tonika (V – I) ist das Charakteristikum einer Vollkadenz, eines musikalischen Satzzeichens sozusagen, das am Ende einer Phrase, eines Abschnittes oder eines Stückes eine Pause oder die Auflösung harmonischer Spannung markiert. Die neuen satztechnischen Regeln wurden später auch in theoretischer Form festgehalten. Der Einsatz von Dissonanz und Chromatik wurde festen Regeln unterworfen und zu einem Bestandteil des systematischen Wechsels von Spannung und Entspannung, der die Dur-Moll-tonale Musik prägt.

Die Anfänge der Oper

Die Oper war zweifellos die wichtigste musikalische Neuerung während des Barockzeitalters. Die Fundamente der Oper wurden in den 70er Jahren des 16. Jahrhunderts in Florenz gelegt, wo eine als Florentiner »Camerata«

bezeichnete Gruppe von Dichtern, Philosophen und Musikern zusammenkam, um die verschiedensten Themen zu diskutieren. Bei ihren Gesprächen über Musik waren sie der Ansicht, dass die Musik sich dem Text unterordnen müsse und dass ihre wichtigste Funktion darin liege, die dramatische Kraft der Worte zu verstärken. Diese Ideen wurden durch ein Werk des Gelehrten Girolamo Mei (1519–1594) bestätigt, der sich mit dem antiken griechischen Drama beschäftigt hatte. Seiner Meinung nach kam der Musik dort eine entscheidende Rolle zu. Mit der Erfindung des Rezitativs versuchte man dieses vermeintliche griechische Original wieder zu beleben. Das Rezitativ ist eine besondere Form des Sologesangs; in leichter Überzeichnung werden die Inflektionen der Sprache übernommen und so wirkungsvolle dramatische Dialoge ermöglicht.

Die früheste überlieferte Oper ist *Euridice* von Jacopo Peri (1561–1633). Das Werk wurde 1600 in Auftrag gegeben und zeichnet sich durch die Verwendung des neuen Rezitativs aus. Ein weiteres Mitglied der »Camerata«, Giulio Caccini (1551–1618), komponierte ebenfalls eine Euridice. Mit Caccini verbindet man aber vor allem seine Publikation *Le nuove musiche*, eine Sammlung monodischer Gesänge mit einer langsam fortschreitenden Continuo-Begleitung. Das erste große Meisterstück der neu-

***La favola d'Orfeo* von Monteverdi, Beginn des zweiten Aktes. Monteverdi besetzte dieses Werk, wahrscheinlich die erste Oper überhaupt, mit mehr als 40 Instrumenten. Er gab in der Partitur Hinweise zur Instrumentation, um die im Text dargestellten Situationen musikalisch zu beleuchten und den gewünschten dramatischen Effekt zu erzielen.**

en Gattung und möglicherweise die erste Oper überhaupt war Claudio Monteverdis *La favola d'Orfeo*, die 1607 in Mantua gezeigt wurde. *Orfeo* war zwar stark von der Tradition der Intermedien geprägt, einer beliebten höfischen Unterhaltung mit Musik und Text, wies jedoch zugleich alle Elemente des neuen musikalischen Stils auf. Die Vokalmusik bestand hauptsächlich aus Rezitativen, Arien (Sologesängen) und Chören, die meist durch einen Basso continuo begleitet waren. Peri hatte zuvor in seiner Oper nur Lauten, einige weitere, ähnliche Instrumente und ein Cembalo besetzt, die sämtlich außer Sichtweite hinter der Bühne platziert waren. Monteverdi dagegen setzte um die 40 sehr unterschiedliche Instrumente ein, die während der Oper in nicht weniger als 26 Instrumentalnummern Verwendung fanden. Allerdings wurden an keiner Stelle alle Instrumente gleichzeitig gespielt. Orfeos berühmte Arie im dritten Akt, »Possente spirto« (Mächtige Geister), zeichnet sich durch die besondere Schönheit der reich verzierten Solistenpartie aus.

Die Oper erwies sich als äußerst beliebte Kunstform. In den 20er Jahren des 17. Jahrhunderts wurde Rom zu einem Zentrum der neuen Kunst. Zu den bekanntesten Librettisten dieser Zeit gehörte Giulio Rospigliosi, der spätere Papst Klemens IX. Er schrieb das Libretto für die erste komische Oper *Chi sofre, speri* (1639). Die römische Oper zeigte einige Neuerungen, darunter eine Ouvertüre im Stil einer instrumentalen Canzone, die zu

Die Eröffnung des ersten öffentlichen Opernhauses »San Cassiano« in Venedig im Jahr 1637 machte die Stadt zu einem neuen Mittelpunkt in der Musikgeschichte. Diese Bühnen hatten bedeutenden Anteil daran, die Oper – ursprünglich eine höfische Unterhaltungsform – einem größeren Publikum nahe zu bringen. Und diese Öffnung der Zuschauerkreise beeinflusste unweigerlich auch die musikalischen Darbietungen.

Oben links: **Bühnenbild für eine Szene aus Antonio Cestis Oper *Il pomo d'oro*, Kupferstich. Die Oper war wegen ihrer großartigen Ausstattung berühmt.**

Oben rechts: **Für die Aufführung von *Il pomo d'oro* in Wien 1667 anlässlich der Hochzeit Kaiser Leopolds II. wurde ein eigenes Theater errichtet. Radierung.**

einem festen Formschema für Opernouvertüren während des ganzen Jahrhunderts werden sollte.

Die Eröffnung des ersten öffentlichen Opernhauses »San Cassiano« in Venedig im Jahr 1637 machte die Stadt zu einem neuen Mittelpunkt in der Musikgeschichte. Bis zum Ende des Jahrhunderts baute man in Venedig mehr als ein Dutzend weiterer Opernhäuser. Diese Bühnen hatten bedeutenden Anteil daran, die Oper – ursprünglich eine höfische Unterhaltungsform – einem größeren Publikum nahe zu bringen. Und diese Öffnung der Zuschauerkreise beeinflusste unweigerlich auch die musikalischen Darbietungen. Zu den Veränderungen gehörten aufwendigere Inszenierungen, deutlichere Trennungen von Rezitativ und Arie sowie die Entwicklung der Arien als eigenständige Gattung der Vokalmusik. Monteverdi schrieb seine letzten beiden Opern *Il ritorno d'Ulisse in patria* (1640) und *L'incoronazione di Poppea* (1642) für venezianische Opernhäuser.

Francesco Cavalli (1602–1676), ein Schüler von Monteverdi, der auch geistliche Musik schrieb, war ein weiterer bedeutender Opernkomponist Venedigs. Zu seinen vielen Werken gehören *Egisto* (1643), *Ormindo* (1644) und *Ercole amante* (1662). In der Oper *Orontea* von Cavallis Rivalen Antonio Cesti (1623–1669) wurde der menschlichen Stimme besonderes Gewicht gegeben. Schon in den Werken Cavallis hatte sich die allmähliche Tendenz zur Konzentration auf den Sologesang gezeigt. Die Werke der beiden Komponisten nehmen den Belcanto-Stil bereits vorweg, der zum Markenzeichen der italienischen Oper werden sollte. Cestis *Il pomo d'oro* wurde ungeheuer aufwendig inszeniert; die in den Anfangsjahren der Oper wichtige Definition des »stile moderno«, der die Worte über die Musik hob, schien in vielen venezianischen Opern in Vergessenheit geraten zu sein. Verworrene Handlungsstränge und komische Szenen wurden ergänzt, um die Stücke unterhaltsamer zu machen.

Monteverdi wurde im norditalienischen Cremona als Sohn eines Apothekers und Gelegenheits-Chirurgen geboren. Er veröffentlichte bereits 1587 sein erstes Madrigalbuch; sein viertes und fünftes Buch, die er zwischen 1603 und 1605 publizierte, kennzeichnen die Abkehr von den polyphonen Techniken der Renaissance. Durch die zunehmende Komposition dramatischer Rezitative wurde dem Text größeres Gewicht verliehen. In seinem fünften Madrigalbuch arbeitete Monteverdi den Basso continuo ein. Die Verwendung von Dissonanzen zur Ausdeutung einzelner Textstellen führte jedoch zu heftiger Kritik von Seiten des musikalischen Establishments. Seine Madrigale brachten ihm zwar außerhalb Norditaliens früh Anerken-

Claudio Monteverdi 1567–1643

Hauptwerke

Opern
Sieben Opern, darunter drei überlieferte Werke
1607 *La favola d'Orfeo*
1641 *Il ritorno d'Ulisse in patria*
1642 *L'incoronazione di Poppea*

Ballette
1608 *Il ballo delle ingrate*
1616 *Tirsi e Clori*

Weltliche Oratorien
1624 *Il combattimento di Tancredi e Clorinda*

Weltliche Vokalwerke
Neun Madrigalbücher
1587 1. Madrigalbuch
1590 2. Madrigalbuch
1592 3. Madrigalbuch
1603 4. Madrigalbuch
1605 5. Madrigalbuch
1614 6. Madrigalbuch
1619 7. Madrigalbuch
1683 8. Madrigalbuch
1651 9. Madrigalbuch
sowie
1607& 1632 *Scherzi musicali*

Geistliche Musik
1583 *Madrigali spirituali*
1610 *Vespern*
1640 *Selva morale e spirituale* sowie Messen, Magnificats, Psalmen etc.

Oben: **Skizze für das Bühnenbild von Mauro Pagano für Monteverdis *Il ritorno d'Ulisse in patria* anlässlich der Salzburger Festspiele 1985.**

Links: **Claudio Monteverdi, zeitgenössisches Porträt von Domenico Fetti. Monteverdi, der an der Zeitenwende von Renaissance zu Barock wirkte, war einer der fortschrittlichsten Komponisten. Er erkannte den wesentlichen Kern des Musikdramas und schuf Werke von großer Ausdruckskraft.**

Unten: **Titelseite einer Gedichtsammlung zu Ehren Monteverdis, der 1643 starb. Die Instrumente, mit denen die Seite geschmückt ist, wurden allesamt von Monteverdi eingesetzt.**

nung, dennoch verdankt er seine Reputation als bedeutender Komponist seiner ersten Oper *La favola d'Orfeo* (1607). 1608 schrieb er kurz nach dem Tod seiner Frau eine zweite Oper, *Arianna*. Die Partitur dieses Werkes ist bis auf das berühmte »Lamento« verschollen, ein leidenschaftlicher Ausbruch von Trauer, der durchaus die Empfindungen des Komponisten widerspiegeln mag.

1610 wandte er sich verstärkt geistlicher Musik zu und veröffentlichte die Papst Paul V. gewidmete Sammlung mit Vespern. In diesen Werken verband er in herkömmlichen Psalmen, Rezitativen und Arien und unter Verwendung von Instrumentalgruppen auf eindrucksvolle Weise den polyphonen Vokalstil der Renaissance mit den expressiven Techniken des Barock. 1612 wurde Monteverdi zum »maestro di cappella« (Kapellmeister) am Markusdom in Venedig ernannt. Während seines Wirkens entstand ein eindrucksvolles Œuvre geistlicher Musik, wenngleich er auch die weltliche Musik nicht vernachlässigte. 1615 komponierte er das Ballett *Tirsa e Clori* und 1627 die (verlorene) komische Oper *La finta Pazza Licori*.

Während der ersten Jahre seiner Tätigkeit in Venedig wandte sich Monteverdi erneut der Komposition von Madrigalen zu. Sein 1614 veröffentlichtes sechstes Madrigalbuch enthält eine fünfstimmige Bearbeitung des »Lamento« aus seiner Oper *Arianna*. Im siebten Madrigalbuch sind eine Fülle unterschiedlicher Gattungen vertreten, darunter Sololieder, Duette und Lieder für mehrere Sänger mit instrumentaler Begleitung, unter anderem die berühmte Canzonetta *Chiome d'oro*. Das achte Madrigalbuch *Madrigali guerrieri et amorosi* erschien erst 1638. In diesem Buch setzte Monteverdi den »stile concitato« häufig ein, der durch die rasche Wiederholung von Noten gekennzeichnet ist, was eine lebhafte Aktivität kennzeichnen sollte. Dieses Madrigalbuch enthält auch das 1624 erstmals szenisch aufgeführte *Combattimento di Tancredi e Clorinda*.

In seinen letzten Jahren komponierte Monteverdi die Opern *Il ritorno d'Ulisse in patria* (1641) und *L'incoronazione di Poppea* (1642). Diese Meisterwerke des Musikdramas zeichnen sich durch die hohe Kunst der Charakterisierung und die bemerkenswerte Darstellung menschlicher Leidenschaften aus. Nach Monteverdis Tod geriet seine Musik bis Ende des 19. Jahrhunderts in Vergessenheit. Nachdem er nun im Pantheon der bedeutendsten Komponisten seinen angemessenen Platz gefunden hat, wird er als Schlüsselfigur des Übergangs von Renaissance zu Barock gesehen. Er war nicht nur der erste Komponist, der die Möglichkeiten der Gattung Oper radikal erweiterte, sondern er gab auch dem Madrigal völlig neue Ausdrucksmöglichkeiten und führte einen neuen, fortschrittlichen Geist in die Kirchenmusik ein.

Titelblatt der 1619 veröffentlichten Psalmen Davids von Heinrich Schütz. Schütz war der erste bedeutende deutsche Komponist, dem die Verschmelzung des neuen italienischen Barockstils mit der starken protestantischen Tradition in Deutschland gelang.

Die Entstehung des Oratoriums

Die Kirchenmusik geriet zunehmend unter den Einfluss weltlicher Musik, vor allem durch die Verwendung formaler Elemente aus Oper und Monodie sowie des Generalbasses. Die 1602 uraufgeführte *Rappresentazione di anima e di corpa* von Emilio de Cavalieri (um 1550–1602) könnte man als das erste Oratorium bezeichnen; auf Grund des Einsatzes von Schauspielern, Kostümen, Ballett und Bühnenbild gehört sie jedoch eher in die Kategorie der geistlichen Oper. Das eigentliche Oratorium hat mit der Oper zwar die Verwendung von Arien, Chören und Rezitativen gemein, entwickelte sich aber ohne Bühnenbilder, Kostüme und szenische Aktion. Wirkliche Bedeutung erlangte das Genre erst bei Giacomo Carissimi (1605–1675).

Carissimis berühmtestes Oratorium *Jephtha* ist mit einem Erzähler und drei anderen Vokalsolisten, die verschiedene Charaktere vertreten, besetzt. Das Werk enthält außerdem einen in die Erzählhandlung integrierten Chor sowie eine instrumentale Begleitung. Carissimi komponierte 13 weitere Oratorien, Motetten und Messen sowie einige bemerkenswerte weltliche Kantaten, darunter *A piè d'un verde alloro*. Seine stark von opernhaften Zügen geprägten lateinischen Oratorien übten einen bedeutenden Einfluss auf die weitere Entwicklung der Gattung aus.

In Deutschland erlebte das Oratorium seine erste Blütezeit durch Heinrich Schütz (1585–1672). 1619 veröffentlichte er seine erste Sammlung geistlicher Musik, die *Psalmen Davids*, 1623 die *Auferstehungshistorie* und 1625 die *Cantiones sacrae*, eine Sammlung lateinischer Motetten. Seine Oper *Dafne*, die erste bekannte Oper in Deutschland, deren Partitur jedoch verschollen ist, wurde 1627 uraufgeführt. 1629 erschien seine Sammlung *Symphoniae sacrae I* für Vokalstimmen und Instrumentalbegleitung. 1635 komponierte er die *Musikalischen Exequien*, eine Begräbnismesse für Solisten und Chor mit Begleitung von Cello und Cembalo. Seine beiden Sammlungen *Kleiner geistlicher Konzerte* (1635 und 1639), Motetten für Solostimmen mit Orgelbegleitung, zeichnen sich durch ihre kraftvolle Deklamation aus. Auf die 1664 veröffentlichte *Weihnachtshistorie* für Solisten, Chor und Instrumente folgten seine letzten Werke, Passionshistorien nach Matthäus, Lukas und Johannes. Diese a cappella zu singenden Werke kennzeichnet eine besondere stilistische Strenge.

Ein *Lamento* aus dem vierten Toccaten-Buch von Johann Jakob Froberger. Der im frühen 17. Jahrhundert führende deutsche Komponist für Tasteninstrumente studierte bei dem italienischen Komponisten Frescobaldi, der seinerseits in dieser Kunst an der Spitze seines Landes stand. Frobergers Toccaten sind deutlich durch italienische Stilmerkmale geprägt.

Ein zeitgenössisches Gemälde von Dietrich Buxtehude (mit dem Notenblatt). Buxtehude, berühmt vor allem für seine geistliche Musik, gab an den Adventssonntagen öffentliche Konzerte. Der Ruhm Buxtehudes war so groß, dass Musiker aus ganz Deutschland zu ihm reisten, darunter auch Johann Sebastian Bach.

Instrumentalmusik

Die Entwicklung der Instrumentalmusik im 17. Jahrhundert war ebenso wichtig wie die solistische und chorische Vokalmusik. Die bedeutendsten Gattungen der Instrumentalmusik waren Canzone und Ricercare, aus denen im Spätbarock die Fuge wurde, darüber hinaus verschiedene Arten stilisierter Tanzsätze, die meist zu einer Suite zusammengefasst waren. Dabei handelt es sich um Werke, die auf einer wiederholten Basslinie beruhen wie Chaconne und Passacaglia, sowie improvisatorische Toccaten, Präludien und Fantasien. Großen Einfluss auf die Entwicklung der Instrumentalmusik übten Giovanni Gabrieli (vgl. Kapitel 4) und der niederländische Komponist Jan Sweelinck (1562–1621) aus. Sweelincks Œuvre – insgesamt mehr als 250 Werke – besteht zum großen Teil aus Vokalmusik, darunter Motetten und Madrigale. Sweelinck kennt man aber vor allem wegen seiner Werke für Tasteninstrumente, Fantasien, Toccaten und Variationszyklen.

Zur Generation nach Sweelinck gehört der Italiener Girolamo Frescobaldi (1583–1643). Er schrieb nur wenig geistliche und weltliche Vokalmusik und konzentrierte sich auf Werke für Tasteninstrumente, hauptsächlich Cembalo. Seine Ricercari, Canzonen, Tänze, Toccaten und Variationen zeugen von seiner genialen Beherrschung improvisatorischer Techniken. Nach seinem Tod ließ in Italien zwar das Interesse an Werken für Tasteninstrumente während der folgenden fünfzig Jahre nach, doch Frescobaldi übte einen maßgeblichen Einfluss auf die Komponisten des deutschen Barock aus.

Die deutschen Komponisten wandten sich im 17. Jahrhundert zunehmend der Instrumentalmusik, insbesondere Tasteninstrumenten zu. Die Orgel nahm nun den ersten Rang ein und entwickelte ihre eigenen, vom Kontrapunkt geprägten Gattungen: Choralvorspiel, Fuge, Toccata und Suite. Der führende deutsche Klavierkomponist war zu dieser Zeit Johann Froberger (1616–1667). Er schrieb Toccaten, Ricercari und Fantasien, die deutlich

Der Stephansdom in Wien, Gemälde von David Roberts, um 1853. Der Organist und Komponist Johann Pachelbel wurde 1673 zum Hilfsorganisten am Stephansdom ernannt. Pachelbels besondere Stärke lag in der Orgelmusik, die auch Bach stark beeinflusste.

italienische Prägung verrieten. Mit seinen Cembalo-Suiten nach französischem Muster – sie werden für seine bedeutendsten Werke gehalten – legte er die Grundlage für die Hauptsatzfolge Allemande, Courante, Sarabande und Gigue.

Den dänischen Organisten und Komponisten Dietrich Buxtehude (1637–1707) kennt man vor allem als Komponisten geistlicher Musik. Seine überlieferte Vokalmusik besteht größtenteils aus Kirchenkantaten. Seine bedeutendsten Instrumentalwerke sind für Orgel geschrieben, darunter viele Werke in freien, also nicht choral gebundenen Formen wie Toccaten, Fugen, Präludien und Chaconnen.

Zu den wichtigen deutschen Organisten und Komponisten gehörte nicht zuletzt Johann Pachelbel (1653–1706). Mit seinem Namen verbindet man zunächst zweifellos seinen berühmten *Kanon und Gigue in D* für drei Violinen und Continuo. Seine Stärke liegt aber vor allem in der Orgelmusik, besonders bei Choralbearbeitungen, Fugen, Toccaten und Präludien. Zu seiner liturgischen Vokalmusik gehören Motetten und Magnificats.

Musik in Frankreich

Erste Versuche die italienische Oper in Frankreich einzuführen scheiterten. Um in Frankreich Erfolg zu haben, musste die neue Gattung auf die Beliebtheit des französischen »Ballet de cour« (höfisches Ballett) Rücksicht nehmen, eines großartigen und farbenprächtigen Spektakels, bei dem Dichtung, Musik und Tanz zusammenwirkten. Außerdem galt es, die besondere

In dem Gemälde von Charles Robert Leslie ist eine Szene aus *Le bourgeois gentilhomme* abgebildet, einem Comédie-ballet von Lully und Molière. Jean-Baptiste Lully war der bedeutendste Musiker am Hof von Ludwig XIV. Ihm gelang es, die neue Kunstform der Oper dem Geschmack des französischen Publikums anzupassen.

Bedeutung des klassischen Dramas – kanonisiert in den Werken von Molière – in Betracht zu ziehen. Diese verschiedenen Elemente führte als erster Jean-Baptiste Lully (1632–1687) zusammen. In den 60er Jahren des 17. Jahrhunderts erarbeitete er gemeinsam mit Molière das »Comédie-ballet«, ein Bühnenwerk, bei dem Musik und Tanz die dramatische Aktion unterstützten. Das bekannteste Werk dieser Gattung ist *Le bourgeois gentilhomme* (1670). Lully komponierte in der Folgezeit »Tragédies lyriques«. In seinen Opern *Alceste* (1674), *Armide* (1686) und anderen Werken passte er das italienische Rezitativ geschickt den Bedürfnissen der französischen Sprache an und erreichte so eine typisch französische Spielart der Opera seria, bei der die Handlung durch Tanzeinlagen und Chorsätze aufgelockert wurde.

Lully wurde für seine sorgfältige Instrumentierung der Orchesternummern bewundert. Sein Ensemble war vergleichbar mit den heutigen Streichern eines Symphonieorchesters. Die als »24 violons du roi« bezeichnete Instrumentalgruppe bestand aus einer genau festgelegten Zahl von Instrumenten in Sopran-, Alt-, Tenor- und Bassstimmung. Auf Lully geht zudem die Einführung der so genannten »Französischen Ouvertüre« in Opern und Balletten zurück, in der auf eine langsame Einleitung im feierlich punktierten Rhythmus ein lebhafter zweiter Teil folgt. Die Französische Ouvertüre verwendete man später auch als Einleitungssatz bei Balletten, Oratorien und Instrumentalwerken wie Suite und Sonate, darüber hinaus war sie ein eigenständiges Genre. Lully schrieb auch geistliche Musik, darunter Motetten und ein *Miserere* (1664) sowie einige Tänze.

Marc-Antoine Charpentier (um 1645–1707), ein Zeitgenosse Lullys, arbeitete ebenfalls mit Molière zusammen. Er schrieb die Musik zu dessen *Le malade imaginaire* (1673). Von Charpentier kennt man vor allem liturgische Werke, darunter besonders die Oratorien – Charpentier führte diese Gattung in Frankreich ein. Dabei verband er auf geschickte

Weise die italienischen Vorbilder mit dem französischen deklamierenden Stil. Zu seinen Werken gehören Motetten, Messen, vor allem die *Missa Assumpta est Maria*, ein *Te Deum*, weltliche Kantaten und eine Oper im Stil Lullys, *Médée*.

Lully und Charpentier machten sich mit ihrer Vokalmusik einen Namen. Marin Marais (1656–1728) hingegen schrieb zwar vier Opern, wird aber vor allem auf Grund seiner Instrumentalmusik erinnert. Seine Sammlung für die Bassgambe – insgesamt über 500 Werke – wurde zwischen 1686 und 1725 in fünf Bänden veröffentlicht. Ein enger Zeitgenosse, Michel-Richard de Lalande (1657–1726), war für seine »grands motets« berühmt, schrieb aber auch Ballette und instrumentale *Sinfonies pour les soupers du roi*, die am Hof von Versailles aufgeführt wurden.

Musik in England

Nach dem Tod der letzten großen Komponisten des Elisabethanischen Zeitalters folgte eine Zeit des Niedergangs. Musik für Consorts (Ensemblemusik) erlebte unter John Jenkins (1592–1678) jedoch eine Blütezeit. Jenkins kennt man vor allem für seine Gambenwerke, insgesamt etwa 800 überlieferte Stücke. Zu seinen Kompositionen zählen auch Fantasien für Gamben und Orgel sowie für zwei Violinen und Basso continuo; diese letzteren Werke erinnern von ihrer Struktur her an die italienische Triosonate.

Die »Masque«, eine höfische Unterhaltungsform mit Dichtung, Musik, Tanz und erlesenen Bühnenbildern, erreichte ihren Höhepunkt im frühen 17. Jahrhundert. Das berühmteste Beispiel dieser Gattung war John Miltons *Comus*. Die Musik schrieb Henry Lawes (1596–1662), der unter anderem zu *The Siege of Rhodes* (1656) beitrug. Auch Matthew Locke (um 1630–1677) komponierte einzelne Nummern dieses Werkes, das als vertontes Schauspiel durchaus als erste englische Oper bezeichnet werden darf. 1653 schrieb Locke gemeinsam mit Christopher Gibbons (1615–1677) die Musik zur Masque *Cupid and Death* und 1661 zur Krönungsprozession Charles' II. Lockes Bedeutung liegt neben seinen Masques und der Oper *Psyche* (1675) vor allem in seinen Instrumentalwerken, darunter besonders dem aus sechs Suiten für Streichern bestehenden *Consort of Fower Parts* sowie der berühmten Musik »for his Majesty's Sagbutts and Cornetts«. Daneben schrieb Locke Kompositionen für Schauspiele, darunter instrumentale Tanzsätze für eine Fassung von Shakespeares *Der Sturm* (1674).

Mit dem Namen von John Blow (1649–1708) verbindet man zunächst vermutlich den Namen seines berühmten Schülers Henry Purcell. Doch Blow komponierte selbst eine beachtliche Reihe geistlicher und weltlicher Werke für festliche und öffentliche Anlässe. Seine geistliche Vokalmusik – der wichtigste Bestandteil seines Œuvres – enthält etwa 100 Verse Anthems (geistliche Chormusik zu Bibeltexten) sowie lateinische Messen. Nachruhm gebührt ihm auch für *Venus and Adonis*, das er während der frühen 80er Jahre schrieb und selbst als Masque bezeichnete. In diesem Werk, das französische und italienische Elemente vereint, ist erstmals der gesamte Text vertont; es handelt sich also durchaus um eine Oper, auch wenn das Stück nicht so betitelt ist. Zur weltlichen Vokalmusik Blows gehören Oden, die er für höfische Feste schrieb, sowie seine *Ode on the Death of Mr Henry Purcell*. Er komponierte außerdem *Catches* (mehrstimmige Kanons zu humorvollen Themen) und Lieder, von denen viele in seiner Sammlung *Amphion Anglicus* (1700) veröffentlicht wurden.

Der königliche Hof versammelte die wichtigsten englischen Komponisten dieser Zeit um sich, darunter den bedeutendsten, Henry Purcell, und sorgte für ein künstlerisch fruchtbares Klima.

Nach der Restauration von 1660 wurde die musikalische Entwicklung durch die Musikbegeisterung Charles' II. enorm vorangetrieben. Der königliche Hof versammelte die wichtigsten englischen Komponisten dieser Zeit um sich, darunter den bedeutendsten, Henry Purcell, und sorgte für ein künstlerisch fruchtbares Klima. Das Interesse an Musik durchdrang alle Gesellschaftsschichten. 1672 organisierte John Banister, ein ehemaliger Dirigent der königlichen Kapelle in London, die frühesten öffentlichen Konzerte mit Berufsmusikern. 1678 baute der Kaufmann Thomas Britton einen Raum über seinem Laden zu einem Konzertsaal um und Ende des 17. Jahrhunderts gab es in London und anderen Städten eine ganze Reihe solcher Treffpunkte.

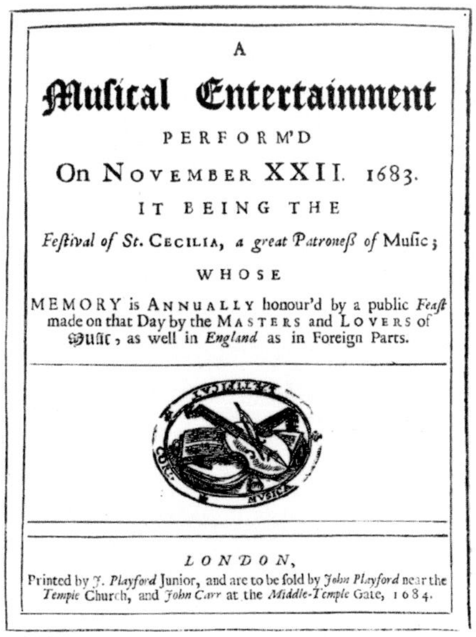
A

Muſical Entertainment

PERFORM'D

On NOVEMBER XXII. 1683.

IT BEING THE

Feſtival of St. CECILIA, *a great Patroneſs of* Muſic;

WHOSE

MEMORY is ANNUALLY honour'd by a public *Feaſt* made on that Day by the MASTERS and LOVERS of Muſic, as well in *England* as in Foreign Parts.

LONDON,

Printed by *J. Playford* Junior, and are to be ſold by *John Playford* near the *Temple* Church, and *John Carr* at the *Middle-Temple* Gate, 1684.

Oben links: **Ein zeitgenössisches Gemälde des Krönungszuges von Charles II. vom Londoner Tower nach Westminster im Jahr 1661. Matthew Locke schrieb die Musik für den Festzug.**

Rechts: **Titelblatt zu Henry Purcells *Ode to St. Cecilia*, die 1684 publiziert wurde. Purcell schrieb insgesamt vier Cäcilien-Oden, die letzte 1692. In allen vier Werken wird die große kompositorische Vitalität des Komponisten deutlich.**

Henry Purcell
um 1659–1695

Hauptwerke

Instrumentalmusik

1680 13 Fantasien
1680 Zwei In nomines
1683 Chaconne in g-Moll
Zwölf Sonaten zu drei Stimmen
1680 Acht Suiten für Cembalo
1680 Zehn Sonaten zu vier Stimmen

Vokalmusik

Etwa 70 Full Anthems und Verse Anthems, darunter
1683 *Rejoice in the Lord alway*
1685 *My heart is inditing*
1694 *Te Deum and Jubilate*
sowie 24 Oden, darunter vier Cäcilien-Oden und sechs Geburtstagsoden, mehr als 160 Lieder und etwa 60 Catches

Opern

1689 *Dido and Aeneas*

Halb-Opern

1690 *Dioclesian*
1691 *King Arthur*
1692 *The Fairy Queen*
1695 *The Indian Queen*

Henry Purcell, selbst Sohn eines Hofmusikers, verbrachte sein ganzes Leben im Dienste des englischen Hofes, der ihm zahlreiche ehrenvolle Ämter übertrug. Er schrieb die Musik für die Krönungsfeierlichkeiten sowohl James' II. (1685) wie Williams III. (1689). Das letzte Werk, das er in öffentlicher Funktion bevorzugte, war das Requiem für Queen Mary, die Frau Williams III. Bei seinem Tod hinterließ Purcell die unvollendete Musik zu der Halb-Oper *The Indian Queen*.

Zu den frühesten bekannten Werken Purcells – sie entstanden um 1680 – gehört eine Sammlung mit Fantasien für Gambenconsorts. Diese Werke stammen zwar aus der Zeit, als dieses Genre bereits dem Ende zuging, zeigen aber seine meisterliche Beherrschung kontrapunktischer Fähigkeiten. Dem damaligen Zeitgeschmack entsprachen eher seine Triosonaten für Violinen, Bassgambe und Orgel (oder Cembalo), deren erste 1683 publiziert wurden. Obwohl diese Werke starke italienische Einflüsse zeigen, bewahren sie doch einige Qualitäten typisch englischer Kammermusik. Zu seinen weiteren Instrumentalwerken gehören die *Chaconne in g-Moll* und Stücke für Orgel und Cembalo. Trotz der andauernden Beliebtheit seiner Instrumentalmusik zeigt sich Purcells besonderes Genie in seiner sowohl weltlichen als auch geistlichen Vokalmusik.

Seine Kirchenmusik besteht aus etwa 60 Anthems, die als »Full Anthems« für Chor a cappella wie auch für Solisten und Chor gedacht waren. Zu den bekanntesten Werken gehören *Rejoice in the Lord alway* (das *Glocken-Anthem*), *My heart is inditing*, das er zur Krönung James' II. schrieb, sowie das *Te Deum and Jubilate*, komponiert anlässlich der Feierlichkeiten zu Ehren der heiligen Cäcilia im Jahr 1694. Als Hofkomponist schrieb Purcell eine Reihe von Oden und *Welcome Songs* für zahlreiche höfische Anlässe. Seine verschiedenen Oden,

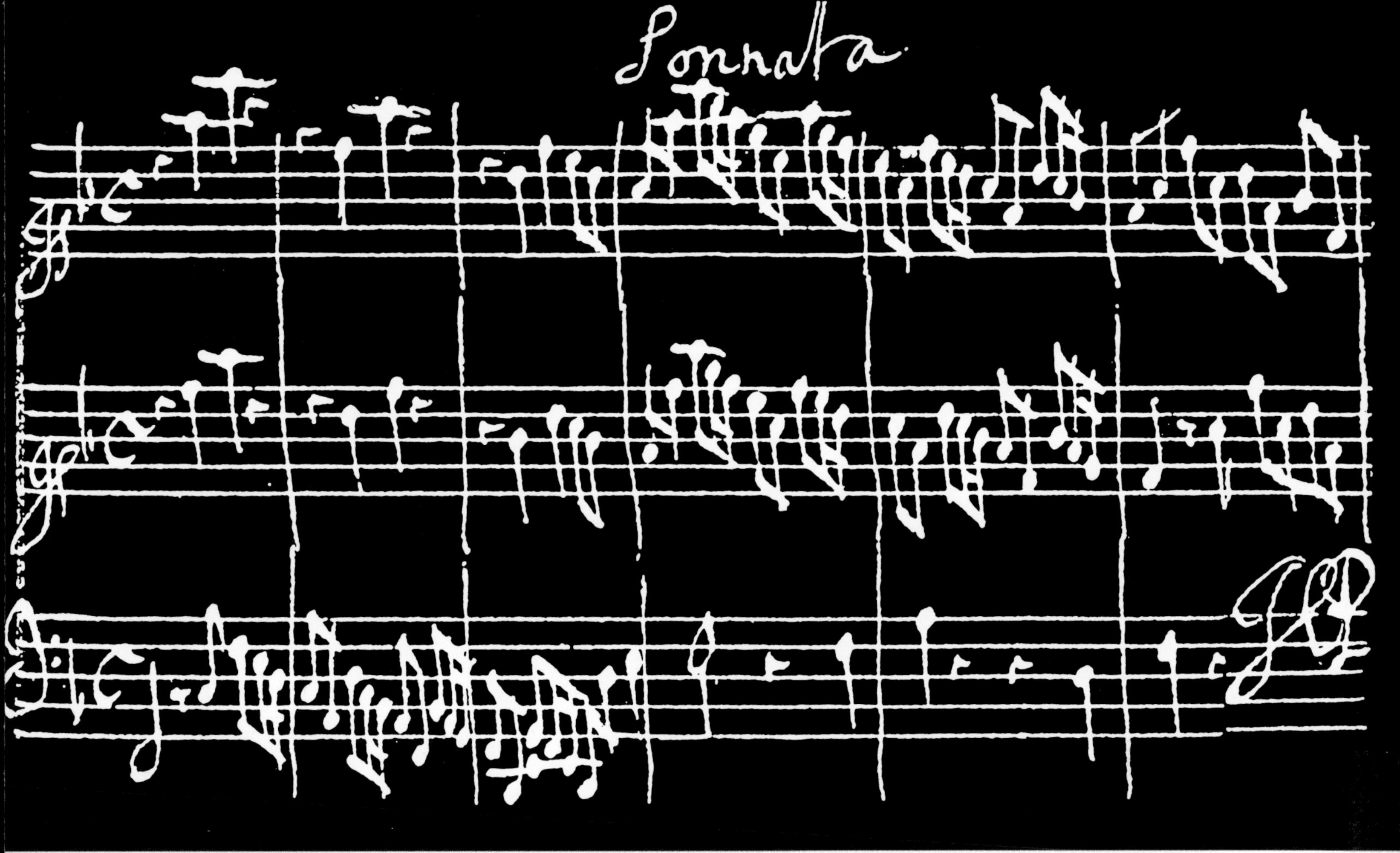

Oben links: **Henry Purcell, Stich aus dem 19. Jahrhundert nach einer zeitgenössischen Zeichnung (die Lebensdaten sind falsch). Purcell war der bedeutendste englische Komponist des Barockzeitalters. Erst 200 Jahre später erlebte England einen Musiker von vergleichbarer Statur.**

Oben rechts: **Autograph von Purcells Partitur *Golden Sonata* aus dem Jahr 1683. Purcells kompositorische Begabung erstreckte sich von der Komposition von Liedern und Bühnenwerken bis hin zu prunkvoller höfischer und geistlicher Musik.**

darunter *Come ye sons of art away* (1694) mit der berühmten Arie »Sound the Trumpet« und die vier Cäcilien-Oden zeigen die ganze Breite seiner musikalischen Begabung. Er verfasste außerdem über 150 mehrstimmige Lieder und etwa 60 Catches.

Purcell war auch als Verfasser von Bühnenmusik sehr gefragt, mehr als 40 Lieder stammen aus seiner Feder. Da er in diesem Genre fast immer gesprochenen Text zu begleiten hatte, waren seiner freien künstlerischen Entfaltung enge Grenzen gesetzt. Erst während der letzten Jahre seines Lebens zeigte er die Fähigkeiten, die es ihm vielleicht erlaubt hätten eine eigene englische Operntradition zu kreieren. *Dido and Aeneas* wurde 1689 erstmals uraufgeführt. Trotz der Kürze dieses Werkes handelt es sich um ein Meisterstück und die erste englische Oper überhaupt. Das berühmte Klagelied *When I am laid in earth*, in dem die starken Empfindungen durch den durchlaufenden Bass noch verstärkt werden, gehört zu den bewegendsten Zeugnissen der Oper überhaupt. Darüber hinaus wirkte Purcell bei mehreren Halb-Opern mit, darunter *King Arthur* (1691), *The Fairy Queen* (1692) sowie *The Indian Queen* (1695), die nach seinem Tod durch seinen Bruder Daniel fertig gestellt wurde.

Purcell schuf sein Lebenswerk in einer kurzen, aber ungeheuer ergiebigen Schaffenszeit. Sein besonderes Talent ermöglichte ihm eine große Bandbreite kompositorischer Aktivität, von kammermusikalischen Werken und Stücken für Tasteninstrumente über höfische Oden bis hin zu Musik für Kirche und Theater. Er kombinierte die besten Stilelemente italienischer und französischer Musik erfolgreich mit den Traditionen seines eigenen Landes und schuf gleichzeitig ein höchst persönliches Werk.

Sonate und Konzert

Die wachsende Bedeutung der Violine hatte auf die Entwicklung der Instrumentalmusik im 17. Jahrhundert erheblichen Einfluss; von Fiedel und Lira da braccio abgeleitet, tauchte sie in Italien um die Mitte des 16. Jahrhunderts auf. Anders als die Instrumente der Gambenfamilie, die man beim Spiel zwischen den Knien hält, wird die Violine mit dem linken Arm unter das Kinn gelegt, so dass sich der Musiker sehr viel besser bewegen kann. Der erste erfolgreiche Geigenbauer war offensichtlich ein gewisser Gasparo da Salò in Brescia. Der Cremoneser Andrea Amati verfeinerte Salòs ursprünglichen Entwurf und spätere Generationen verbesserten das Instrument noch weiter. Nicolò Amati (1596–1684), das berühmteste Mitglied dieser Geigenbauerdynastie, gab seine Kenntnisse an Antonio Stradivari (1644–1737) und Giuseppe Guarneri (1698–1744) weiter, dessen große handwerkliche Kunst das Goldene Zeitalter des Geigenbaus einleitete. Ende des 18. Jahrhunderts erhielt die Violine – abgesehen von einigen kleinen Veränderungen – ihre heutige Gestalt. Sie galt zunächst als ausgesprochen volkstümliches Instrument und wurde vor allem zur Begleitung des Tanzes verwendet. Die Klangfülle und Schönheit des Geigentons führte dann aber zu einem schnellen Aufstieg in der Hierarchie der Musikinstrumente und im 17. Jahrhundert ersetzte die Geige bereits die Sopran-Gambe in der Kammermusik und schließlich insgesamt die Gambeninstrumente. Giovanni Battista Vitali (um 1632–1692) war einer der ersten Komponisten, der die Möglichkeiten der Geige erkannte. Er schrieb vor allem Musik für Streicher und hatte bedeutenden Anteil an der Entwicklung der Triosonate. Auch Giuseppe Torelli (um 1653–1708), ein virtuoser Spieler, gehörte zu diesen ersten Förderern des Instruments; er trug wesentlich zur Entwicklung des Instrumentalkonzerts bei. Am stärksten wurde das neue Instrument aber von Arcangelo Corelli (1653–1713) gefördert.

Links: **Antonio Stradivari, Gemälde von Edgar Bundy aus dem Jahr 1893. Der bei dem hervorragenden Geigenbauer Nicolò Amati ausgebildete Stradivari wird von vielen als bedeutendster Geigenbauer überhaupt angesehen. Um die 400 Geigen sind uns überliefert, die berühmtesten tragen eigene Namen.**

Unten: **Arcangelo Corelli, kolorierter Stich, Kopie nach einem zeitgenössischen Porträt von Hugh Howard. Corelli war ein herausragender Geiger und führender Vertreter des Concerto grosso.**

Die Italiener prägten die instrumentale Ensemblemusik von der Mitte bis zum Ende des Barockzeitalters. Als mit dem Ende des 16. Jahrhunderts die Instrumentalmusik zunehmende Bedeutung erhielt, begann man den Begriff »Sonate« häufiger zu verwenden. Das von dem italienischen Wort *sonare* (spielen) abgeleitete Wort bedeutete den Gegensatz zu *cantata* (etwas Gesungenem). Zunächst bezeichnete der unpräzis verwendete Begriff alle möglichen Arten von Instrumentalstücken und war gleichbedeutend mit der Kanzone, die schließlich in der Gattung der Sonate aufging. Im Verlauf des 17. Jahrhunderts bildete sich allmählich eine präzisere Definition heraus, meist wurde damit ein Werk für eine kleinere Instrumentalgruppe bezeichnet. Charakteristisch für diese frühe Sonatenform war die Gegenüberstellung stark kontrastierender Abschnitte oder Sätze. Man unterschied zwischen der »Sonata da chiesa« (Kirchensonate) und der »Sonata da camera« (Kammersonate), da offensichtlich viele Sonaten in der Kirche aufgeführt wurden. Die Sätze der Kirchensonate folgen normalerweise dem Schema langsam–schnell–langsam–schnell. Dagegen war die Satzfolge bei der Kammersonate insgesamt vielseitiger. Häufig nahm sie die Gestalt einer Suite mit drei oder mehr stilisierten Tänzen an. Die vorherrschende Erscheinungsform der Sonate im späteren 17. Jahrhundert war die Triosonate, meist für zwei Violinen und Basso continuo. Dieser Basso continuo wurde durch ein Cello oder ein anderes Bassinstrument und ein Cembalo ausgeführt. Corelli und Purcell zeichneten sich darin besonders aus.

Sonaten für Soloinstrumente erlangten während des frühen 18. Jahrhunderts zunehmende Bedeutung. Corelli etablierte sich schnell als Geiger und Dirigent. Zu seinen Kompositionen gehören die Sammlung von Triosonaten op. 1 (1681) und die kammermusikalischen Werke op. 2 (1685). In vielerlei Hinsicht waren Corellis Triosonaten eher konservativ. Vom Harmonischen her sind die Werke schlicht gehalten, weisen diatonische

Oben: **Georg Muffat, *Apparatus Musico-organisticus*, Titelblatt der in Wien veröffentlichten und Leopold I. gewidmeten Notenausgabe. Das Werk enthält zwölf Toccaten und andere Stücke für Orgel. Muffat war einer der Hauptvertreter des Concerto grosso.**

Unten: **Porträt von Alessandro Scarlatti, der vor allem in Neapel wirkte. Scarlatti schrieb eine Fülle von Opern, die allesamt Elemente des neuen neapolitanischen Stils aufweisen – etwa 70 Werke sind erhalten.**

und modulierende Sequenzen, wenig Chromatik und nur die engsten Tonartenverwandtschaften auf. Dabei werden in der Regel in jeder Sonate nur ein oder zwei verwandte Tonarten berührt. Die Satzweise ist ausgesprochen instrumentengerecht, aber nicht virtuos – mit Ausnahme der Solosonaten, die sich durch Doppelgriffe und schnelle Figurationen auszeichnen.

Ende des 17. Jahrhunderts begann man die Anzahl der für jede Stimme benötigten Spieler genauer vorzuschreiben. Die Ensemblegröße hing jetzt nicht mehr von den äußeren Umständen und den zur Verfügung stehenden Mitteln ab, sondern von den aufgeführten Stücken selbst. Der Begriff »Concerto« wies meist auf die Verwendung eines »Orchesters« hin. Ursprünglich hatte man mit dem zuerst Ende des 16. Jahrhunderts gebräuchlichsten Begriff jede Art harmonischer Verbindung musikalischer Elemente, darunter auch Chorwerke, benannt. Allmählich grenzte man den Begriff zunehmend auf Instrumentalmusik ein und entwickelte daraus zwei kontrastierende Gruppen von Spielern. Aus dieser Idee resultierte das Concerto grosso, bei dem eine kleine Gruppe von Solisten, das »Concertino«, einem voll besetzten Streichorchester gegenübergestellt wird, dem »Ripieno« (auch als »Tutti« oder – terminologisch etwas verwirrend – »Concerto grosso« bezeichnet).

Im frühen Barock setzte man im Concerto grosso die gleichen Soloinstrumente ein wie in der Triosonate – zwei Violinen und Basso continuo –, gelegentlich wurden aber auch Blasinstrumente als Ergänzung oder auch als Ersatz für die Violinen besetzt. Die Zahl der Sätze variierte, üblich wurde aber eine dreiteilige Anlage mit der Satzfolge schnell–langsam–schnell. In Concerti grossi unterschied man thematisch nicht wirklich zwischen der von Solo- bzw. Tutti-Gruppe vorgetragenen Musik. Statt dessen verstärkte die Tutti-Gruppe in formal wichtigen Satzabschnitten, wie etwa bei Kadenzen, die von den Solisten vorgetragenen Melodien oder imitierte das Spiel der Solisten wie ein Echo. Der erwünschte Kontrast beruhte eher auf Satztechnik und Dynamik denn auf unterschiedlichem thematischen Material.

Zu den Vertretern des Concerto grosso gehörten Archangelo Corelli, der deutsche Komponist Georg Muffat (1653–1704) und Giuseppe Torelli. Torelli wirkte wesentlich an der Entwicklung des Solokonzerts mit. Im ersten Satz des Konzerts verwendete er die so genannte Ritornell-Form, die dem Rondeau in vieler Hinsicht ähnelt, bei der das wiederkehrende Thema aber in unterschiedlichen Tonarten vorgetragen wird. Das Solokonzert bei Torelli kennzeichnet den Beginn einer neuen, von dramatischer Spannung geprägten Beziehung zwischen Solist und Orchester. Die beiden Protagonisten wurden einander durch die Verwendung neuer Themen und Modulationen antagonistisch gegenübergestellt. Tomaso Albinoni (1671–1751) komponierte ebenfalls Solokonzerte, ihren Höhepunkt erreichte diese Gattung aber mit den Kompositionen von Antonio Vivaldi.

Die neapolitanische Oper

Mit dem Ende des 17. Jahrhunderts wurde Neapel zu einem wichtigen Musikzentrum. Es entwickelte sich dort eine neue Form der Oper, die in ganz Europa während der nächsten hundert Jahre Maßstäbe setzen sollte. Die Oper bestand nun aus einer Reihe von Rezitativen und Arien, wobei man in den Rezitativen zunächst noch zwischen generalbassbegleiteten Secco-Rezitativen und Accompagnato-Rezitativen unterschied, die vom gesamten Orchester begleitet wurden. Die Arie – fast immer in der Form

Palast in der Nähe von Neapel, Gemälde von Angelo Maria Costa aus dem Jahr 1696. Neapel war gegen Ende des 17. Jahrhunderts in der Musik führend. Hier wurde auch die standardisierte Form der Oper entwickelt, die während der folgenden hundert Jahre die Gattung beherrschen sollte.

einer Da-capo-Arie, mit dem dritten Abschnitt als Wiederholung des ersten Teils – gab den Sängern genügend Gelegenheit im Stil des »bel canto« zu singen, der sich durch weiche Übergänge und besondere Schönheit des Tones auszeichnet. In der neapolitanischen Oper waren die Stimmen stets wichtiger als die bühnenwirksame Darstellung. In der Vergangenheit hatte man in der »Opera seria« (ernste Oper) häufig komische Szenen mit Menschen aus dem Volk eingefügt, diese Szenen wurden nun rigoros ausgemerzt. Die Opera seria entnahm ihre stofflichen Vorlagen aus Geschichte oder klassischer Mythologie, meist mit heroischer oder tragischer Begebenheit. Im frühen 18. Jahrhundert entstand deshalb eine eigene, neue Art der komischen Oper, die »Opera buffa«. Eine weitere wichtige Neuerung war die Einführung eines einleitenden Orchesterstücks in Form einer »Sinfonia« oder einer italienischen Ouvertüre. Diese Einleitung bestand aus drei kurzen Sätzen in der Folge schnell–langsam–schnell und wurde zum direkten Vorläufer der klassischen Symphonie.

Der wichtigste Vertreter der neuen neapolitanischen Oper war Alessandro Scarlatti (1660–1725). Scarlatti erlangte mit seinen insgesamt über 100 Opern früh Erfolg. *Il Mitridate Eupatore* (1707) und *La Griselda* (1721) gehören zu seinen besten Werken. Die Opern zeugen von seiner geschickten musikalischen Charakterisierung und seiner hervorragenden Einschätzung des dramaturgischen Potenzials von Arien. Scarlatti schrieb außerdem etwa 600 Kammerkantaten, meist für Sopran und Basso continuo. Diesen Werken liegt ein relativ fest gefügtes Formschema mit dem Wechsel von Rezitativ und Arie zu Grunde, gelegentlich unter Einfügung eines Arioso-Teils (ein Gesangsstil zwischen Rezitativ und Arie). Zu Scarlattis weiteren Werken gehören Kompositionen für Tasteninstrumente und eine beachtliche Zahl kirchenmusikalischer Werke, Messen, Oratorien, Motetten und Magnificats.

Scarlatti schrieb nur wenige komische Opern. Der erste wahre Meister dieses Genres war der bedeutende Geiger Giovanni Pergolesi (1710–1736). Seine Oper *La serva padrona* (Die Magd als Herrin) erreichte großen Ruhm; Pergolesi hatte sein Stück ursprünglich als Intermezzo oder komische Einlage für eine Opera seria geschrieben. Außerdem trat er als Komponist geistlicher Musik hervor.

Die Kantate

Den Begriff Kantate – wörtlich »zum Singen«, im Gegensatz zu dem »Spielstück« Sonate – verwendete man in Italien zuerst im frühen 17. Jahrhundert. Der Begriff war zunächst enger definiert als heute und meinte eine Sammlung strophisch gebauter Arien. Um die Mitte des Jahrhunderts verstand man unter einer Kantate eine eher kurze, in verschiedene kontrastierende Abschnitte unterteilte Komposition für Solostimme mit Continuo. Thematisch ging es meist um den Ausdruck persönlicher Empfindungen. Zu den frühen Komponisten von Kantaten gehören Alessandro Grandi (um 1575–1630), Luigi Rossi (um 1597–1653), Antonio Cesti (1623–1669) und Giacomo Carissimi. Diese weltlichen Kantaten – man nannte sie auch Kammerkantaten – wurden formal zunehmend standardisiert. Sie bestanden aus einer Folge mehrerer Da-capo-Arien im Wechsel mit Rezitativen. Ihren Höhepunkt erreichte die Gattung im Werk von Alessandro Scarlatti.

Den Begriff Kantate – wörtlich »zum Singen«, im Gegensatz zu dem »Spielstück« Sonate – verwendete man in Italien zuerst im frühen 17. Jahrhundert. Um die Mitte des Jahrhunderts verstand man unter einer Kantate eine eher kurze, in verschiedene kontrastierende Abschnitte unterteilte Komposition für Solostimme mit Continuo. Thematisch ging es meist um den Ausdruck persönlicher Empfindungen.

Auch in anderen europäischen Ländern schätzte man die Kammerkantate. Marc-Antoine Charpentier schrieb weltliche Kantaten im französischen Stil und Louis-Nicolas Clérambault (1676–1749) komponierte – ebenfalls unter dem Einfluss italienischer Vorbilder – einige der hervorragendsten französischen Kantaten. Ein deutscher Schüler von Alessandro Scarlatti, der als Opernkomponist bekannte Johann Adolf Hasse (1699–1783), war für die Einführung der weltlichen Kantate in Deutschland verantwortlich. Hier wurde sie jedoch einem Wandel unterzogen und es entstand die Kirchenkantate. Der lutherische Geistliche und Dichter Erdmann Neumeister (1671–1756) unterstützte die Verwendung lyrischer Dichtung als stoffliche Grundlage von Erbauungskantaten. Ihren Höhepunkt erreichte die von Arie, Rezitativ und Chorälen geprägte Gattung in den Werken von Johann Sebastian Bach, aber auch mit Johann Kuhnau (1660–722), Friedrich Wilhelm Zachow (1663–1712) und vor allem mit Georg Philipp Telemann (1681–1767).

Telemann war ein außerordentlich produktiver Komponist; seine Zeitgenossen beneideten ihn um die Leichtigkeit seiner musikalischen Erfindungen. Telemann war in jedem Stil bewandert und nahm in seine Kompositionen sogar Einflüsse der osteuropäischen Volksmusik auf. Seine berühmteste Sammlung war die *Musique de table* (1733; drei Teile), die Orchestersuiten, Konzerte und kammermusikalische Werke enthielt und seine meisterliche Beherrschung sowohl der französischen wie auch der italienischen Setzart belegte. Zu seinen Lebzeiten wurde er vor allem wegen seiner geistlichen Musik geschätzt. Er schrieb über 1700 Kirchenkantaten und zahlreiche Passionsvertonungen und begann in seinen letzten Lebensjahren mit der Komposition von Oratorien. Sein weltliches Werk ist nicht weniger vielfältig: mehr als 100 Ouvertüren im italienischen Stil und annähernd 50 Konzerte für Soloinstrumente. Darüber hinaus komponierte er zahlreiche Opern, am bekanntesten ist wohl die komischen Oper *Pimpinone* (1725). Nach seinem Tod wurde Telemanns Wirken durch die bedeutenden Komponisten der Klassik überschattet. Im 19. Jahrhundert sank sein Ruf und erst in den letzten 50 Jahren wurde ihm seine rechtmäßige Bedeutung als einer der großen Komponisten des Barock wieder zuerkannt.

Spätbarock in Frankreich

François Couperin (1668–1733) trug die Tradition der französischen Instrumentalmusik ins 18. Jahrhundert weiter. Mit Couperins Cembalowerken ist man am besten vertraut; er publizierte diese Werke in vier Büchern, nach »Ordres« oder Suiten geordnet. Jedes »Ordre« besteht aus über 20 miniaturhaften Sätzen, die meist im Rhythmus eines Tanzes und in zweiteiliger Form geschrieben sind. Die einzelnen Stücke tragen charakterisierende Titel wie *Papillons* (Schmetterlinge), *La visionaire* (Die Träumerin) oder *Les ombres errantes* (Wandernde Schatten), vermutlich waren einige als Porträts bestimmter Persönlichkeiten gedacht. Sie weisen allesamt eine große satztechnische Vielfalt und reichhaltige Verzierungen auf und zeugen von Couperins erfolgreicher Verbindung italienischer Sonatenkunst mit den Ausdruckswerten französischer Cembalomusik. Diese Kombination verschiedener Traditionen findet man auch in seinen Triosonaten, die den Einfluss Arcangelo Corellis zeigen.

Unten links: **François Couperin, zeitgenössisches Porträt des französischen Komponisten, Cembalisten und Organisten. Am bekanntesten sind Couperins Cembalo-Kompositionen – er schrieb mehr als 230 Werke für dieses Instrument.**

Unten rechts: **Georg Philipp Telemann, zeitgenössischer Stich des deutschen Komponisten und Organisten, der in den unterschiedlichsten Gattungen schrieb. Telemann war ein führender Vertreter der Kirchenkantate.**

Zu Couperins Kammermusik gehört auch die Sammlung *Concerts royaux*, um 1715 entstanden und zur Aufführung vor Ludwig XIV. bestimmt. Seine geistliche Musik enthält unter anderem die eindrucksvollen *Leçons de ténèbres* für Sopranstimmen. Zu seinen schöpferischen Leistungen gehört nicht zuletzt das Lehrwerk über das Cembalospiel *L'art de toucher le clavecin* (1716), in dem er die Ornamentierungspraxis seiner Zeit durch genaue Beschreibung der verschiedenen »Agréments« und deren Ausführung kodifizierte. Die enthaltenen Verzierungen der Melodien durch Triller, Doppelschläge und Mordente gehören als integrale Bestandteile zum zarten musikalischen Satz und verursachen oft kleine Durchgangsdissonanzen.

Im Barock war es allgemein üblich Musik auszuzieren. Entweder gab es entsprechende Hinweise in den Noten oder aber der Interpret improvisierte. Die unter dem Namen »Division« bekannte Art der Ausarbeitung bedeutete die Verzierung einer langsamen Melodielinie. Diese Technik fand häufig in Opernarien, aber auch in Instrumentalwerken Verwendung.

Jean-Philippe Rameau (1683–1764), der bedeutendste französische Komponist des 18. Jahrhunderts, war der rechtmäßige musikalische Erbe sowohl von Lully wie auch von Couperin. Ihm gelang die erfolgreiche Weiterführung der beiden großen Traditionen von Oper und Tasteninstrumenten. In seinem *Traité de l'harmonie*, das ihm großen Ruhm als origineller Denker einbrachte, hielt er die Bedeutung des Dreiklangs als Baustein der Tonalität fest und belegte diese Theorie mit dem Hinweis auf die einfachen Proportionen der dem Dreiklang zu Grunde liegenden Intervalle. Rameau setzte sich auch mit schwierigeren Fragen des tonalen Systems auseinander, so etwa mit dem Akkordaufbau durch Ergänzung von Terzen sowie mit Umkehrungen und Modulationen. In seinen Werken finden sich Beispiele gewagter harmonischer Sequenzen, beispielsweise im zweiten Akt von *Hippolyte et Aricie*. Rameau veröffentlichte auch Sammelwerke mit Cembalostücken, die seine künstlerische Originalität und kühne harmonische Gestaltung belegen.

Rameau war seit 1723 aber auch von dem Ehrgeiz besessen eine eigene Oper zu verfassen. Zu einem Libretto des Schriftstellers und Librettisten Abbé Simon-Joseph komponierte er 1723 *Hippolyte et Aricie*. Diese

Oben links: **Jean-Philippe Rameau, Zeichnung von Louis Carrogis Carmontelle aus dem Jahr 1760. Obwohl Rameau seine erste Oper erst im Alter von 50 Jahren komponierte, schrieb er in der Folge etwa 25 weitere Opern. Sein Ruhm beruht vor allem auf seinen Kompositionen in dieser Gattung.**

Links: **Madeleine Sophie Arnould, die führende französische Sopranistin, in der Partie der Thelaïre in Rameaus *Castor et Pollux*. Rameaus Bühnenmusik ließ die großen Werke der musikalischen Klassik bereits erahnen.**

***Les Indes galantes*, Gemälde von Nicolas de Staël, 1953. Rameau komponierte das gleichnamige Opéra-ballet, das vier verschiedene Liebesgeschichten in unterschiedlichen Teilen der Welt behandelt, 1735. Das Werk gehörte zu den größten Erfolgen des Komponisten und festigte Rameaus führende Stellung in der französischen Musik.**

»Tragödie in Musik« basierte auf dem Schauspiel *Phèdre* von Jean Racine und wurde an der Pariser Opéra uraufgeführt. Als nächste Werke folgten das Opera-ballet *Les indes galantes* (1735) und die Opera seria *Castor et Pollux* (1737). Alle drei Werke waren erfolgreich und festigten Rameaus Ruhm als Komponist. Von anderer Seite gab es jedoch heftige Kritik; man behauptete, er sei von den durch Lully festgelegten Normen der französischen Oper abgewichen. In der Tat unterschieden sich seine Werke vom Lullyschen Muster: Rameau orchestrierte prächtig, abwechslungsreich und mit Phantasie, seine Rezitative waren deklamatorisch und ausdrucksvoll. Mit dem Formprinzip der französischen Ouvertüre ging er spielerisch um, indem er den zweiten Teil erweiterte oder das Stück sogar durch eine Ouvertüre nach italienischer Art ersetzte.

Rameau widmete sich den Rest seines Lebens der Bühnenmusik. Zu seinen bekannteren Werken gehörten die Opere serie *Dardanus* (1739) und *Zoroastre* (1749) sowie die sehr erfolgreiche komische Oper *Platée* (1745). Seine späteren Opern waren meist mit sehr viel leichterer Hand geschrieben und erreichten keine große Aufmerksamkeit. Außerdem widerfuhr ihm das Missgeschick in den Streit zwischen den zwei Parteien hineinzugeraten, die auf der einen Seite die traditionelle französische Oper verteidigten – Rameau wurde als Exponent dieser Richtung angesehen – und andererseits die neue italienische komische Oper favorisierten, die beim Pariser Publikum sehr schnell Anklang fand.

Spätbarock in Italien

In Italien führten Komponisten wie Antonio Vivaldi (1678–1741) die Tradition der Instrumentalmusik weiter. Vivaldi wurde 1703 zum Violinlehrer am Ospedale della Pietà ernannt, einer Institution in Venedig, die verwaiste und verlassene Mädchen versorgte und diesen eine musikalische Ausbildung ermöglichte. Für dieses Orchester schrieb Vivaldi eine Vielzahl von Werken für Soloinstrumente und Instrumentenkombinationen, an denen sich die große Begabung seiner jungen Schülerinnen ablesen lässt. 1711 wurde in Amsterdam sein *L'estro armonico* publiziert, eine Sammlung von Konzerten für Violine und Streichorchester, die den Komponisten bald einem größeren Publikum bekannt machte. Auch Vivaldis Beiträge zur weltlichen wie geistlichen Vokalmusik waren beträchtlich. 1713 wurde seine Oper *Ottone* uraufgeführt – als erste von fast 50 Opern – und zur gleichen Zeit schrieb er das neunstimmige Gloria in D, das von seiner hervorragenden Begabung für die Chorkomposition zeugt. Zu seinen geistlichen Werken gehören außerdem Oratorien, darunter vor allem *Juditha triumphans* (1716), Motetten und Psalmen.

Um 1725 publizierte Vivaldi die Sammlung *Il cimento dell'armonia e dell'inventione* (Der Wettstreit zwischen Harmonie und Erfindung). In dieser Sammlung sind auch die als *Vier Jahreszeiten* bekannten Violinkonzerte enthalten. In der Folge sah Vivaldi von der Publikation seiner Kompositionen ab, da es sich als profitabler erwies Manuskripte direkt an die interessierten Kunden zu verkaufen. Seine letzten Jahre verbrachte er in Armut und lange Zeit erinnerte man sich nur noch an den »virtuosen Geiger« Vivaldi. Erst im 19. Jahrhundert erwachte von neuem das Interesse an seiner Musik, das der heutigen Beliebtheit seiner Werke den Weg frei machte.

Vivaldi gehört zweifellos zu den einflussreichsten Komponisten der Barockzeit; sein Ruf basiert vor allem auf den Konzerten. Er schrieb über 500 Konzerte, davon etwa 230 für Violine solo und mehr als 100 für andere

Unten links: **Antonio Vivaldi, zeitgenössisches Porträt des Violinvirtuosen. Vivaldis Konzerte, auf denen sein kompositorischer Ruhm beruht, wurden allseits bewundert und von Komponisten wie Johann Sebastian Bach als Vorbild verwendet. Bach transkribierte einige Vivaldische Konzerte für Tasteninstrumente.**

Unten rechts: **Domenico Scarlatti, zeitgenössisches Porträt des begabten italienischen Komponisten für Tasteninstrumente. Scarlatti wurde im selben Jahr wie Bach und Händel geboren. Seine musikalische Ausbildung begann schon in jungen Jahren unter den strengen Augen seines Vaters Alessandro Scarlatti. Domenico Scarlatti schrieb seine besten Werke während seines Aufenthalts in Spanien.**

solistische Instrumente, darunter Cello, Flöte und Fagott. Auch bei Besetzungen mit mehreren Soloinstrumenten haben immer ein oder zwei Instrumente besonderes Gewicht. Vivaldi prägte maßgeblich die Form des dreisätzigen Konzerts mit der Satzfolge schnell–langsam–schnell sowie Ritornellformen in den Außensätzen, den schnellen Allegrosätzen. Dazwischen wird ein langsamer, von melodischen Elementen geprägter Satz eingeschoben, in dem das Soloinstrument die Vorherrschaft hat.

Vivaldis Konzerte sind durch prägnante Rhythmen, Kraft und Ausdruckstiefe gekennzeichnet und zeigen auf mustergültige Weise die Verwendung instrumentaler Klangfarben. Auch bei der Entwicklung programmatischer Elemente in der Musik, dem Einsatz beschreibender oder erzählender Passagen, kam ihm eine wesentliche Rolle zu. In den *Vier Jahreszeiten* beispielsweise kennzeichnet jedes Konzert eine andere Jahreszeit und die damit verbundenen Aktivitäten und Naturklänge und doch kollidiert dieses Bauprinzip nie mit der formalen Anlage der Konzerte. Vivaldi hatte besonderen Einfluss auf die Instrumentalmusik Johann Sebastian Bachs. In gewisser Weise kann man ihn aber auch als wegweisend für eine entferntere Zukunft, die »Klassik«, ansehen. Ausschlag gebend dafür ist sein schlichter, homophoner Stil, die von Spannung getragene Funktion des Solisten und die Berücksichtigung von Gattungen wie Symphonie und Orchesterkonzert.

Die Tradition der italienischen Musik für Tasteninstrumente, die nach dem Tod Girolamo Frescobaldis einen Rückgang erlebt hatte, erfuhr neuen Auftrieb durch Domenico Scarlatti (1685–1757). Zu seinen frühen geistlichen Werken gehört ein *Stabat Mater*; Scarlattti schrieb auch Opern, mit denen er allerdings keinen großen Erfolg erzielte. 1729 ging er nach Spanien, wo er bis an sein Lebensende blieb, die ertragreichsten Jahre seiner Laufbahn. Obwohl er weiterhin einige Vokalwerke schrieb, zeigte sich sein schöpferisches Talent vor allem in einer Reihe einsätziger Cembalo-Sonaten, von denen eine erste Sammlung 1738 veröffentlicht wurde. Insgesamt schrieb er mehr als 550 Sonaten.

Scarlattis Wechsel nach Spanien wirkte wie ein Akt der Befreiung. Er war nun nicht mehr durch die restriktiven Traditionen neapolitanischer Musik eingeengt, vielmehr wurde seine Phantasie durch die Volkslieder und die Eindrücke und Klänge seiner neuen Heimat enorm angeregt. Der Einfluss spanischer Tanzrhythmen und Gitarrenmusik wird in vielen seiner Sonaten deutlich. Diese Sonaten dauern kaum länger als drei Minuten, zeigen aber eine faszinierende Virtuosität im schnellen Durchmessen der gesamten Tastatur, im Einsatz brillanter Effekte wie schnell repetierter Noten und Arpeggien sowie dem Überkreuzen der Hände. Scarlattis bedeutendste Errungenschaft war sein Beitrag sowohl zur Technik wie auch zur musikalischen Ausdruckskraft tasteninstrumentaler Werke.

Spätbarock in Deutschland

Der Dreißigjährige Krieg hatte in Deutschland verheerende Auswirkungen auf das gesamte kulturelle Leben genommen, nicht zuletzt auch auf die Musik. Im späten 17. Jahrhundert gab es jedoch eine deutliche Wiederbelebung, die ihren Höhepunkt in den Werken Bachs und Händels erreichte. Die beiden Komponisten, fast gleichzeitig zur Welt gekommen, entstammten ähnlichen Verhältnissen und wurden in der Tradition des lutherischen Protestantismus erzogen. Ihre künstlerische Entwicklung nahm jedoch sehr verschiedene Wege. Bach verbrachte sein ganzes Leben in Deutschland, hatte geringe Einnahmen und war bei seinen Zeitgenossen vor allem als Kirchenorganist bekannt. Händel reiste viel, erfreute sich reicher Gönner und war in der internationalen Musikszene eine angesehene Persönlichkeit. Beide hinterließen sehr unterschiedliche Werke. Händels Musik, die sich an ein großes Publikum richtete, war leicht eingängig und blieb über Jahrhunderte im Repertoire. Bachs hauptsächlich für die Kirche geschriebene, kompliziertere Musik forderte eine aufmerksame Zuhörerschaft und wurde nach seinem Tod viele Jahre vernachlässigt. Und doch hoben beide Komponisten auf ihre eigene Art die Musik des Barock auf eine neue künstlerische Stufe.

Johann Sebastian Bach 1685–1750

Hauptwerke

Geistliche Vokalwerke
1723 *Magnificat* BWV 243
1724 *Johannespassion* BWV 245
1725 *Osteroratorium* BWV 249
1727 *Matthäuspassion* BWV 244
1734 *Weihnachtsoratorium* BWV 248
1749 *Messe in h-Moll* BWV 232 sowie mehr als 200 Kirchenkantaten und sechs Motetten

Weltliche Vokalwerke
Über 20 Kantaten, darunter
1735 *Kaffeekantate* BWV 211
1742 *Bauernkantate* BWV 212

Orchesterwerke
1717–1723 Zwei Konzerte für Violine und Orchester BWV 1041 und 1042
1721 *Brandenburgische Konzerte* Nr. 1–6 BWV 1046–1051
1725–1731 Vier Orchestersuiten BWV 1066–1069
1739 Konzert für zwei Violinen und Orchester BWV 1043; 14 Konzerte für ein, zwei, drei oder vier Cembali

Kammermusik
c. 1720 Sechs Partiten (Sonaten) für Violine solo BWV 1001–1006
c. 1720 Sechs Suiten für Violoncello solo BWV 1007– 1012
1747 Sechs Sonaten für Violine und Cembalo; sieben Flötensonaten; drei Sonaten für Viola da gamba und Cembalo, Triosonaten; *Das musikalische Opfer*

Orgelmusik
Mehr als 150 Choralvorspiele; Präludien und Fugen, Toccaten und Fugen, Fantasien und Fugen, Sonaten, Concerti, Passacaglia

Klaviermusik
c. 1720 *Chromatische Fantasie und Fuge* BWV 903
1722 & 1742 *Das Wohltemperierte Klavier* I und II
c. 1722 *6 Englische Suiten*
c. 1722 *6 Französische Suiten*
1735 *Französische Ouverture* BWV 831
1735 *Italienisches Konzert* BWV 971
1741 *Goldbergvariationen* BWV 989
1743 *Die Kunst der Fuge* BWV 1080 sowie Toccaten, Inventionen, Suiten, Fantasien, Präludien, Fugen, Capricci

Bach wurde 1685 im thüringischen Eisenach geboren. 1708 wurde er auf Grun seiner musikalischen Begabung zum Hoforganisten in Weimar ernannt, wo e einige seiner bekanntesten Werke für Orgel schrieb. Zu dieser Zeit begann e auch mit den Übertragungen der Vivaldi-Konzerte für Orgel und Cembalo. 171 wurde Bach Kapellmeister am Hof des Fürsten Leopold von Anhalt in Köthen. E folgte eine außerordentlich produktive Schaffensphase. Während dieser Zeit ve fasste er seine Hauptwerke der Klavier- und Kammermusik, darunter die *Brande burgischen Konzerte* (1721) und das *Wohltemperierte Klavier I.* 1723 wurde Bac zum Kantor der Thomaskirche in Leipzig ernannt. Werke wie die *Johannespassic* (1724) und die *Matthäuspassion* (um 1727) kennzeichnen den Höhepunkt seine Leistungen während dieser Zeit. Er komponierte aber auch zahlreiche Kirchenka taten, darunter das *Osteroratorium* (1725) und das *Weihnachtsoratorium* (1734 1741 veröffentlicht er die *Goldbergvariationen* und 1742 das *Wohltemperier Klavier II. Die Kunst der Fuge*, an der er seit 1742 arbeitete, blieb bei seinem To unvollendet, 1747 erschien das *Musikalische Opfer*. Die *Messe in h-Moll* wurd 1749 abgeschlossen.

Bereits zu seinen Lebzeiten war Bach ein bekannter Organist und Cembalis Seine Kompositionen hielt man hingegen für altmodisch und konservativ, sein Musik für verworren und die Melodien für wenig eingängig. Sein Werk geriet nac seinem Tod in Vergessenheit und die ganze Größe seines Genies wurde erst i 19. Jahrhundert erkannt. Eine von Felix Mendelssohn dirigierte Aufführung de *Matthäuspassion* im Jahr 1829 trug wesentlich zu diesem erneuten Interesse be

Obwohl Bach Deutschland nie verlassen hat, machte er sich über selbs angefertigte Bearbeitungen mit den Techniken führender italienischer und franz sischer Komponisten vertraut. Sein enormes Schaffen umfasste jede musika sche Gattung mit Ausnahme der Oper und jeder Gattung begegnete er mit seine eigenen kreativen Ideen und der Fähigkeit schon vorhandene Formen mit neue Inhalten zu bereichern. Viele seiner Orgelwerke entstanden während der Weimare Jahre. Dazu zählen Choralvorspiele, Präludien und Fugen, Toccaten und Fantasien In Köthen schrieb er eine erstaunliche Fülle hervorragender Musik, darunter di sechs *Brandenburgischen Konzerte*, die nach dem italienischen Formschem schnell–langsam–schnell mit Ritornellformen in den schnellen Sätzen gebaut sinc Für bemerkenswerte Instrumentenkombinationen geschrieben, zeigen diese Ko zerte eine gekonnte Verschmelzung italienischer und deutscher Stilmerkmale.

Die Lehre nahm in seinem Wirken eine bedeutende Rolle ein. Die 24 Präludie und Fugen des *Wohltemperierten Klaviers*, jeweils ein Präludium und eine Fuge i jeder der 24 Dur- und Moll-Tonarten des Quintenzirkels, waren für den Unterrich gedacht. Sammlungen mit Stücken in jeder verfügbaren Tonart hatte es schon z vor für Instrumente wie die Laute gegeben. Für das Tasteninstrument ermöglicht eine solche Sammlung von Präludium und Fuge in jeder der 24 Tonarten erst e Stimmverfahren, bei dem die Oktave in zwölf gleiche Halbtöne geteilt wurde (gleic schwebende Stimmung). Andere Kompositionen für Tasteninstrumente aus de frühen 20er Jahren des 18. Jahrhunderts sind die sechs *Englischen* sowie di sechs *Französischen Suiten*. Diese Suiten enthalten sämtlich neben ergänzende Sätzen die üblichen vier Tanzsätze (Allemande, Courante, Sarabande und Gigue die *Englischen Suiten* beginnen allerdings mit einem Prelude. Aus dieser Zeit stan men auch die Partiten für Violine solo, die Suiten für Cello solo und drei Violi konzerte, darunter das Doppelkonzert in d-Moll für zwei Violinen und Orchester.

Während seiner Jahre in Leipzig komponierte Bach zahlreiche Kantaten, von denen ungefähr 200 überliefert sind. Unter anderem prägte er die »Choral-Kantate«, deren berühmtestes Beispiel wohl die Kantate *Wachet auf, ruft uns die Stimme* ist. In diesem Werk werden einzelne Strophen des bekannten Adventslieds durch Rezitative und Arien miteinander verbunden, ein gemischter Chor, Orchester und Vokalsolisten gestalten das Werk gemeinsam. Bachs bedeutendste kirchenmusikalische Kompositionen sind seine zwei Passionsvertonungen für Solisten, Chor und Orchester nach Johannes und Matthäus. Vor allem die *Matthäuspassion* enthält herrliche Passagen, darunter die Alt-Arie »Erbarme dich, mein Gott« und den Schlusschoral »Wir setzen uns mit Tränen nieder«. Die *Messe in h-Moll* (1749) ist ein Werk von imponierender Größe. Bachs sechs erhaltene Motetten für Chor a cappella, u. a. *Singet dem Herrn*, gehören zu den wenigen Vokalwerken, die man auch nach dem Tod des Komponisten noch aufführte. Seine berühmtesten Werke zur Weihnachtszeit sind das überschwengliche *Magnificat* (1723, revidiert 1739) für fünfstimmigen Chor, Solisten und Orchester und das *Weihnachtsoratorium*, eine Zusammenstellung von sechs Kantaten. Obwohl Bach zu Lebzeiten nicht die ihm gemäße Anerkennung fand, wird er nun als bedeutendster Komponist des Barock gefeiert.

Unten links: **Johann Sebastian Bach, Porträt von Gustav Zerner, 19. Jahrhundert. Bach stammte aus einer Familie, die sich bis in die Mitte des 16. Jahrhunderts zurückverfolgen lässt und eine große Zahl bedeutender Musiker aufweist. Er wurde von Wagner als erstaunlichstes musikalisches Wunder gepriesen.**

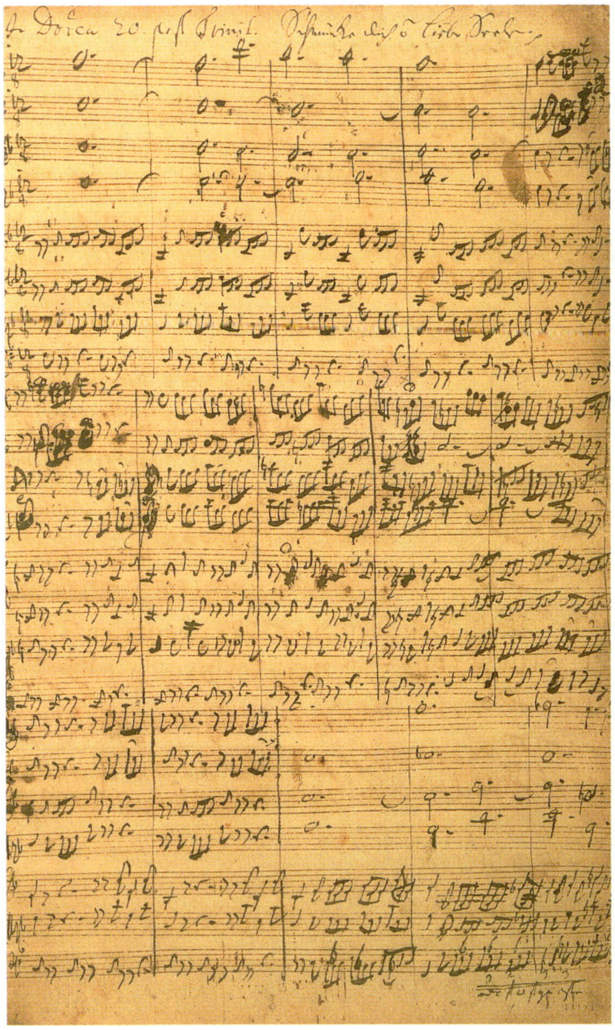

Unten rechts: **Erste Notenseite des Autographs von Bachs Kantate *Schmücke dich, o liebe Seele* BWV 180. Viele Zeitgenossen hielten Bachs Kompositionen für konservativ und überladen. Seine wahre Bedeutung wurde erst im 19. Jahrhundert erkannt.**

Hauptwerke

Opern
1705 *Almira*
1707 *Rodrigo*
1710 *Agrippina*
1711 *Rinaldo*
1724 *Giulio Cesare in Egitto*
1725 *Rodelinda*
1733 *Orlando*
1735 *Ariodante*
1737 *Berenice*
1738 *Xerxes*

Oratorien
1718 *Acis and Galatea*
1732 *Esther*
1733 *Athalia*
1736 *Das Alexanderfest*
1739 *Saul*
1739 *Israel in Ägypten*
1742 *Der Messias*
1743 *Samson*
1744 *Semele*
1745 *Belshazzar*
1747 *Judas Maccabäus*
1749 *Solomon*
1752 *Jephtha*

Weitere Vokalmusik
c.1713 *Geburtstagsode für Königin Anne*
1713 *Utrechter Te Deum und Jubilate*
1718 Elf Chandos-Anthems
1727 Vier Krönungs-Anthems
1737 *Funeral Anthem*
1743 *Dettinger Te Deum*
1749 *Anthem on the Peace*

Orchesterwerke
1717 *Wassermusik*
1734 Sechs Concerti grossi op. 3
1740 Zwölf Concerti grossi (grand concertos) op. 6
1749 *Feuerwerksmusik*

Kammermusik
Triosonaten; Sonaten für Blockflöte, Querflöte, Oboe, Violine und Viola da gamba

Musik für Tasteninstrumente
1720 Suiten für Cembalo
1735 Fugen »für Orgel oder Cembalo«; Chaconnen, Präludien, Airs, etc.

Georg Friedrich Händel 1685–1759

Georg Friedrich Händel, zeitgenössisches Porträt. Obwohl seine Oratorien am bekanntesten sind, war Händel zugleich ein begabter Organist und Opernkomponist.

Händel stammt aus dem sächsischen Halle. Seine erste Oper *Almira* wurde 1705 mit beträchtlichem Erfolg am Hamburger Opernhaus aufgeführt und ermutigte ihn zu drei weiteren Opern, die er in rascher Folge komponierte. 1706 reiste Händel nach Italien, wo er Corelli, Alessandro und Domenico Scarlatti sowie Vivaldi begegnete: Mit Opern wie *Rodrigo* (1707) und *Agrippina* (1709) feierte er rasche Erfolge. Daneben schrieb er Kantaten sowie ein Oratorium.

1710 wurde er Hofkapellmeister in Hannover. 1711 reiste er nach London, wo seine Oper Rinaldo aufgeführt wurde. Diese Aufführung war so erfolgreich, dass Händel eine erneute Reise nach England unternahm. Es entstanden zwei weitere Opern, eine Geburtstagsode für Königin Anne sowie ein *Te Deum* anlässlich des Friedensschlusses von Utrecht. Auf Grund seiner Aufenthalte in London vernachlässigte Händel seine Verpflichtungen am Hof von Hannover. Als Königin Anne 1714 starb, wurde der hannoversche Kurfürst Georg zum König von England gekrönt. Händel, der sich wegen seiner langen Abwesenheiten den Unmut seines Dienstherrn zugezogen hatte, musste diesen nun wieder gnädig stimmen. Die Legende will es, dass Händels *Wassermusik* (1717), die eine königliche Prozession auf der Themse von einem zweiten Schiff aus musikalisch begleiten sollte, den Monarchen schließlich umstimmen konnte.

Um 1718 wurde Händel Privatkapellmeister des Herzogs von Chandos, für den er geistliche Werke, darunter elf Chandos-Anthems, sowie zwei musikdramatische Werke komponierte: die Masques *Acis and Galatea* (1718–20) und *Haman and Mordecai* (1720). Das Letztere arbeitete er 1732 als *Esther* um und schuf somit das erste englische Oratorium. 1719 wurde die Royal Academy of Music gegründet, um die Ziele der italienischen Oper in London zu fördern. Händel, einer der Direktoren des Hauses, engagierte auf dem Kontinent Sänger, die er in England für geeignet hielt. Bei seiner Rückkehr begann er mit der Komposition einer Reihe von italienischen Opern, darunter *Giulio Cesare in Egitto* (1724) und *Rodelinda* (1725), die großen Erfolg beim Publikum fanden. Während dieser Zeit wurde Händel zum Hofkomponisten ernannt. In dieser öffentlichen Funktion schrieb er 1727 vier Krönungs-Anthems für Georg II., darunter das berühmte *Zadok the Priest,* das heute noch bei Krönungsfeierlichkeiten aufgeführt wird.

1728 sollte der Erfolg von John Gays *The Beggar's Opera*, einer politischen und gesellschaftlichen Satire, zu einer echten Bedrohung der italienischen Oper werden. Händel ließ sich davon aber nicht beeindrucken und reiste 1729 erneut zur Talentsuche auf den Kontinent. Während der nächsten zehn Jahre komponierte er unter anderem *Orlando* (1733), *Alcina* (1735) und *Berenice* (1737). Da sich das englische Publikum als sehr wechselmütig herausstellte, hatten die Opern nur mäßigen Erfolg. Händel wandte sich zunehmend dem Oratorium zu, wenngleich er 1739 einen hervorragenden *Xerxes* schrieb, der

Links: **Plakat für die Aufführung von John Gays *The Beggar's Opera* aus dem Jahr 1920. Die Uraufführung dieses Stückes war ein großer Erfolg, bewirkte jedoch zugleich ein nachlassendes Interesse an der italienischen Oper, sodass sich Händel schließlich der Komposition von Oratorien zuwenden musste, auf denen sein späterer Ruhm beruhen sollte.**

Unten: **Dieses Gemälde aus Ackermanns 1808 erschienenem *Microcosm of London* zeigt ein Orgelkonzert von Händel im Theater am Covent Garden. Händel ließ sich 1712 in London nieder. Als er 1759 starb, nahmen um die 3000 Menschen an seiner Beisetzung teil.**

die berühmte Arie »Ombra mai fu« enthält. Seine ersten bedeutenden Oratorien waren *Saul* und *Israel in Ägypten* (beide 1739). 1740 veröffentlichte Händel die Concerti grossi für Holzbläser und Streicher sowie eine Folge von Orgelkonzerten. Sein berühmtestes Oratorium, *Messias,* entstand 1741 im Zeitraum von nur drei Wochen. Während der nächsten Jahre schrieb er *Samson, Semele, Joseph* und *Belshazzar* sowie *Judas Maccabaeus* (1747). 1749 feierte er mit der *Feuerwerksmusik* den Frieden von Aachen. Er arbeitete 1751 an seinem letzten Oratorium, *Jephtha,* als sein Augenlicht nachließ. Obwohl er auf dem linken Auge vollständig erblindete und auch rechts nur noch wenig sah, komponierte, dirigierte und spielte er weiterhin Orgel.

Händel ist der Nachwelt am besten durch seine Oratorien bekannt, obwohl er sich mehr als 30 Jahre lang mit der Oper beschäftigte. Bei seiner

Feuerwerk auf der Themse am 15. Mai 1749, Farbdruck. Das Feuerwerk war Bestandteil der Feiern anlässlich des Friedensschlusses von Aachen. Händel komponierte zu diesem Anlass die *Feuerwerksmusik*.

ersten Ankunft in London fand er ein Publikum vor, das eine Vorliebe für die italienische Opera seria bekundete, und diese Anhängerschaft versorgte Händel die nächsten Jahre mit passenden Werken. Er schrieb etwa 36 Opern, darunter Meisterwerke wie *Rodelinda* und *Giulio Cesare in Egitto*. Charakteristisch für Händels Opern ist, dass die dramatische Handlung in den Rezitativen vorangetrieben wird, während die häufig auf bestimmte Sänger zugeschnittenen Arien – meist handelt es sich um dreiteilige Da-capo-Arien – starke Emotionen wiedergeben. Seine sechs Konzerte für Holzbläser und Streicher und seine zwölf Concerti grossi für Streicher und Cembalo gehören unzweifelhaft zu seinen besten Instrumentalwerken. Dieser Rang gebührt auch seinen beiden Suiten, der *Wassermusik* und der *Feuerwerksmusik*. Darüber hinaus dürfen seine Solo- und Triosonaten nicht ohne Erwähnung bleiben. Doch vor allem mit seinen Kompositionen für Staatsakte machte er sich beim englischen Publikum einen Namen, das seine patriotischen Gefühle in jener Musik bestätigt fand.

Obwohl er sich königlicher und adliger Gönner erfreute, wusste Händel seine Musik doch auch nach dem Geschmack des englischen Publikums zu gestalten. So wurden seine Werke ein Bestandteil des englischen Nationalerbes, desjenigen Landes also, das Händel zu seiner Heimat erwählt hatte.

Nachhaltigen Ruhm erlangte Händel aber mit seinen Oratorien, die meist auf Textvorlagen des Alten Testaments beruhten. Sein Publikum, das der Opera seria müde geworden war, nahm mit Freude zur Kenntnis, dass Händel seine Oratorien in der englischen Landessprache und nicht in Italienisch verfasste. Das berühmteste Oratorium, *Messias*, das durch die Arie »I know that my Redeemer liveth« (Ich weiß, dass mein Erlöser lebt) und den »Hallelujah-Chor« besondere Beliebtheit erlangte, gehört zu den weltweit am häufigsten aufgeführten Werken und ist in England zur Weihnachtszeit eine feste Tradition geworden. Händels Oratorien waren musikdramatische Darbietungen in drei Akten, die zur Aufführung in Theatern und Konzertsälen gedacht waren. Zwei dieser Werke, *Semele* (1744) und *Hercules* (1745), deren stoffliche Vorlage der klassischen Mythologie entstammt, wurden mit beträchtlichem Erfolg als Opern inszeniert. Händel schuf eine unverwechselbare englische Gattung des Oratoriums, die sich vor allem durch die bedeutende Rolle des Chors auszeichnet, dem die Weiterführung der Handlung übertragen wird. Darüber hinaus gelang es ihm fugierte und homophone Passagen geschickt zu kontrastieren, melodische Linien in unterschiedlichem Tempo übereinander zu legen und die Möglichkeiten der im Chor vertretenen Stimmumfänge in den Sätzen voll auszunutzen. Händels Werk geriet im Unterschied zu den Kompositionen vieler anderer nicht in Vergessenheit. Obwohl er sich königlicher und adliger Gönner erfreute, wusste Händel seine Musik doch auch nach dem Geschmack des englischen Publikums zu gestalten. So wurden seine Werke ein Bestandteil des englischen Nationalerbes, desjenigen Landes also, das Händel zu seiner Heimat erwählt hatte.

Die Klassik

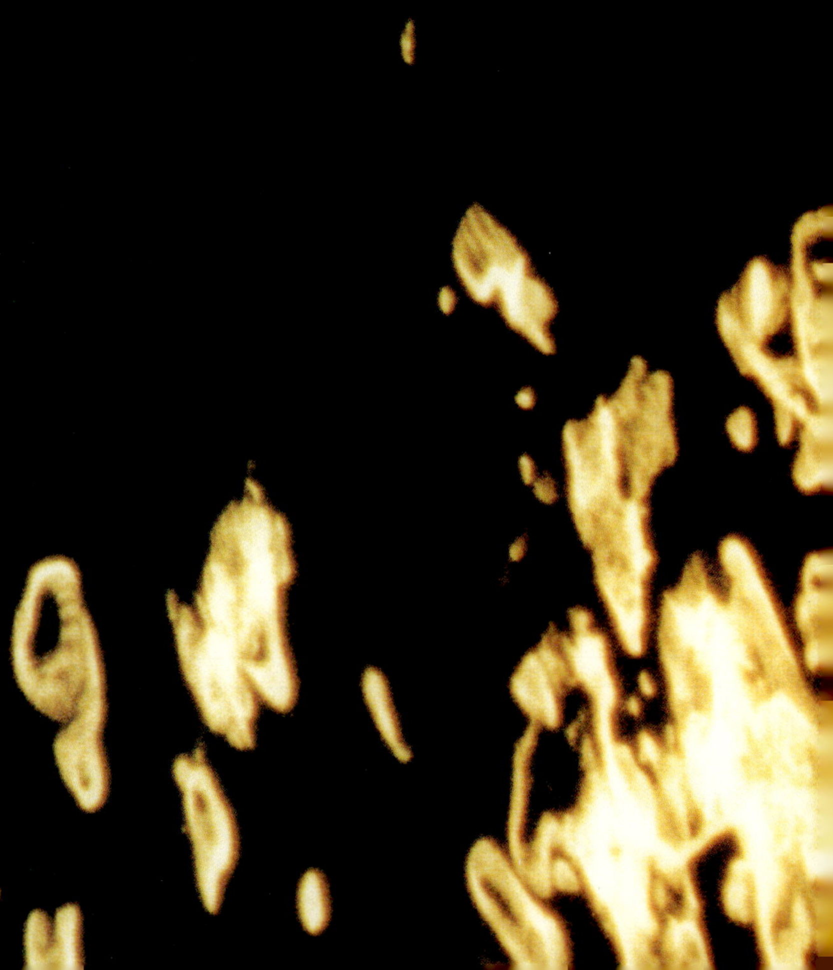

6

Frankreich war zu Beginn des 18. Jahrhunderts die bedeutendste Macht Europas. Die Französische Revolution 1789 führte jedoch zum Zusammenbruch der alten Ordnung und leitete das napoleonische Zeitalter ein. England entwickelte sich in diesen Jahren schnell zu einer wichtigen Kolonial- und Seemacht. Die Ideen der Aufklärung bestätigten die Vorherrschaft der Ratio in allen menschlichen Fragen und forderten die Rechte des Einzelnen ein. Die Anhänger der Aufklärung griffen althergebrachte Institutionen wie Kirche und Monarchie an. Auch die Künste befanden sich in einer Ära des Umbruchs. Die Künstler suchten in der Beschäftigung mit der Zivilisation der Antike neue Inspiration. Es war zugleich auch die Zeit der industriellen Revolution, in deren Verlauf die westliche Welt sich von einer Agrar- zu einer städtisch geprägten Industriegesellschaft wandelte.

18. und 19. Jahrhundert

In den frühen Jahren des 18. Jahrhunderts entwickelte sich in Frankreich eine neue Stilrichtung, die man als Rokoko bezeichnete. Der Begriff wurde aus dem Wort *rocaille* (kunstvolle Verzierungen mit Muschelwerk) abgeleitet und bezog sich auf die in der Architektur und Malerei verwendeten Schneckenornamente und Arabesken. Das Rokoko war durch Leichtigkeit, Anmut und eine gewissermaßen frivole Eleganz gekennzeichnet. In der Musik legte man ähnlichen Wert auf Charme und Liebreiz, weich fließende, »natürliche« Melodien gewannen gegenüber den schweren Klängen des Barock den Vorzug. Der Kontrapunkt wurde durch eine schlichtere Verbindung von Melodie und Harmonie ersetzt, der musikalische Diskurs durch periodisch gebaute Phrasen mit regelmäßigen, deutlich erkennbaren Kadenzen gegliedert. Die Werke von Komponisten wie Sammartini, Stamitz, Johann Christian und Carl Philipp Emanuel Bach galten in vielerlei Hinsicht als Exempel dieses neuen musikalischen Stils; sie kennzeichneten den Übergang von Barock zu Klassik.

Mit dem Begriff »Klassik« wird im Folgenden die Musik von der Mitte des 18. Jahrhunderts bis in die 20er Jahre des 19. Jahrhunderts bezeichnet. Die bedeutendsten Komponisten dieser Zeit waren Haydn, Mozart, Beethoven und Schubert. Die Stadt Wien, wo diese vier Komponisten lebten und arbeiteten, wurde nun zum Brennpunkt musikalischer Entwicklung in Europa. Zu den herausragendsten Eigenschaften klassischer Musik gehörten von nun an Zurückhaltung, Schlichtheit und Klarheit formaler Strukturen. Die Instrumentalmusik gewann gegenüber der Vokalmusik größere Bedeutung, und musikalische Gattungen wie Symphonie, Sonate, Konzert und Kammermusik prägten gültige Formschemata aus.

Oben: ***Rain, steam and speed – The Great Western Railway*, Gemälde von William Turner, 1844. Die maschinelle Nutzung der Dampfkraft leitete die Epoche der Industriellen Revolution ein. Diese Zeit war gekennzeichnet durch einen sozialen Umbruch, der auch Auswirkungen auf die Entwicklung der Musik nach sich zog.**

Links: **Das Gemälde von Francesco Battaglioli aus dem 18. Jahrhundert zeigt einen Tanz in einem Rokokopalast. In der Architektur verwendete man jene üppigen Stilmotive, um die Strenge der barocken Linien zu mildern. Diese Tendenz wurde in der Musik durch die Einführung leicht fließender Melodien aufgegriffen.**

Neue Operngattungen

Während der ersten Hälfte des 18. Jahrhunderts herrschte in Europa weiterhin die italienische Oper vor, sowohl als Opera seria wie auch als Opera buffa. Doch vor allem die Opera seria erfuhr entscheidende Veränderungen, hauptsächlich durch das Wirken von Pietro Metastasio (1698–1782). Als Verfasser von über 70 Libretti bemühte er sich darum, die Oper mit größerer Dramatik auszustatten. Der berühmteste Vertreter des von Metastasio geprägten Stils war Johann Adolf Hasse. Seine Opern – er schrieb ungefähr 80 Werke – bestanden meist aus Rezitativen, in denen die Handlung vorangetrieben wurde, und Arien, in denen die Protagonisten ihre Gefühlsregungen vortrugen. Diese Arien entsprachen meist der üblichen Da-capo-Anlage und boten die Gelegenheit zur Darbietung stimmlicher Virtuosität.

Um die Mitte des 18. Jahrhunderts begann die komische Oper der Opera seria den Rang abzulaufen. Die Libretti behandelten meist aktuelle Ereignisse und bekannte Situationen und die von überladenen Elementen befreite Musik war melodiös und leicht eingängig. In Italien, wo diese neue Gattung unter dem Namen Opera buffa bekannt wurde, verlor sie allmählich die eher possenhaften Züge. Ein für die italienische Buffa dieser Zeit typisches Werk ist *La buona figliola* (Die tugendhafte Magd) von Niccolò Piccinni (1728–1800). Giovanni Paisiello (1746–1816) schrieb neben 80 weiteren Opern *Il barbiere di Siviglia* (Der Barbier von Sevilla), der 1782 in St. Petersburg uraufgeführt wurde. *Il matrimonio segreto* von Domenico Cimarosa (1749–1801), ein weiteres wichtiges Werk der italienischen Opera buffa, wurde 1792 in Wien erstmals auf die Bühne gebracht.

In Frankreich entstand in den 20er Jahren des 18. Jahrhunderts eine neuartige, leichtere Oper, die Opéra comique. Komponisten wie François Philidor (1726–1796) und Ernest Grétry (1741–1813) eröffneten diesem Genre zunehmend ausgefallenere Themen der gesellschaftlichen Wirklichkeit. Philidors Oper *Tom Jones* (1765) basierte auf dem gleichnamigen Roman von Henry Fielding und Grétrys *Richard Coeur de Lion* (1784) führte zur Vorliebe von Opernstoffen, in denen der Held durch die Taten eines treuen Freundes schließlich vor einem unerfreulichen Schicksal bewahrt wird. Die Opéra comique, die wie in England und Deutschland gesprochene Dialoge enthielt, blieb bis weit ins 19. Jahrhundert eine außerordentlich beliebte Gattung.

In England begründete John Gay mit seiner *Beggar's Opera* 1728 die Gattung der Balladopera. Die Verbindung populärer Lieder mit gesprochenem Dialog zündete beim Publikum sofort. Thomas Arne (1710–1778), am

Links: ***Artaxerxes*, Opernhaus am Covent Garden, London 1763. Auslöser des hier gezeigten Aufstands war die Tatsache, dass die Theaterleitung den Zuschauern den Eintritt zum halben Preis verwehrte. Die Oper des englischen Komponisten Thomas Arne im Stil der italienischen Opera seria war die einzige Oper dieser Art, die in England Erfolg hatte.**

Rechts: **Porträt der Sopranistin Faustina Bordoni. Die Ehefrau von Johann Adolf Hasse gehörte als Sängerin zu Händels Ensemble. Sie prägte die Partie der Rosanne in der Oper *Alessandro*. In der späteren *Beggar's Opera* wurde eine authentische Situation persifliert, nämlich der Streit der Bordoni mit einer rivalisierenden Sängerin auf offener Bühne.**

besten bekannt für sein *Rule Britannia*, schrieb die Balladopera *Love in a Village* (1762). Sein *Artaxerxes* (1762), eine nach italienischem Muster komponierte Opera seria, war die einzige erfolgreiche Oper dieser Art.

Die deutsche Form der leichten Oper war das Singspiel, das nach dem Vorbild der englischen Balladopera und der französischen Opéra comique gestaltet war. Johann Adam Hiller (1728–1804) übertrug zunächst englische Opern ins Deutsche, komponierte dann aber eigene Werke, darunter *Die Jagd* (1770). Seine Singspiele waren in einem schlichteren Stil als die Opere serie geschrieben und enthielten eingängige Melodien. Der Wiener Komponist Karl Ditters von Dittersdorf (1739–1799) trug maßgeblich zur

Links: **Christoph Willibald Gluck am Spinett, Paris 1775. Gluck leitete die Reform der Opera seria ein. Er wurde von Mozart sehr bewundert, sein wirkliches Erbe wurde aber erst im 19. Jahrhundert angetreten.**

Unten: **Titelseite der französischen Ausgabe von Glucks Oper *Orfeo ed Euridice*, die 1774 in Paris uraufgeführt wurde. Glucks größte Bedeutung liegt in seiner Vermittlung zwischen Musik und Schauspiel. Er hinterließ uns Werke von edler und klassischer Schlichtheit.**

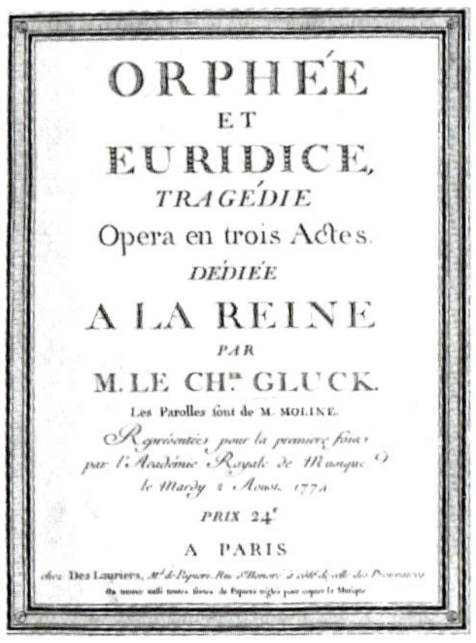

ORPHÉE
ET
EURIDICE,
TRAGÉDIE
Opera en trois Actes.
DÉDIÉE
A LA REINE
PAR
M. LE CH.ER GLUCK.
Les Parolles sont de M. MOLINE.
PRIX 24.
A PARIS

Entstehung des Singspiels bei. Er verband in Werken wie beispielsweise *Doktor und Apotheker* (1786) den Stil der italienischen Opera buffa mit der volkstümlichen Musik seiner Zeit. Das Singspiel sollte schließlich bei Mozart seinen Höhepunkt finden.

Die wachsende Beliebtheit der Opera buffa schwächte die Opera seria, für die man sich eine größere Natürlichkeit wünschte. Die führende Rolle bei diesen Bemühungen hatte Christoph Willibald Gluck (1714–1787), wenngleich die frühen Opern dem konventionellen Schema seiner Zeit entsprachen. Seine neuen Ideen setzte er erst 1762 in seinen ersten »Reformopern« um, *Orfeo ed Euridice*, 1767, dann *Alceste*. Dabei ging

Gluck von der Überlegung aus, dass die Musik sich dem Text und den Bedürfnissen der Handlung unterordnen müsse. Er schrieb keine Secco-Rezitative mehr, sondern komponierte statt dessen vom Orchester begleitete Accompagnato-Rezitative und stärkte die Bedeutung des Chors, der zu einem integralen Bestandteil der Handlung wurde. Gluck vermied verwickelte Handlungen und zeigte vor allem in seinem *Orfeo*, wie eine der Mythologie entnommene Geschichte zur Grundlage einer einfachen und bewegenden Darstellung menschlicher Empfindungen werden konnte. Seine *Iphigénie en Aulide* wurde 1774 ein großer Erfolg.

Zu den bedeutendsten Entwicklungen der Instrumentalmusik während der Klassik gehört die Einführung der so genannten Sonatenhauptsatzform.

Die Sonatenhauptsatzform

Zu den bedeutendsten Entwicklungen der Instrumentalmusik während der Klassik gehört die Einführung der so genannten Sonatenhauptsatzform. Etwa ab der zweiten Hälfte des 18. Jahrhunderts schrieb man Sonaten, Konzerte, Symphonien, Opernouvertüren und Streichquartette in drei oder vier Sätzen, die durch unterschiedliche Tempi und Stimmungen gekennzeichnet waren. Der Begriff »Sonatenhauptsatz« bezieht sich bei allen musikalischen Gattungen auf die dreiteilige Anlage des ersten Satzes. Zunächst erklingt die Exposition, in der sich zwei Themen oder Themengruppen, die durch eine Überleitungspassage miteinander verbunden sind, kontrastierend gegenüberstehen. Dabei entsteht das erste Thema in der Tonika des Werkes, das zweite in der Dominante oder in der parallelen Moll-Tonart. Auf die Exposition folgt die Durchführung, in der das thematische Material der Exposition auf unterschiedliche Weise verarbeitet wird, häufig unter Verwendung kontrapunktischer Techniken. Im dritten Teil, der Reprise, werden erstes und zweites Thema erneut vorgetragen, nun allerdings ausschließlich in der Tonika. Auf diese Weise werden die in der Exposition einander gegenübergestellten zwei Themenbereiche miteinander versöhnt. Danach kommt manchmal noch eine abschließende Coda.

Dieses Formschema gilt allerdings nicht für sämtliche Eingangssätze, die zur Zeit der Klassik komponiert wurden. Vor allem Haydn wich von dem Muster häufig ab. In seinen ersten Sätzen fehlt das zweite Thema oft völlig, darüber hinaus gibt es bei ihm in allen Satzteilen thematische Entwicklungen. Zu den wichtigsten Charakteristika der Sonatenform und ähnlicher Formschemata gehören sicherlich die darin enthaltenen Elemente von Dramatik und Kontrast. Das gilt sowohl für das thematische Material wie auch für die tonale Gesamtgliederung des Satzes. Die harmonische Bewegung verlangsamte sich während der Klassik um ein Beträchtliches, fast hat es den Anschein, als habe sie sich auf den Kontrast von Tonika und Dominante konzentriert, der die Musik dieser Zeit so entscheidend prägte.

Die Symphonie

Seit der späten Renaissance verwendete man den italienischen Begriff *sinfonia* zur Bezeichnung unterschiedlichster Arten von Instrumentalmusik. Mit dem Beginn des 18. Jahrhunderts verengte sich die Bedeutung dieses Begriffs auf die italienische Opernouvertüre mit der dreisätzigen An-

Oben links: **Porträt des Wiener Komponisten Karl Ditters von Dittersdorf, 1816. Dittersdorf war ein früher Vertreter des Singspiels. Er verband Elemente der italienischen komischen Oper mit heimischer Volksmusik, war zugleich aber auch ein bedeutender Komponist symphonischer Werke.**

Oben rechts: **Johann Christian Bach, zeitgenössisches Porträt von Thomas Gainsborough. Bachs umfangreiches Werk besteht unter anderem aus mehreren Opern, Musik für Tasteninstrumente, Liedern und kammermusikalischen Werken. Während Mozarts Besuch in London 1764–65 freundete Bach sich mit dem jungen Komponisten an; er sollte bleibenden Einfluss auf dessen Schaffen haben.**

lage schnell–langsam–schnell. Um die Mitte des Jahrhunderts hatten sich diese Ouvertüren verselbstständigt und wurden nun als Einzelwerke im Konzert dargeboten. Frühe Symphonien behielten die dreisätzige Anlage bei, experimentierfreudigere Komponisten fügten bald vor dem letzten Satz ein Menuett und Trio ein. Damit stand die bekannte Form der klassischen Symphonie fest, eine viersätzige, wie eine Sonate gegliederte Instrumentalkomposition, die vom ganzen Orchester vorgetragen wurde.

Zu den ersten Komponisten jener Gattung gehört Giovanni Sammartini (um 1700–1775), der mehr als 70 Werke hinterließ. Obwohl seine frühe Musik stilistisch noch dem Barock angehört, nehmen die späteren Symphonien mit ihrer üppigen Bläserbesetzung die Form der klassischen Symphonie schon vorweg. Eine weitere Variante dieser Gattung gab es in der zweiten Hälfte des 18. Jahrhunderts in Paris. Die *Symphonie concertante* war ein Stück für Orchester und mehrere Solisten. Zu den Hauptvertretern dieser Richtung gehörten Joseph Boulogne Saint-Georges (1739–1799) und Giuseppe Cambini (1746–1825).

In den 40er Jahren des 18. Jahrhunderts gerieten Deutschland und Österreich ins Blickfeld. Zu den bedeutenden Vertretern der Symphonie in dieser Zeit gehörte Johann Stamitz (1717–1757), der maßgeblich an der Entwicklung des heutigen Symphonieorchesters mit Streichern, Holz- und Blechbläsern sowie Schlagwerk beteiligt war. Stamitz schwelgte geradezu in Neuerungen: So war der Basso continuo nicht mehr harmonische Grundlage des Orchesters und die Melodie weitgehend von Kontrabässen getragen, wobei die Blasinstrumente als harmonische Stütze dienten.

In Wien trugen sowohl Matthias Monn (1717–1750) als auch Georg Wagenseil (1715–1777) zur Entwicklung der viersätzigen Symphonie und dem immer noch zögernden Einsatz der Sonatenhauptsatzform bei. Johann Sebastian Bachs jüngster Sohn, Johann Christian Bach (1735–1782), hinterließ ebenfalls bedeutende Werke. Obwohl er in der Instrumental- wie in der Vokalkomposition gleichermaßen zu Hause war, gehören seine etwa 50 dreisätzigen Symphonien doch zu seinen hervorragendsten Leistungen. Als Vertreter des »galanten Stils« stand er stark unter italienischem Einfluss und prägte die frühklassische Symphonie entscheidend mit.

Carl Philipp Emanuel Bach und Luigi Boccherini sind weitere wichtige Persönlichkeiten dieser Übergangszeit. Beide schrieben etwa 20 Symphonien. Auch Karl Ditters von Dittersdorf war ein bedeutender Vertreter dieses Genres. Sowohl Haydn wie auch Mozart experimentierten in ihren frühen Jahren mit unterschiedlichen Formschemata, wenngleich ihre reifen Werke die Ausbildung der viersätzigen symphonischen Anlage zeigen, die zum Typus der klassischen Symphonie schlechthin wurde: ein lebhafter erster Satz (Allegro) in Sonatenhauptsatzform, ein gesanglicher, langsamer Satz, Menuett und Trio sowie ein rascher abschließender Satz in der Form eines Rondos oder einer Kombination von Rondo und Sonatensatzform als Sonatenrondo.

Das klassische Konzert

Der erste Satz eines Konzerts beruhte meist auf einer Ritornellform oder auf der Verbindung von Ritornell- und Sonatenform. Zum typischen Formschema des Solokonzerts gehörte auch die Kadenz, eine vom Orchester nicht begleitete Solopassage gegen Ende des Satzes, die dem Solisten erlaubte, seine virtuosen Fähigkeiten zu präsentieren. Carl Philipp Emanuel Bach schrieb um die 50 Cembalokonzerte, von denen viele die auch in seinen Symphonien zu findende Ausdruckskraft und künstlerische Intensität aufweisen. Die Cembalokonzerte von Johann Christian Bach sind dagegen konventioneller, deuten aber bereits die spätere Perfektion dieser Gattung in den Konzerten Mozarts hin. Luigi Boccherini hatte ebenfalls bedeutenden Anteil an der Entwicklung dieses Genres; seine virtuosen Cellokonzerte vergrößerten den Glanz dieses Instruments.

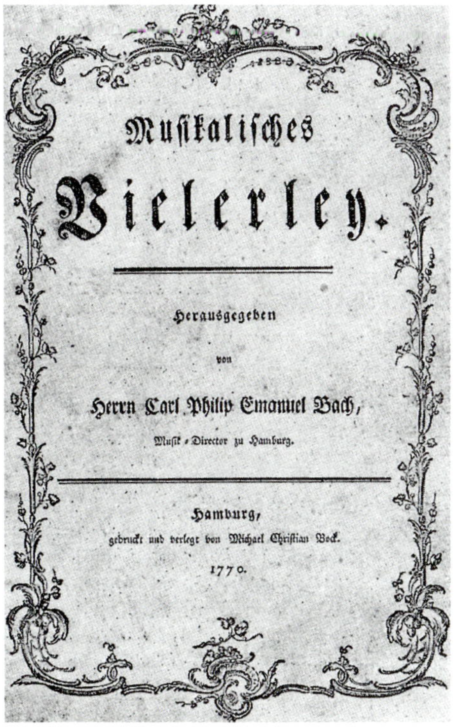

Rechts: **Carl Philipp Emanuel Bach, Porträt von Alfred Lemoine aus dem 19. Jahrhundert. Carl Philipp Emanuel war der begabteste und berühmteste Bach-Sohn; er schrieb ungefähr 50 Cembalokonzerte und zahlreiche Symphonien.**

Rechts außen: **Titelblatt einer 1770 von Carl Philipp Emanuel Bach herausgegebenen Notenausgabe. Zu dieser Zeit war Bach Musikdirektor in Hamburg und hatte sich bereits einen Namen als Lehrer, Theoretiker und Komponist gemacht.**

Kammermusik

Musik für kleine Ensembles gab es bereits seit fast 200 Jahren. Von Kammermusik im heutigen Wortsinn, Musik für zwei oder mehrere Interpreten, die in einem größeren Raum oder einem kleinen Saal aufgeführt wird und bei der es pro Stimme nur einen Spieler gibt, spricht man erst ab dem Ende des 18. Jahrhunderts. Zu dieser Zeit bildete sich eine Gruppierung aus zwei Violinen, Bratsche und Violoncello als beliebteste kammermusikalische Form heraus – die Gattung des Streichquartetts sollte auch die wichtigste Form bleiben. Tasteninstrumente, meist das Cembalo, waren zuvor auf eine untergeordnete Funktion beschränkt gewesen, nun wurde das außerordentlich vielseitig einsetzbare Klavier schnell zu einem wichtigen Instrumentalpartner in den neuen kammermusikalischen Gattungen, vor allem dem Klaviertrio und dem Klavierquartett. Die Abkehr vom Basso continuo führte zu einer neuen Egalität unter den Ensembleinstrumenten, was wiederum neue und ungewöhnliche Satzstrukturen nach sich zog.

Das Streichquartett fand seinen bedeutendsten Meister in Joseph Haydn, aber auch Luigi Boccherini (1743–1805) trug maßgeblich zu die-

Von Kammermusik im heutigen Wortsinn, Musik für zwei oder mehrere Interpreten, die in einem größeren Raum oder einem kleinen Saal aufgeführt wird und bei der es pro Stimme nur einen Spieler gibt, spricht man erst ab dem Ende des 18. Jahrhunderts.

Luigi Boccherini, zeitgenössisches Porträt (anonym). Boccherinis Begabung für das Cello zeigte sich schon in frühen Jahren. Zu seinen Kompositionen gehören Streichquartette, Streichtrios, Streichquintette, Cellokonzerte und Sonaten für Tasteninstrument und Violine.

***Flötenkonzert Friedrichs des Großen in Sanssouci*, Gemälde von Adolph Menzel, 1850–52. Friedrich II. musiziert auf der Flöte, Carl Philipp Emanuel Bach begleitet ihn am Cembalo. Bach war in den Diensten des preussischen Königs nicht glücklich. Als er 1767 seine Stellung am Königshof aufgab, begann als Hamburger Musikdirektor die ergiebigste und künstlerisch erfolgreichste Zeit seiner Musikerlaufbahn.**

sem Genre bei. Boccherini komponierte zwar in verschiedenen Gattungen, die Eleganz und Leichtigkeit seiner Musik zeigt sich aber am besten in seiner Kammermusik, darunter mehr als 100 Streichquintette und um die 90 Streichquartette.

Auf die Bedeutung von Domenico Scarlatti bei der Entwicklung der Sonate wurde schon in Kapitel 5 hingewiesen. Scarlattis zahlreiche einsätzige Cembalosonaten förderten in beträchtlichem Maße die Sonate für Cembalo solo. Der Spanier Antonio Soler (1729–1783), ein Schüler von Scarlatti, war vor allem für seine lebhaften drei- und viersätzigen Sonaten für Tasteninstrumente bekannt, die beim Interpreten eine erhebliche Virtuosität voraussetzten.

In der zweiten Hälfte des 18. Jahrhunderts wurden Cembalo und Clavichord zunehmend durch das vielseitigere Klavier verdrängt. Zu den führenden Klavierkomponisten gehörte Carl Philipp Emanuel Bach (1714–1788), der auch ein hervorragender Pianist war. Sein *Versuch über die wahre Art das Clavier zu spielen* (2 Teile, 1753 und 1762) trugen wesentlich zu seinem Ruf als Lehrer und Theoretiker bei. 1767 wurde Bach Musikdirektor in Hamburg, wo er Symphonien, Werke für Tasteninstrumente und Konzerte ebenso wie geistliche Musik (vor allem das *Magnificat* aus dem Jahr 1749) und Kammermusik komponierte. Bach hatte großen Anteil an der Entwicklung des »empfindsamen Stils«, bei der Musik als Mittel zum Ausdruck eigener Erregungen verstanden wurde. Ihre eindringlichste Realisierung fand diese stilistische Richtung in seinen etwa 150 Sonaten für Klavier. Bachs Lieblingsinstrument war das Clavichord, auf dem sich plötzliche Modulationen, abrupte Pausen und andere Effekte besser als auf dem Cembalo interpretieren ließen.

Gegen Ende des 18. Jahrhunderts verstand man unter Sonaten üblicherweise dreisätzige Werke mit der Satzfolge schnell–langsam–schnell, wobei gelegentlich zwischen dem zweiten und dritten ein vierter Satz, meist ein Menuett und Trio, eingeschoben wurde.

Hauptwerke

Symphonien

c.1761	Nr. 6 in D-Dur *Le Matin*
1761	Nr. 7 in D-Dur *Le midi*
c.1761	Nr. 8 in G-Dur *Le soir*
1764	Nr. 22 in Es-Dur *Der Philosoph*
c.1770	Nr. 26 in d-Moll
c.1770	Nr. 39 in g-Moll
c.1772	Nr. 44 in e-Moll *Trauersymphonie*
1772	Nr. 45 in fis-Moll *Abschiedssymphonie*
c.1769	Nr. 48 in C-Dur
1768	Nr. 49 in f-Moll *La passione*
1774	Nr. 56 in C-Dur
c.1782	Nr. 73 in D-Dur *La chasse*
1785	Nr. 83 in g-Moll *La poule*
c.1785	Nr. 85 in B-Dur *La reine*
1785	Nr. 87 in A-Dur
1786	Nr. 82 in C-Dur *Der Bär*
1789	Nr. 92 in G-Dur *Oxfordsymphonie*
1791	Nr. 93 in D-Dur
1791	Nr. 94 in G-Dur *Symphonie mit dem Paukenschlag*
c.1793	Nr. 100 in G-Dur *Militärsymphonie*
c.1793	Nr. 101 in D-Dur *Die Uhr*
1795	Nr. 103 in Es-Dur *Symphonie mit dem Paukenwirbel*
1795	Nr. 104 in D-Dur

Weitere Orchesterwerke

c.1765	Cellokonzert C-Dur
1783	Cellokonzert D-Dur
1795	Trompetenkonzert Es-Dur sowie drei Violinkonzerte und drei Cembalokonzerte

Streichquartette

1772	Opus 20 Nr. 1–6 (*Sonnenquartette*)
c.1781	Opus 33 Nr. 1–6 (*Russische Quartette*)
1787	Opus 50, Nr. 1-6 (*Preußische Quartette*)
1787	Opus 54, Nr. 1-3
1787	Opus 55, Nr. 1-3
1787	Opus 64, Nr. 1-6
1793	Opus 71, Nr. 1–3 (*Apponyi-Quartette*)
1793	Opus 74, Nr. 1-3
1797	Opus 76, Nr. 1-6 (*Erdödy-Quartette*)
1799	Opus 77, Nr. 1-2
1803	Opus 103, unvollendet

Weitere kammermusikalische Werke

Mehr als 120 Trios für Baryton, Triosonaten, Notturnos, Divertimenti

Werke für Tasteninstrumente

Ungefähr 50 Sonaten, Variationen, Capricci

Opern

1777	*Il Mondo della Luna*
1781	*La Fedeltà premiata*
1784	*Armida*

Oratorien

1767	*Stabat Mater*
c.1796	*Die sieben letzten Worte*
1798	*Die Schöpfung*
1801	*Die Jahreszeiten*

Geistliche Vokalmusik

1796–1802	*Sechs Messen für Fürst Nikolaus von Esterházy*
1796	*Missa in tempore belli*
1798	*Nelsonmesse*
1799	*Theresienmesse*
1802	*Harmoniemesse*

Weitere Vokalwerke

Kantaten, Arien, Bearbeitungen englischer und schottischer Volkslieder

Joseph Haydn 1732–1809

Haydn wurde als Sohn eines Wagenbauers im niederösterreichischen Rohrau, der ungarischen Grenze, geboren. Zu seinen frühesten Werken gehören kam musikalische Kompositionen, Werke für Tasteninstrumente, das Musiktheater vermutlich eine erste Symphonie. 1761 trat er in den Dienst der Esterházy. wenn er viel reiste, blieb er doch fast bis zum Ende seiner Schaffenszeit Ka meister dieses Fürstenhauses. Haydn komponierte sowohl geistliche Werke als Opern, Stücke für Bariton und Divertimenti. Sein schöpferischer Genius offenb sich jedoch am deutlichsten in seinen Symphonien und Streichquartetten. Un 70er Jahre verbreitete sich sein Ruhm rasch und er erhielt aus ganz Europa Auf für neue Werke, darunter die sechs *Pariser Symphonien*, *Die sieben letzten W Christi am Kreuz*, ein Orchesterwerk für die Kathedrale von Cádiz, sowie Kon und Notturni für Radleier im Auftrag des Königs von Neapel. Haydn reiste zwe nach London, 1791–92 und 1794–95; dort dirigierte er Konzerte und schrie zwölf *Londoner Symphonien*. Während seiner letzten Lebensjahre entstande berühmten zwei Oratorien und sechs Messen.

Oben: **Joseph Haydn, Porträt von Thomas Hardy, London 1792. Haydns großes Gesamtwerk umfasste Opern, geistliche Werke und Sonaten, sein Ruf gründete aber vor allem auf seinen Streichquartetten und Symphonien.**

Links: **Initiationsritus in einer Wiener Freimaurerloge zur Zeit Joseph II. Mozart sitzt ganz links. Haydn begegnete Mozart während einer seiner Besuche in Wien, und die beiden wurden enge Freunde. Jeder bewunderte die Musik des anderen, Mozart widmete Haydn sechs Streichquartette.**

Haydn war in der Gattung der Symphonie – er schrieb mehr als 100 Werke – ohne Zweifel der fruchtbarste Komponist der Klassik. Die frühesten Symphonien waren der Anlage nach eher konventionell und folgten dem dreisätzigen Schema der italienischen Ouvertüre mit der Satzfolge schnell–langsam–schnell. Haydn wandte sich aber schon bald einem Formtypus zu, der zum Standardschema der klassischen Symphonie werden sollte: zu Beginn ein Allegro-Satz, dann ein zweiter Satz Andante moderato, anschließend ein Menuett und Trio sowie ein abschließendes Allegro. Die Werke seiner mittleren Periode, darunter vor allem die Symphonien Nr. 26, 39, 45 (*Abschieds-Symphonie*) und 49 (*La passione*), sämtlich in Moll-Tonarten geschrieben, sind nicht mehr ausschließlich unterhaltende Werke, sondern Ausdruck tief empfundener Gefühle.

Es waren aber vor allem die *Pariser* und *Londoner Symphonien*, die Haydns Orchesterschaffen krönten und ihn auf der Höhe seiner Erfindung zeigten. Die ersten Sätze dieser Werke waren sehr viel umfangreicher als frühere Eingangssätze, in den langsamen Sätzen komponierte Haydn Variationen und zeigte in den Finales den gekonnten Einsatz einer zunehmend komplizierteren Rondoform (ein immer wiederkehrendes Thema im Wechsel mit neuen Abschnitten – ABACADA etc.). Haydn erreichte eine größere Vielfalt von Klangfarben und einen insgesamt volleren Orchesterklang durch die Ergänzung von Soloflöte, Klarinetten und gelegentlich »ausgefallenerer« Schlaginstrumente wie Triangel und Becken. Die Ergänzung kontrapunktischer Passagen in den *Londoner Symphonien* zeigt die Reife des klassischen Stils, so beispielsweise in den Symphonien Nr. 95 und 101 (*Die Uhr*). Zugleich verweisen diese Werke schon auf die Zeit der Romantik und deren Auseinandersetzung mit volkstümlichen Elementen. Das Andante der Symphonie Nr. 103 (*Symphonie mit dem Paukenwirbel*) beruht auf kroatischen Volksmelodien; insgesamt nehmen die Menuetti und Trios dieser letzten Symphonien einen volkstümlicheren Zug an.

Auch auf dem Gebiet der Kammermusik erwies sich Haydn als sehr kreativ. Entsprechen seine frühesten Streichquartette – er schrieb mehr als 70 – noch dem leichtlebigen Geist des Rokoko, so sind die ab 1750 entstandenen Werke Ausdruck eines neuen Stils in der Musikgeschichte. Haydn führte auch in der Gattung des Streichquartetts die viersätzige Form ein, mit einem schnellen Anfangssatz in Sonatenform, gefolgt von einem langsamen Satz, einem Menuett und Trio sowie einem lebhaften Finalsatz. Der ersten Violine waren virtuose Partien übertragen und auch die anderen Instrumente, vor allem das Cello, erlangten zunehmend größere Bedeutung. In seinen späteren Quartetten vergrößerte Haydn den Umfang der Werke und gab ihnen noch stärkeres künstlerisches Gewicht. Wie in seinen spätern Symphonien zeigten diese Kompositionen sein wachsendes Interesse an der Verbindung kontrapunktischer Techniken aus der Barockzeit mit dem klassischen Stil. Seine letzten Quartette, zu denen einige seiner besten Werke gehören, sind durch eine gekonnte Verwendung alterierter Akkorde gekennzeichnet, mit denen der Komponist eine große emotionale Dichte erreichte. Diese Stücke sind von außerordentlicher Vielseitigkeit und bezeugen Haydns hervorragende Beherrschung dieses Fachs. Die besten Klavierkompositionen Haydns sind die Sonaten und Klaviertrios aus seinen reifen Schaffensjahren. Demgegenüber schrieb er vergleichsweise wenig Konzerte, wenngleich sein Cellokonzert D-Dur (1783) und sein Trompetenkonzert Es-Dur (1796) zu den besten Werken dieses Genres überhaupt gehören. Während seiner Jahre am Hof der Esterházy komponierte Haydn zwar eine Reihe von Opern, seine beste Vokalmusik entstammt jedoch seiner letzten Lebensphase. Die *Sieben Worte*, ursprünglich als Orchesterwerk in Auftrag gegeben, arbeitete er zu einer Kantate um. Sein bedeutendes Oratorium, *Die Schöpfung* (1798), zeugt eindrucksvoll von seinem tief empfundenen Glauben. Das 1801 komponierte Oratorium *Die Jahreszeiten* ist ein weniger starkes Werk, zeichnet aber auf erstaunliche Weise Naturereignisse musikalisch nach. Die sechs Messen, darunter die 1798 komponierte *Nelsonmesse*, offenbaren nicht nur seine Opernerfahrung, sondern auch seine meisterhafte Beherrschung des symphonischen Satzes.

Hauptwerke

Symphonien

1773 Symphonie Nr.25 g-Moll KV 183
1773 Symphonie Nr.29 A-Dur KV 201
1778 Symphonie Nr.31 D-Dur KV 297 (*Pariser-Symphonie*)
1782 Symphonie Nr.35 D-Dur KV 385 (*Haffner-Symphonie*)
1783 Symphonie Nr.36 C-Dur KV 425 (*Linzer-Symphonie*)
1786 Symphonie Nr.38 D-Dur KV 504 (*Prager-Symphonie*)
1788 Symphonie Nr.39 Es-Dur KV 543
1788 Symphonie Nr.40 g-Moll KV 550
1788 Symphonie Nr.41 C-Dur KV 551 (*Jupiter-Symphonie*)

Klavierkonzerte

1784 Konzert Nr.15 B-Dur KV 450
1784 Konzert Nr.17 G-Dur KV 453
1784 Konzert Nr.18 B-Dur KV 456
1784 Konzert Nr.19 F-Dur KV 459
1785 Konzert Nr. 20 d-Moll KV 466
1785 Konzert Nr.21 C-Dur KV 467
1785 Konzert Nr.22 Es-Dur KV 482
1786 Konzert Nr.23 A-Dur KV 488
1786 Konzert Nr.24 c-Moll KV 491
1786 Konzert Nr.25 C-Dur KV 503
1788 Konzert Nr.26 D-Dur KV 537 (*Krönungskonzert*)
1791 Konzert Nr.27 B-Dur KV 595

Weitere Konzerte

Für Violine

1775 Konzert Nr.1 B-Dur KV 207
1775 Konzert Nr.2 D-Dur KV 211
1775 Konzert Nr.3 G-Dur KV 216
1775 Konzert Nr.4 D-Dur KV 218
1775 Konzert Nr.5 A-Dur KV 219

Für weitere Instrumente

1774 Konzert B-Dur für Fagott KV 191
1778 Konzert C-Dur für Flöte und Harfe KV 299
1778 Konzert C-Dur für Oboe KV 314
1778 Sinfonia concertante Es-Dur für Violine und Viola KV 364
1782–1786 Drei Hornkonzerte Es-Dur KV 417, KV 447 und KV 495
1791 Konzert A-Dur für Klarinette KV 622

Kammermusik

Streichquartette

1782 Quartett Nr.14 G-Dur KV 387
1783 Quartett Nr.15 d-Moll KV 421
1783 Quartett Nr.16 Es-Dur KV 428
1783 Quartett Nr.17 B-Dur KV 458 (Jagdquartett)
1783 Quartett Nr.18 A-Dur KV 464
1785 Quartett Nr.19 C-Dur KV 465
1786 Quartett Nr.20 D-Dur KV 499
1789 Quartett Nr.21 D-Dur KV 575
1789 Quartett Nr.22 B-Dur KV 589
1790 Quartett Nr.23 F-Dur KV 590

Streichquintette

1787 Quintett C-Dur KV 515
1787 Quintett g-Moll KV 516
1789 Quintett für Klarinette und Streicher A-Dur KV 581
1790 Quintett D-Dur KV 593
1790 Quintett Es-Dur KV 614

Violinsonaten

1778 Sonate e-Moll KV 304
1778 Sonate D-Dur KV 306
1781 Sonate F-Dur KV 376
1781 Sonate F-Dur KV 377
1781 Sonate G-Dur KV 379
1781 Sonate Es-Dur KV 380
1784 Sonate B-Dur KV 454
1785 Sonate Es-Dur KV 481
1787 Sonate A-Dur KV 526

Klavierwerke

Klaviersonaten

1775 D-Dur KV 284
1778 a-Moll KV 310
1778 A-Dur KV 331 (*Alla Turca*)
1781 D-Dur für zwei Klaviere KV 448
1784 c-Moll KV 457
1783–1785 Fantasie c-Moll KV 475
1786 Sonate F-Dur für vier Hände KV 497
1788 Sonate F-Dur KV 533
1789 Sonate B-Dur KV 570
1789 Sonate D-Dur KV 576

Klaviertrios

1786 Trio G-Dur KV 496
1786 Trio B-Dur KV 502
1788 Trio E-Dur KV 542
1788 Trio C-Dur KV 548

Weitere Klavierwerke

1784 Quintett für Klavier und Holzbläser Es-Dur KV 452
1786 Rondo D-Dur KV 485
1786 Rondo F-Dur KV 494
1786 Trio für Klavier, Klarinette und Viola in Es-Dur KV 498
1787 Rondo a-Moll KV 511
1788 Adagio b-Moll KV 540

Weitere Orchesterwerke

1776 Serenata notturna KV 239
1776 Serenade Nr.7 D-Dur KV 250 (*Haffner-Serenade*)
1779 Serenade Nr.9 D-Dur KV 320 (*Posthorn-Serenade*)
1781 Serenade Nr.10 für 13 Blasinstrumente KV 361 (*Gran partita*)
1781 Serenade Nr.11 Es-Dur KV 375
1782 Serenade Nr.12 c-Moll KV 388
1787 *Eine kleine Nachtmusik* KV 525

Geistliche Musik

1773 Motette *Exsultate, jubilate* KV 165
1779 *Krönungsmesse* C-Dur KV 317
1778 *Missa solemnis* C-Dur KV 337
1785 Oratorium *Davidde penitente* KV 469
1791 Motette *Ave, verum corpus* KV 618
1791 Requiem d-Moll KV 626

Opern

1768 *La finta semplice* KV 51
1770 *Mitridate, re di Ponto* KV 87
1775 *La finta giardiniera* KV 196
1775 *Il re pastore* KV 208
1781 *Idomeneo* KV 366
1782 *Die Entführung aus dem Serail* KV 384
1786 *Die Hochzeit des Figaro* KV 492
1787 *Don Giovanni* KV 527
1790 *Così fan tutte* KV 588
1791 *Die Zauberflöte* KV 620
1791 *La clemenza di Tito* KV 621

Wolfgang Amadeus Mozart 1756–1791

Mozart wurde in Salzburg geboren und erhielt seine erste musikalische Ausbildung bei seinem Vater Leopold, einem hervorragenden Geiger. Leopold Mozart bemühte sich mit allen ihm zur Verfügung stehenden Mitteln um die Förderung seines Sohnes. 1763 begab sich die Familie auf eine erste große Reise durch das westliche Europa. In Paris veröffentlichte Mozart seine ersten Sonaten, in London schrieb er seine ersten Symphonien. Bereits 1768 komponierte der damals zwölfjährige ein einaktiges deutsches Singspiel, 1768 seine erste Opera buffa, *La finta semplice*, sowie die Opera seria *Mitridate, re di Ponto*.

Während der frühen 70er Jahre entstand eine beträchtliche Anzahl von Werken, darunter Symphonien, Divertimenti, geistliche Musik und Streichquartette. In Wien begegnete er Haydn, der ihn zu einer Fülle weiterer Symphonien und Streichquartette anregte. 1774 erhielt er eine Anstellung am Hof des Fürsterzbischofs in Salzburg und komponierte Symphonien, Klaviersonaten, Violin- und Klavierkonzerte sowie eine Opera buffa, *La finta giardiniera*. Weitere Reisen führten ihn nach Paris, wo seine *Pariser-Symphonie*

Mozart gibt am Hof zu Versailles ein Konzert auf dem Clavichord. Im Alter von fünf Jahren zeigte der Junge schon beachtliche Talente sowohl als Interpret wie als Komponist. Er reiste mit seiner Familie durch ganz Europa und zeigte dem Publikum in den großen Zentren der Musik seine großartigen spielerischen und improvisatorischen Fähigkeiten.

KV 297 mit einigem Erfolg aufgeführt wurde, sowie nach München. Dort stieß seine neue Opera seria *Idomeneo* auf begeisterten Zuspruch.

Mozart ließ sich in Wien nieder, wo er seinen Lebensunterhalt durch Unterricht, Konzerte und Publikation seiner Werke verdiente. Zunächst war er recht erfolgreich; sein 1782 uraufgeführtes Singspiel *Die Entführung aus dem Serail* stieß beim Wiener Publikum auf große Gegenliebe. Die Wiener Jahre waren die schöpferisch produktivste Zeit in Mozarts kurzem Leben. Die hier entstandenen Klavierwerke und kammermusikalischen Kompositionen zählen zu seinen besten Schöpfungen. Schließlich führte die Zusammenarbeit mit dem Librettisten Lorenzo da Ponte (1749–1838) zur Entstehung der ersten Buffo-Oper, *Die Hochzeit des Figaro* (1786). Nach seiner Rückkehr aus Prag im Jahr 1787, wo sein *Don Giovanni* enthusiastisch aufgenommen worden war, erhielt Mozart eine Anstellung bei Hofe.

Trotz finanzieller Not ließ Mozarts Schaffenskraft nicht nach; 1788 schrieb er innerhalb von sieben Wochen seine drei großen letzten Symphonien. *Così fan tutte* wurde 1790 uraufgeführt, 1791 erhielt Mozart die

Kompositionsaufträge zu *La clemenza di Tito* und *Die Zauberflöte* und beendete im September desselben Jahres sein Klarinettenkonzert. Schon zuvor war er gebeten worden ein Requiem zu komponieren, konnte diesen Auftrag aber erst nach Abschluss seiner anderen Arbeiten in Angriff nehmen. Bei dem Versuch, diesen Auftrag zu erfüllen, überarbeitete er sich und hinterließ bei seinem Tod im Alter von nur 35 Jahren das Requiem unvollendet (sein Schüler Franz Süßmayr vollendete die Partitur).

Trotz ihrer vermeintlichen Leichtigkeit verbirgt Mozarts Musik unter der glatten, eleganten Oberfläche eine leidenschaftliche Tiefe. Der Salzburger Komponist nimmt bei Musikliebhabern in der ganzen Welt den höchsten Rang ein.

Als Symphoniker war Mozart bei weitem nicht so fortschrittlich wie Haydn. Seine Verwendung der Sonatenform ist weniger gewagt, er führt immer ein kontrastierendes gesangliches zweites Thema ein, gelegentlich fehlen Durchführungselemente völlig. Zudem übernahm Mozart Anregungen von einer Vielzahl anderer Komponisten. Seine frühen Symphonien entsprechen zwar dem Stand der Zeit, doch er ergänzte das Repertoire der klassischen Symphonie um einige glanzvolle Stücke, darunter die Symphonie in g-Moll KV 183 (1773) sowie in A-Dur KV 201 (1774). Seine große Meisterschaft zeigen aber die letzten sechs Symphonien, die er während seiner Wiener Jahre schrieb. So zeichnen sich beispielsweise die Anfangstakte der Symphonie g-Moll KV 550 durch eine ganz eigene, geheimnisvolle Art von Pathos aus. Das Werk steht in deutlichem Gegensatz zur majestätischen Größe des Eingangssatzes der Symphonie C-Dur KV 551, der so genannten *Jupiter-Symphonie*.

Das klassische Konzert erreichte im Schaffen Mozarts seinen Höhepunkt. In seinen späteren Klavierkonzerten – seinen besten Werken überhaupt – wurde die vom Solisten vorgetragene Musik zunehmend zu einem Beleg für die eindrucksvolle klangliche Ausdrucksbreite des Instruments.

Links: **Zuschauerraum im *Alten Burgtheater*, Gemälde von Gustav Klimt aus dem Jahr 1888 (im Jahr der Zerstörung). Mozarts Oper *Cosi fan tutte* wurde im Januar 1790 in diesem Haus uraufgeführt – ohne großen Erfolg.**

Rechts: ***Die Zauberflöte*, Bühnenbild für Akt I, Szene I in der Inszenierung der Berliner Oper am 18. Januar 1816. Die Oper enthält einige der schönsten musikalischen Gedanken Mozarts.**

Exemplarisch dafür stehen das Konzert d-Moll KV 466 – bei Mozart verweisen Moll-Tonarten auf eine besondere Ausdruckstiefe –, das Konzert C-Dur op. 467, das für die Schönheit seines langsamen Satzes berühmt ist, und nicht zuletzt das Konzert c-Moll KV 491, ein Werk von tragischer Schönheit. Zu seinen Konzerten für andere Instrumente zählen ein frühes Meisterwerk, die *Sinfonia Concertante* Es-Dur für Violine und Viola KV 364, sowie Violin- und Hornkonzerte. Das Klarinettenkonzert A-Dur KV 622, eines der letzten vollendeten Werke aus Mozarts Feder, ist wegen seines Eingangssatzes, einem spritzigen Allegro, berühmt.

Mozart schrieb mehr als 20 Streichquartette, davon gehören zehn zu seinen bedeutendsten Werken. Dazu zählt das *Jagd-Quartett* B-Dur KV 464 – es trägt seinen Namen auf Grund der Nachahmung des Jagdhorns im Eingangssatz – und das *Dissonanzen-Quartett* C-Dur KV 465 mit seiner tonal zunächst mehrdeutigen Einleitung. Nicht weniger wichtig sind seine Streichquintette, vor allem das hochdramatische Quintett C-Dur KV 515 und das ernste Quintett g-Moll KV 516. Die Schönheit des Klarinettenquintetts A-Dur KV 581 wird durch die meisterliche Komposition für das Holzblasinstrument noch unterstrichen.

In Mozarts frühen Violinsonaten kommt dem Klavier eine herausragende Rolle zu, in den späteren Kompositionen wird dann ein ausgeglichenes Duo zweier solistischer Instrumente bevorzugt, ein gutes Beispiel hierfür ist die Sonate A-Dur KV 526. Unter seinen Klaviersonaten seien die empfindsame Sonate a-Moll KV 310 genannt – die erste in einer Moll-Tonart – sowie die Sonate A-Dur KV 331 mit ihrem berühmten *Rondo alla turca*, dem *Türkischen Marsch*. Besondere Erwähnung unter seinen sieben Klaviertrios verdienen das *Kegelstatt-Trio* E-Dur KV 498 sowie die beiden Trios B-Dur KV 502 und E-Dur KV 542. Seine Serenaden, die für eine Fülle verschiedenster instrumentaler Besetzungen geschrieben sind, vereinen Elemente der Symphonie wie des Konzerts. Zu diesen Werken gehört die *Haffner-Serenade* KV 250, die Serenade für 13 Blasinstrumente *Gran*

Partita KV 361 sowie die berühmte *Kleine Nachtmusik* KV 525, ursprünglich ein Streichquartett. Die Kirchenwerke Mozarts rücken gegenüber seinen anderen Kompositionen vielleicht ein wenig in den Hintergrund, wenngleich sehr wichtige Messen wie die *Krönungsmesse* KV 317, die *Missa solemnis* KV 337, die Motteten *Exsultate, jubilate* und *Ave verum Corpus* KV 165 bzw. KV 618 sowie natürlich das unvollendete Requiem d-Moll KV 626 sein Werk abrunden.

Seinen vollkommensten Ausdruck findet Mozarts Genie aber in der Oper. Dabei brillierte er in allen Genres, darunter Opere serie wie *Idomeneo*, sein erstes wichtiges musikdramatisches Werk, und *La clemenza di Tito*, die er in aller Eile während der letzten Lebensmonate schrieb. *Die Entführung aus dem Serail* ist ein Singspiel in deutscher Tradition und erzählt von der Befreiung der Protagonistin aus den Händen eines türkischen Pascha. Dieses Werk fand beim Wiener Publikum viel Anklang. Die Opera buffa in vier Akten, *Die Hochzeit des Figaro*, wurde 1786 erstmals gegeben. Diese erste »Meisteroper« zeichnet sich durch eine kluge musikalische Charakterisierung der Hauptfiguren aus. Der Erfolg des *Figaro* führte zum Auftrag für *Don Giovanni*. Die zweiaktige Oper trägt den Unter-

Links: ***Die Zauberflöte*, Bühnenbild für Akt I, Szene IV (Königin der Nacht) in der Berliner Aufführung am 18. Januar 1816. Mozart verbindet in dieser Oper märchenhafte Elemente mit Freimaurertum und Mystizismus.**

Rechts: **Plakat zur Premiere der *Zauberflöte* am 30. September 1791, nur wenige Monate vor dem Tod des Komponisten.**

titel »Dramma giocoso«; denn auf die ungeheuer dramatische Musik, mit der das Ende des Don Giovanni musikalisch gestaltet wird, folgt ein beschwingtes Schlusssextett nach Art der Opera buffa.

Die Zauberflöte ist der Form nach ein Singspiel – deutsches Libretto, gesprochene Rezitative, komische Szenen –, enthält aber sowohl Elemente der Opera seria wie auch der Opera buffa. Mozart verband in der *Zauberflöte* Märchen, Freimaurer-Symbolik und Mystizismus, sodass eine Musik von erstaunlicher stilistischer Vielfalt entstand, darunter Märsche, Koloraturarien, Volkslieder und Chöre. Dennoch gelang ihm die Verknüpfung dieser unterschiedlichen Stilelemente zu einem harmonischen Ganzen.

Mozarts Musik war bereits zu seinen Lebzeiten beliebt. Obwohl er nach seinem Tod nicht in dem Maße in Vergessenheit geriet wie J. S. Bach, stand er im 19. und noch bis weit ins 20. Jahrhundert hinein im Schatten Beethovens. Erst in der jüngeren Vergangenheit wurde sein universelles musikalisches Genie wirklich erkannt. Trotz ihrer vermeintlichen Leichtigkeit verbirgt Mozarts Musik unter der glatten, eleganten Oberfläche eine leidenschaftliche Tiefe. Der Salzburger Komponist nimmt bei Musikliebhabern in der ganzen Welt den höchsten Rang ein.

Der Übergang zur Romantik

Gegen Ende des 18. Jahrhunderts begann eine Gruppe deutscher Schriftsteller, den Begriff »Romantik« für eine neue literarische Bewegung zu verwenden, um sie von der vorherrschenden Stilrichtung abzusetzen. Ihr Widerstand gegen die Klassik gründete sich auf ihrer Überzeugung von der Überlegenheit des Gefühls gegenüber dem Verstand. Diese Gedanken übertrugen sich rasch auf die anderen Künste. In der Musik führten die neuen Bestrebungen zu einer bisher unbekannten Steigerung des Ausdrucks. Erste Anzeichen von romantischer Musik erkennt man in Beethovens Sprengung traditioneller Formschemata, in der lyrischen Anlage von Schuberts Liedern und in den Opern von Carl Maria von Weber. Sowohl Schubert wie auch Weber griffen dabei auf volkstümliche Themen zurück und ließen sich von der Phantasie anregen – beides sollte für die Romantik charakteristisch werden.

Zu den wichtigen italienischen Komponisten dieser Übergangszeit gehörte der Pianist und Komponist Muzio Clementi (1752–1832). Clementis Klaviersonaten – er schrieb mehr als 70 – wurden von Beethoven bewundert. Darüber hinaus verfasste er mit seinem *Gradus ad Parnassum* (1817) eine berühmte Sammlung von Klavieretüden. Ein anderer Virtuose dieses Fachs war der Österreicher Johann Nepomuk Hummel (1778–1837), ein Schüler Mozarts. Seine durch besondere Eleganz und Durchsichtigkeit gekennzeichneten Klaviersonaten deuten bereits auf romantische Komponisten wie Chopin und Mendelssohn hin.

Unten links: **Luigi Cherubini, Porträt von Jean-August Ingres, 1842. Cherubini war wie eine Reihe anderer italienischer Komponisten im Ausland sehr erfolgreich. Seine klassischen Opern wiesen schon auf die Entwicklung der romantischen Grand opéra voraus.**

Unten rechts: **Carl Maria von Weber, Porträt von Ferdinand Schimon. Weber wurde 1813 Dirigent an der Prager Oper. Während dieser Jahre begann er seine Ideen zur deutschen Nationaloper zu formulieren, die von den Idealen der Romantik geprägt waren.**

***Der Freischütz*, Bühnenbildentwürfe für die dramatische Wolfsschlucht-Szene, einer glänzenden musikalischen Darstellung des Unheimlichen. Die Uraufführung von Webers Oper in Berlin 1821 war ein Triumph. Zu diesem Erfolg trug nicht nur der ungewöhnliche Schauplatz der Oper, sondern auch die Schönheit der Musik bei.**

Luigi Cherubini (1760–1842) begann seine Laufbahn als Kirchenmusiker, beschäftigte sich jedoch auch mit der Oper, wobei *Médée* (1797) und *Les deux journées* (1800) besonders erfolgreich waren. Letzteres Werk beeinflusste mit seiner »Rettungs«-Thematik Beethovens *Fidelio*; besonders bewunderte dieser das Requiem in c-Moll. Cherubinis Opern verharrten zwar stilistisch in der Klassik, bereiteten aber durch ihre besondere dramatische Spannung den Weg für die französische Grand opéra des späteren 19. Jahrhunderts.

Carl Maria von Weber (1786–1826) komponierte ebenfalls an der Schwelle zur Romantik. Er erreichte seinen ersten großen Durchbruch mit der einaktigen Oper *Abu Hassan* (1811). Sechs Jahre später nahm er die Arbeit an seinem *Freischütz* auf. Die Oper, deren Stoff dem deutschen Volksgut entstammt und die in einem geheimnisvollen finsteren Wald spielt, bringt sowohl schlichte Milieuschilderung als auch mysteriöse Elemente auf die Bühne. Die Uraufführung in Berlin im Jahr 1821 bedeutete für Weber einen Triumph. Sein *Freischütz* markierte den Beginn der deutschen Nationaloper, die sich von italienischen und französischen Einflüssen befreit hatte. Zu Webers wichtigen Klavierstücken gehören seine berühmte *Einladung zum Tanz* sowie die vier Sonaten.

John Field (1782–1837) stammt aus Dublin; seine ersten Klaviersonaten veröffentlichte er 1801. Er ließ sich schließlich in St. Petersburg nieder, wo er als virtuoser Pianist erheblichen Ruhm erlangte. Zu den Kompositionen aus dieser Zeit gehören sieben Klavierkonzerte. Am stärksten in Erinnerung geblieben sind jedoch seine Nocturnes, die von bemerkenswerter Originalität sind. Die melancholische Stimmung und tiefen Empfindungen erinnern bereits an Chopin.

Ludwig van Beethoven 1770–1827

Hauptwerke

Symphonien

1800 1. Symphonie C-Dur op. 21
1802 2. Symphonie D-Dur op. 36
1804 3. Symphonie Es-Dur op. 55 *Eroica*
1806 4. Symphonie B-Dur op. 60
1808 5. Symphonie c-Moll op. 67
1808 6. Symphonie F-Dur op. 68 *Pastorale*
1812 7. Symphonie A-Dur op. 92
1812 8. Symphonie F-Dur op. 93
1824 9. Symphonie d-Moll op. 125

Klavierkonzerte

1795–1798 Konzert Nr. 1 C-Dur op. 15
1794–1801 Konzert Nr. 2 B-Dur op. 19
1800 Konzert Nr. 3 c-Moll op. 37
1806 Konzert Nr. 4 G-Dur op. 58
1809 Konzert Nr. 5 Es-Dur op. 73

Violinkonzerte

1806 Konzert D-Dur op. 61
1804 Konzert C-Dur für Violine, Klavier und Violoncello op. 56 (*Tripelkonzert*)

Weitere Orchesterwerke

Romanzen für Violine und Orchester
1807 *Coriolan*-Ouvertüre op. 62
Leonoren-Ouvertüren:
1805 Nr. 1 op. 138
1806 Nr. 2 op. 72a
1814 Nr. 3 op. 72b
1822 Ouvertüre *Die Weihe des Hauses* op. 124

Klaviersonaten

1799 Sonate c-Moll op. 13 *Pathétique*
1801 Sonate cis-Moll »quasi una fantasia« op. 27/2 *Mondschein-Sonate*
1804 Sonate C-Dur op. 53 *Waldstein-Sonate*
1805 Sonate f-Moll op. 57 *Appassionata*
1809 Sonate Es-Dur op. 81a *Les Adieux*
1818 Sonate B-Dur op. 106 *Hammerklavier-Sonate*
1822 Sonate c-Moll op. 111

Weitere Klavierwerke:

Bagatellen
1802 op. 33
1822 op. 119
1824 op. 126

Variationen
1802 Sechs Variationen auf ein eigenes Thema op. 34
1802 15 Variationen auf ein eigenes Thema op. 35
1809 Sechs Variationen auf ein eigenes Thema op. 76
1823 *Diabelli-Variationen* op. 120

Kammermusik

Streichquartette
1800 Streichquartette G-Dur und c-Moll op. 18/2 und 4
1806 Quartette op. 59/1–3 F-Dur, e-Moll und C-Dur *Rasumowsky-Quartette*
1824 Quartett Es-Dur op. 127
1825 Quartett a-Moll op. 132
1826 Quartett B-Dur op. 130
1826 Quartett cis-Moll op. 131
1826 Quartett F-Dur op. 135
1826 Große Fuge in B-Dur op. 133

Violinsonaten
1801 Sonate F-Dur op. 24 *Frühlings-Sonate*
1803 Sonate a-Moll op. 47 *Kreutzer-Sonate*

Klaviertrios
1808 Trio D-Dur op. 70 *Geister-Trio*
1811 Trio B-Dur op. 97 *Erzherzog-Trio*

Bühnenwerke

1801 Ballett *Die Geschöpfe des Prometheus* op. 43
1805 *Fidelio* (ursprünglich *Leonore*, revidiert 1806 und 1814)

Schauspielmusiken

1810 *Egmont* op. 84
1810 *Die Ruinen von Athen* op. 113
1811 *König Stephan* op. 117

Vokalmusik

1803 Oratorium *Christus am Ölberge* op. 85
1823 *Missa solemnis* op. 123
1816 Liederzyklus *An die ferne Geliebte* op. 98

Ludwig van Beethoven, Kupferstich. Trotz seiner Schroffheit und fehlender Unterwürfigkeit gegenüber Menschen höheren Standes, gelang es Beethoven, sich als freischaffender Künstler und erstrangiger Komponist erfolgreich zu etablieren.

Beethoven wurde in Bonn geboren und erhielt seine erste musikalische Ausbildung bei seinem Vater, der die außerordentliche pianistische Begabung seines Sohnes früh erkannte. 1787 reiste Beethoven nach Wien, um bei Mozart Unterricht zu nehmen, kehrte aber schnell zurück, als er von dem unmittelbar bevorstehenden Tod seiner Mutter erfuhr. 1792 fuhr er erneut nach Wien, wo er den Rest seines Lebens verbringen sollte, und nahm Kompositionsunterricht bei Haydn. Da die beiden jedoch wenig miteinander harmonierten, setzte Beethoven seine Ausbildung bei dem Komponisten und Theoretiker Johann Albrechtsberger (1736–1809) und bei Antonio Salieri (1750–1825) fort. 1795 spielte er bei seinem ersten öffentlichen Auftritt sein zweites Klavierkonzert B-Dur und erlangte schnell den Ruf eines Virtuosen. Ende 1802 – mit diesem Datum grenzt man üblicherweise seine erste Schaffensperiode ab – hatte er bereits seine ersten beiden Symphonien, seine ersten drei Klavierkonzerte und eine Fülle von Klaviermusik geschrieben, darunter die Sonaten c-Moll op. 13 (*Pathétique*) und cis-Moll op. 27/2 »quasi una fantasia« (*Mondschein-Sonate*) sowie eine erste Gruppe von Streichtrios und Streichquartetten.

1798 bemerkte er erste Symptome beginnender Taubheit und musste um 1802 akzeptieren, dass sein Gehörsinn unweigerlich nachlassen würde. Er begegnete dieser Herausforderung mit großer Willenskraft; seine zweite Schaffensperiode setzt etwa hier ein. Die Dritte Symphonie (*Eroica*) beendete er 1804, die Klaviersonate C-Dur op. 53 (*Waldstein-Sonate*) erschien im gleichen Jahr und die Klaviersonate f-Moll op. 57 (*Appassionata*) im Jahr 1805. 1805–06 komponierte er seine einzige Oper, *Fidelio*, sowie die drei Streichquartette op. 59 (*Rasumowsky-Quartette*). 1806 erschienen sein Violinkonzert, sein viertes Klavierkonzert und die Vierte Symphonie im Druck. Der Fünften (*Schicksals-Symphonie*) und Sechsten Symphonie (*Pastorale*) widmete er sich 1807–08. Die Siebte und Achte Symphonie schloss er 1812 ab; vor allem der große Erfolg der Siebten festigte Beethovens Ruhm als bedeutendster Komponist seiner Zeit.

Etwa um 1815 trat Beethoven in seine dritte Schaffensperiode ein. Obwohl er unter gesundheitlichen Problemen litt, komponierte er weiter. In diesen Jahren schrieb er deutlich weniger Werke und doch gehören diese Spätwerke zu seinen reifsten Kompositionen. Dazu zählen die Klaviersonate B-Dur op. 106 (*Hammerklavier-Sonate*), die *Missa solemnis* und die *Diabelli-Variationen* (beide 1823), schließlich die Neunte Symphonie (1824) und seine späten Streichquartette (1824–26).

Beethovens Erste Symphonie entspricht noch der in der Klassik üblichen viersätzigen Anlage und erinnert an Haydn. Bemerkenswert ist jedoch der Einsatz der Holzbläser sowie die Tatsache, dass das Menuett im dritten Satz zwar als solches bezeichnet wird, aber eher ein Scherzo ist. Die Zweite Symphonie, die sehr viel größere Ausmaße hat, wird durch die lange Coda im ersten Satz charakterisiert; der dritte Satz trägt nun die Bezeichnung Scherzo. Die grundlegend neue Dritte Symphonie ist doppelt so lang wie die vorhergehenden Werke. Bemerkenswert ist hier vor allem, wie Beethoven aus einem relativ schlichten Motiv – Grundlage sind die Töne des Es-Dur-Akkords – einen Satz von erstaunlichen 20 Minuten Dauer konstruiert. Seine Vierte Symphonie, die leichter und beinahe fröhlich ist, steht ganz im Gegensatz zur Fünften mit ihrem unnachgiebigen, aus vier Tönen bestehenden Motiv und der Schlussapotheose in strahlendem C-Dur. In der programmatischen Sechsten Symphonie, die mit ihren fünf Sätzen eine ungewöhnliche Struktur aufweist, wird die Liebe des Komponisten zur Natur heraufbeschworen. Die Siebte ist ein Werk voller Überschwang, gekennzeichnet durch den marschartigen Rhythmus des zweiten Satzes und die lebhafte Bewegung des Finales. Die Achte entspricht eher traditionellen Form-

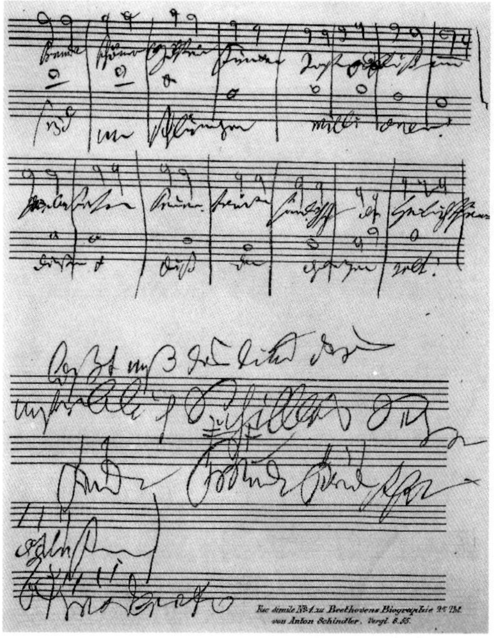

Faksimile der Notenseite »Freude schöner Götterfunke« aus der im 19. Jahrhundert erschienenen Beethoven-Biografie von Anton Schindler. Beethoven bemühte sich bei allem, was er in Angriff nahm, um Vollkommenheit – für viele verkörpert er den romantischen Künstler schlechthin.

schemata, wobei der letzte Satz besonders anrührt. Die Neunte gehört zu seinen besten Werken. Sie kennzeichnet einen Wendepunkt des symphonischen Schaffens insgesamt, und zwar nicht nur wegen der Ergänzung von Chor und Solisten in einer Vertonung der Schillerschen *Ode an die Freude* im letzten Satz, sondern auch wegen ihres großen Umfangs.

Beethoven schrieb seine ersten beiden Klavierkonzerte während seiner frühen Wiener Jahre. Es waren typische Werke der Klassik, wenngleich das erste Konzert C-Dur schon die große Begabung des Komponisten verrät. Erst das dritte Konzert c-Moll mit seinem wunderbar langen, langsamen Satz zeigt kompositorische Reife und emotionale Tiefe. Das lyrische vierte Konzert G-Dur und das herrliche fünfte Konzert Es-Dur behalten zwar die klassische Form bei, vergrößern aber die Ausdrucksbreite der Gattung. In beiden Kompositionen wird ein Soloinstrument eingeführt, bevor das Orchester das Hauptthema vorträgt. Das fünfte Klavierkonzert wurde zunächst weniger enthusiastisch aufgenommen und musste sich erst durchsetzen. Dem Violinkonzert erging es ähnlich, erst ab der Mitte des 19. Jahrhunderts stieß es auf das ihm gebührende Interesse.

In Beethovens 32 Klaviersonaten lässt sich die Entwicklung seines schöpferischen Genius genau verfolgen: Er verwendete das Klavier häufig dazu, um neue Ideen auszuprobieren, die er später in anderen Gattungen verstärkt einsetzte. Die ersten Sonaten entstanden in den 90er Jahren des 18. Jahrhunderts und um 1802 hatte er den größten Teil bereits komponiert. Beethovens frühe Sonaten weisen gelegentlich vier Sätze auf, wobei das Menuett manchmal durch ein Scherzo ersetzt wird. Zu den Werken dieser Zeit gehört auch die Klaviersonate c-Moll op. 13, die *Pathétique* mit der spannungsgeladenen und wiederholten langsamen Einleitung sowie die Sonate cis-Moll op. 27/2, die *Mondschein-Sonate*, die von zurückhaltender Romantik geprägt ist. Bedeutende spätere Werke sind die Sonate C-Dur op. 53 (*Waldstein-Sonate*), die Sonate f-Moll op. 57 (*Appassionata*), die Sonate Es-Dur op. 81a (*Les Adieux*) sowie die umfangreiche *Hammerklavier-Sonate* op. 106 in B-Dur.

Obwohl Beethoven die Sonate formal gesehen nicht gravierend veränderte, weitete er sie doch zu fast symphonischer Länge aus. Die Sonate op. 111 c-Moll, Beethovens letzte Klaviersonate, besteht aus nur zwei Sätzen und endet mit einer langen Variationenfolge, die den Komponisten auf dem Gipfel seiner Kunst zeigt. Die letzte umfangreichere Komposition für Klavier solo waren die *Diabelli-Variationen* op. 120, in denen Beethoven aus einem eher uninteressanten Walzer, der als Thema vorgegeben war, ein Werk erstaunlicher Komplexität und Größe entwickelte.

Beethovens Streichquartette sind für die Entwicklung der Kammermusik ebenso bedeutsam wie seine Symphonien im Genre der Orchesterliteratur. Die frühesten Quartette op. 18 zeigen noch den Einfluss von Haydns Spätwerken, verweisen aber schon auf die Individualität des jungen Komponisten. Von besonderem Interesse sind die Quartette op. 18/2 G-Dur und op. 18/4 c-Moll. Die drei 1806 komponierten Quartette op. 59 zeigen die deutlich gewachsenen künstlerischen Möglichkeiten Beethovens. In den

Fidelio, Bühnenbildentwurf von Ludwig Sievert für eine Inszenierung an der Berliner Oper 1935. *Fidelio* war die einzige Oper Beethovens. Das Stück war zunächst erfolglos und musste gründlich revidiert werden. Beethoven schrieb drei Fassungen der Ouvertüre, ehe er die heute meist gespielte vierte Ouvertüre komponierte.

1824–26 komponierten letzten fünf Quartetten eröffnete er dem Genre völlig neue Ausdrucksmöglichkeiten. Er erreichte diese Wirkung durch die Einführung alternierender Akkordfolgen, die man so in seinen früheren Werken nicht findet; diese Quartette sind geniale Werke von größter Schönheit.

Zu seinen kammermusikalischen Stücken für Violine und Klavier gehört die liebliche und melodienreiche frühe Violinsonate F-Dur op. 24 (*Frühlings-Sonate*) sowie die Violinsonate A-Dur op. 47 (*Kreutzer-Sonate*), die vom Umfang her die späteren Klaviersonaten schon vorwegnimmt. Ein bedeutendes kammermusikalisches Werk ist auch das herrliche Klaviertrio B-Dur op. 97 (*Erzherzog-Trio*). Einige seiner späten Klaviersonaten und Streichquartette sind als Fuge konzipiert, so beispielsweise das Finale der *Hammerklavier-Sonate*. Die *Große Fuge* op. 133, ein umfangreiches und stark ausgearbeitetes Meisterwerk, war ursprünglich als Finale für das Streichquartett B-Dur op. 130 gedacht.

Beethovens erster kompositorischer Versuch in der Welt des Musiktheaters war sein Ballett *Die Geschöpfe des Prometheus* (1801). In der Vokalmusik erreichte Beethoven jedoch nicht den mit seinen Instrumentalwerken verbundenen Erfolg, selbst die Komposition des *Fidelio* erwies sich als ein mühseliges Unterfangen. Das Werk wurde mehrfach umgeschrieben, bis es 1814 in der endgültigen Fassung auf die Bühne kam. Zu Beethovens bekanntesten Ouvertüren gehören die *Coriolan-Ouvertüre* (1807), die drei *Leonoren-Ouvertüren* (1805–07) und *Die Weihe des Hauses* (1822). Daneben schrieb er den Liederzyklus *An die ferne Geliebte* sowie zahlreiche schöne Einzellieder. All diese Werke werden jedoch überragt von der *Missa Solemnis* (1823), die Beethovens meisterliche Beherrschung der Chorkomposition belegt.

Beethovens Einfluss auf die Musik des 19. Jahrhunderts war immens. Für viele verkörperte er den romantischen Künstler schlechthin: ein unabhängiger Geist, geprägt von persönlichen Konflikten, ein Komponist, der innerhalb der klassischen Musik ganz eigenwillige, ungeheuer prägnante künstlerische Überzeugungen formulierte. Beethovens größte Leistung besteht vielleicht darin, dass er sich zwar innerhalb der von seinen Vorgängern geprägten Gattungsnormen bewegte, diese Grenzen zugleich aber sprengte, um seinen tiefsten Empfindungen Ausdruck zu verleihen – und auf diese Weise den althergebrachten Gattungen zu etwas völlig Neuem verhalf.

Schubert am Klavier, Gemälde von Gustav Klimt aus dem Jahr 1899. Das Bild wurde im Zweiten Weltkrieg zerstört. Schubert zeigte schon früh seine besondere musikalische Begabung. Während seines kurzen Lebens entstand eine beachtliche Zahl von Kompositionen, am bekanntesten sind seine Lieder.

Franz Schubert 1797–1828

Der in Lichtenthal bei Wien geborene Franz Schubert erhielt seine musikalische Ausbildung in der Wiener Hofkapelle und am Stadtkonvikt. Zu seinen frühen Werken gehören das Lied *Gretchen am Spinnrade*, zwei Symphonien (darunter die nach wie vor beliebte Fünfte Symphonie), eine Messe in C-Dur und einige Opern. 1816 lernte Schubert durch seinen Freund Franz von Schober den Bariton Johann Michael Vogl kennen, der Schuberts Lieder einem größeren Publikum bekannt machen sollte. In dieser Zeit entstanden das Lied *Der Tod und das Mädchen* sowie erste Klaviersonaten.

1818 begann er mit der Komposition des Singspiels *Die Zwillingsbrüder*. 1819 folgten das berühmte *Forellen-Quintett* und die Klaviersonate A-Dur. Schuberts Ansehen wuchs und gleichgesinnte Freunde veranstalteten Privatkonzerte, so genannte »Schubertiaden«, die ausschließlich seinen Werken gewidmet waren. Am öffentlichen Konzertleben seiner Zeit nahm Schubert kaum teil, auch seine Opern blieben ohne Erfolg, sodass er ständig unter Geldsorgen litt. 1822 begann er mit der Komposition seiner Achten Symphonie h-Moll (die *Unvollendete*) und schrieb die – wenn auch abgelehnte – Oper *Alfonso und Estrella* sowie die *Wanderer-Fantasie* für Klavier. Eine Syphilisinfektion überschattete die restlichen Jahre seines kurzen Lebens. Dennoch entstanden zahlreiche Werke; 1823 schrieb er den Liederzyklus *Die schöne Müllerin* und die Schauspielmusik *Rosamunde*. 1824 komponierte er die beiden herrlichen Streichquartette a-Moll und d-Moll sowie das Oktett F-Dur für Streicher und Bläser. Sein letztes und schönstes Orchesterwerk, die Symphonie Nr. 9 C-Dur, datiert vermutlich 1825. In seinen letzten beiden Lebensjahren, die zunehmend von seiner

Hauptwerke

Lieder

1814	*Gretchen am Spinnrade* D118
1814	*Heidenröslein* D 257
1815	*Erlkönig* D 328
1814	*Der Wanderer* op. 4,1 D 489
1814	*Der Tod und das Mädchen* D 531
1817	*An die Musik* D 547
1817–1820	*Die Forelle* D 550
1819	*Prometheus* D 674
1825	*Die junge Nonne* D 828
1826	*An Sylvia* D 891
1828	*Der Hirt auf dem Felsen* D 965

Liederzyklen

1823	*Die schöne Müllerin* D 795
1827	*Winterreise* D 911
1828	13 Lieder nach Gedichten von Rellstab und Heine (*Schwanengesang*) D 957

Orchesterwerke

1816	Symphonie Nr. 4 c-Moll D 417 *Tragische Symphonie*
1816	Symphonie Nr. 5 B-Dur D 485
1818	Symphonie Nr. 6 C-Dur D 589
1822	Symphonie Nr. 8 h-Moll D 759 *Die Unvollendete*
1825	Symphonie Nr. 9 C-Dur D 944 *Große C-Dur-Symphonie*

Kammermusik

1819	Klavierquintett A-Dur D 667 *Forellen-Quintett*
1820	Quartettsatz c-Moll D 703
1824	Oktett in F D 803
1824	Streichquartett a-Moll D 804
1824	Streichquartett d-Moll D 810 *Der Tod und das Mädchen*
1826	Streichquartett G-Dur D 887
1827	Klaviertrio B-Dur D 898
1827	Klaviertrio Es-Dur D 929
1827	Streichquintett C-Dur D 956

Klaviermusik

1819–1825	Sonate A-Dur D 664
1822	Fantasie C-Dur D 760 *Wanderer-Fantasie*
1824	Sonate C-Dur für Klavier vierhändig D 812 *Grand Duo*
1826	Sonate G-Dur D 894
1827	*Impromptus* D 899 und D 935
1823–1828	*Moments musicaux* D 780
1828	Sonate c-Moll D 958
1828	Sonate A-Dur D 959
1828	Sonate B-Dur D 960

Chorwerke

1816	Stabat mater D 383
1819–1822	Messe Nr.5 As-Dur D 678
1827	Deutsche Messe D 872
1828	Messe Nr.6 Es-Dur D 950

Opern

1815	*Des Teufels Lustschloss* D 84
1820	*Die Zwillingsbrüder* D 647
1822	*Alfonso und Estrella* D 732
1823	*Fierabras* D 796
1823	Schauspielmusik zu *Rosamunde* D 797

Krankheit beeinträchtigt waren, entstanden Schuberts bedeutendste Kompositionen.

Schubert war ein außerordentlich produktiver Komponist, der sich in fast jeder Gattung auszeichnete. Am engsten ist sein Name aber mit dem Lied verbunden; seine besondere Fähigkeit zur Entwicklung herrlicher Melodien zeigte sich hier in überragender Weise. Das deutsche Lied wurde unter seinen Händen zu einer Kunstform, in der die menschliche Stimme gleichberechtigt neben der Klavierbegleitung stand. Bereits im Alter von 17 bzw. 19 Jahren schrieb er Meisterwerke wie *Gretchen am Sprinnrade*, *Erlkönig*, *Heidenröslein* und *Der Wanderer*. In seinen Liedern verband Schubert Text und Musik auf unnachahmliche Weise, wobei die Klavierbegleitung besondere klangliche Effekte ermöglichte. Insgesamt komponierte Schubert mehr als 600 Lieder; 1817 war ein besonders reiches Jahr mit dem eher finsteren *Der Tod und das Mädchen* sowie den Liedern *Die Forelle* und *An die Musik*. Zu den bedeutenden Liedzyklen aus seiner reifen Schaffenszeit gehören *Die Schöne Müllerin* und *Die Winterreise* sowie der posthum veröffentlichte *Schwanengesang*.

Daneben schrieb Schubert in seiner kurzen Schaffenszeit insgesamt neun Symphonien. Diese Werke entsprechen sämtlich klassischen Formprinzipien, weisen aber einige Neuerungen auf. Die Fünfte Symphonie B-Dur (1816) ist sein bestes Jugendwerk. Die *Unvollendete* (Symphonie h-Moll) steht in deutlichem Kontrast zu den vorhergehenden Werken. Die Musik zeichnet in starkem Maße Empfindungen nach, und die beiden von Schubert hinterlassenen Sätze zeugen von großer Orchestrierungskunst.

Die »große« C-Dur-Symphonie ist das bedeutendste Orchesterwerk des Komponisten. Das Manuskript war einige Jahre lang verschollen, sodass die erste öffentliche Aufführung dieser Symphonie erst 1839 unter Felix Mendelssohn stattfand.

Schuberts frühe Kammermusik erinnert an Haydn und Mozart, wenngleich sich sein eigener Stil schon früh zeigte. Das 1819 komponierte *Forellen-Quintett* mit einem Variationensatz über das Lied *Die Forelle* hat einen besonders schönen langsamen Satz. Der »Quartettsatz« c-Moll (1820), ein unvollendetes Quartett, kennzeichnet den Beginn eines reiferen Stils, der sich auch in den Streichquartetten a-Moll und d-Moll *Der Tod und das Mädchen* manifestiert. Dieses letztere Quartett ist nach dem Variationssatz über das gleichnamige Lied Schuberts aus dem Jahr 1824 benannt. 1824 entstand auch das bewegende Oktett F-Dur für Streicher und Bläser. 1826 wurde das berühmte G-Dur-Quartett veröffentlicht und 1828 vollendete Schubert kurz vor seinem Tod das Streichquintett C-Dur, das man gemeinhin für sein bestes kammermusikalisches Werk hält.

Am engsten ist sein Name mit dem Lied verbunden; seine besondere Fähigkeit zur Entwicklung herrlicher Melodien zeigte sich hier in überragender Weise. Das deutsche Lied wurde unter Schuberts Händen zu einer Kunstform, in der die menschliche Stimme gleichberechtigt neben der Klavierbegleitung stand.

Zu Schuberts bedeutendsten Klavierwerken gehört zweifellos die viersätzige Fantasie C-Dur (*Wanderer-Fantasie*; 1822). Bemerkenswert an die-

Links: **Schubert musiziert im Haus seines Freundes Joseph von Spaun, Zeichnung. Schubert ist nie öffentlich aufgetreten; trotz der Förderung durch wohlhabende Bewunderer litt er zeitlebens unter Geldknappheit.**

Unten: ***Der Erlkönig*, Holzschnitt um 1840. Das Lied berichtet von einem kranken Kind, das sich in seinen Fieberfantasien während eines stürmischen Nachtritts mit seinem Vater vor dem Erlkönig fürchtet und den Ritt nicht überlebt. Schuberts Ruhm beruht hauptsächlich auf Liedern wie diesem Meisterwerk.**

sem Stück ist die Tatsache, dass das thematische Material aller vier Sätze dem Lied *Der Wanderer* entnommen ist. Schuberts wichtigster Beitrag zum Genre der Klaviermusik sind aber seine über 20 Klaviersonaten. Zu diesen Werken zählen das wunderbare *Grand Duo* C-Dur für Klavier vierhändig (1824) und die Klaviersonate G-Dur (1826). Die drei im Jahr 1828 entstandenen Sonaten c-Moll, A-Dur und B-Dur, sämtlich umfangreichere Werke als seine früheren Klaviersonaten, stehen gleichberechtigt neben Beethovens Sonaten. Zu seinen anderen Klavierwerken, die alle aus seiner Spätzeit stammen, gehören die sechs kurzen *Moments musicaux*, verschiedene *Impromptus* und die Fantasie f-Moll für Klavier vierhändig (1828).

Schubert und Beethoven arbeiteten beide in Wien – Schubert lebte nur ein Jahr länger – und doch verliefen ihre Lebenswege völlig unterschiedlich. Beethoven wurde von seinen Zeitgenossen gefeiert und verlor auch nach seinem Tod nie seinen ganz besonderen Platz in der musikalischen Hierarchie. Schubert dagegen war zu seinen Lebzeiten nur einem kleinen Kreis von Menschen bekannt und nur weniges von seinen Werken wurde gespielt oder veröffentlicht. Das Quintett C-Dur erlebte erst mehr als 20 Jahre nach seiner Entstehung die erste Aufführung.

Schubert stand wie Beethoven an der Schwelle zur musikalischen Romantik, noch fest in der Tradition der Klassik verwurzelt. Und doch weisen seine langen gesanglichen Melodielinien schon auf seine Affinität mit der neuen Epoche hin. Als Schubert im Alter von nur 31 Jahren starb, hinterließ er Werke von ganz erstaunlicher Reife.

Die Musik der Romantik

7

Das Kreuz im Gebirge, Gemälde von Caspar David Friedrich aus dem Jahr 1807/08. Die Künstler der Romantik stellten die Einbildungskraft über die Vernunft. Der Begriff »romantisch« ist ursprünglich vom französischen Wort »romance« für eine mittelalterliche Geschichte oder Dichtung abgeleitet. Das Mittelalter hatte während dieser Zeit in allen Bereichen der Kunst, auch in der Musik, besondere Bedeutung.

Nach dem Sieg über Napoleon 1815 erlebte Europa bis zur Jahrhundertmitte eine Zeit relativer Stabilität. Die Revolution von 1848 wurde zwar niedergeschlagen, mit dem aufkeimenden Nationalismus musste aber weiterhin gerechnet werden. In den frühen 70er Jahren des 19. Jahrhunderts erlangten sowohl Deutschland wie auch Italien die nationale Einigung. Die autokratischen Herrscher Russlands hingegen widerstanden jedem Versuch gesellschaftlicher und politischer Reform. Im Gefolge der Industrialisierung bemühten sich die europäischen Staaten um die Vergrößerung ihrer Absatzmärkte durch die Gründung von Kolonien in Afrika und Asien. Im Gegenzug waren die Vereinigten Staaten von Amerika im Begriff, eine der mächtigsten und wohlhabendsten Nationen der Welt zu werden.

19–20. Jahrhundert

Der Übergang von der Klassik zur Romantik ist nicht so sehr durch stilistische Veränderungen denn durch die wachsende Bedeutung des Inhalts gekennzeichnet. Nicht mehr die strukturelle Klarheit der Musik, sondern ihr Ausdrucksgehalt, ihre individuelle Prägung und das Phantastische standen nun im Mittelpunkt. Die Künstler aller Sparten ließen sich durch Unerwartetes, Beklemmendes und Mystisches inspirieren. Besonderes Interesse galt dabei dem Mittelalter.

Die Musik wurde im Zuge dieser neuen künstlerischen Ideen nur noch selten als autonomes kreatives Medium angesehen. Die romantische Musik wurde vielmehr geprägt von außermusikalischen Zusammenhängen, insbesondere von bestimmten Programmen; während dieser Zeit erreichte die gegenseitige Beeinflussung von Wort und Ton ihren Höhepunkt, inspirierten sich Musik und Text am intensivsten. Beispiele dieser Tendenz zur Programmmusik sind Mendelssohns Ouvertüren, Berlioz' *Symphonie fantastique* und vor allem die neueste Gattung dieser Zeit, die symphonische Dichtung mit Werken von Liszt, Strauss und Saint-Säens. In sehr viel geringerem Maße zeigen sich solche programmatischen Tendenzen auch in der Klaviermusik. Titel wie *Nocturne*, *Intermezzo* und *Interludium* verweisen auf eine ausgesprochen romantische Geisteshaltung.

Die Formschemata der Klassik fanden im 19. Jahrhundert zwar weiterhin Anwendung, doch wurde deutlich, dass diese Formen angesichts des zunehmenden romantischen Ausdruckswillens nicht unverändert fortbestehen konnten. Immer öfter wurde Musik entweder in der ganz großen Form (Symphonie und Oper) oder aber in der kleinsten und intimsten Gattung (Klavier solo) komponiert. Die Symphonien wurden länger, verlangten nach immer größeren instrumentalen Anstrengungen und enthielten häufig ein Programm oder gesungene Texte. In Mendelssohns Violinkonzert und seiner *Schottischen Symphonie* gehen Sätze ineinander über und weisen darüber hinaus thematisches Material auf, das in sämtlichen Teilen der Werke Anwendung findet.

Rechts: **Eugène Delacroix, *Mephistopheles in den Lüften*, Stich aus einer Folge von 17 Illustrationen zu Goethes *Faust*, 1828. Die aus dem 16. Jahrhundert stammende Legende von Faust, der seine Seele dem Teufel verkauft, inspirierte Komponisten wie Hector Berlioz zu großartigen Bühnenwerken.**

Unten: **Johann Wolfgang von Goethe, Porträt von Johann Tischbein, um 1790. Goethes *Faust* war die Grundlage für viele Kompositionen. Auch Hugo Wolf vertonte zahlreiche Goethe-Gedichte.**

Die Gestaltung der Melodie war zu einem der wichtigsten Elemente romantischer Musik geworden. Daher überrascht es nicht, dass auch umfangreiche Werke von einem durchgehenden Thema zusammengehalten wurden. Berlioz bezeichnete ein solches wiederkehrendes Thema oder Motiv als eine *idée fixe*, während Wagner den Begriff »Leitmotiv« prägte. In Berlioz' *Symphonie fantastique* dient diese *idée fixe*, die in abgewandelter Form in jedem der fünf Sätze erscheint, der Charakterisierung der weiblichen Protagonistin. Tschaikowsky verwendete in seinen letzten Symphonien so genannte »zyklische« Themen. Mahler hingegen vertraute statt dessen darauf, dass seine großen symphonischen Strukturen durch umfangreiche Gesangspartien oder den programmatischen Charakter seiner Musik zusammengehalten wurden. Wagner wandte sich von der traditionellen Nummernoper zu Gunsten einer neuen »unendlichen« Melodie ab. Bei ihm ist die Musik ein aus Leitmotiven bestehendes Ganzes, wobei die Leitmotive die verschiedenen Charaktere und Ereignisse darstellen und häufig den größten Teil einer Oper ausmachen.

Nicht zuletzt wandelte sich auch die Bedeutung der Tonalität, die während der vergangenen 200 Jahre das eigentliche Fundament der Musik ausgemacht hatte. Ihre Möglichkeiten zur Stiftung von Zusammenhang verfielen auf Grund zunehmender alterierter Akkorde und verzögerter Kadenzen. Das galt nicht nur im Kleinen: Ganze Werke endeten nicht mehr in der Tonart, in der sie begonnen hatten – diese Tendenz lässt sich am besten in Mahlers Symphonien beobachten. Auch das Klavierwerk Chopins, vor allem aber das Spätwerk Liszts ist durch starke Chromatik geprägt. Liszt komponierte in seinen *Nuages gris* häufig übermäßige Dreiklänge (zwei übereinander geschichtete große Terzen), was zu ungewohnten Akkordverbindungen führte. Wagner versetzte der Tonalität schließlich in *Tristan und Isolde* durch fortwährende Modulationen, Alterationen und eine latente Vieldeutigkeit sowohl der harmonischen Entwicklungen wie auch der dem Werk zu Grunde liegenden tonartlichen Verhältnisse den Todesstoß. Auf ähnliche Weise deuten die beiden Opern *Salome* und *Elektra* von Richard Strauss mit ihrer Überfülle alterierter Akkorde und Modulationen bis hin zur Polytonalität auf das Ende einer Ära hin.

Öffentliche Konzerte

Die ersten öffentlichen Konzerte fanden Ende des 17. Jahrhunderts in London statt. Die Idee verbreitete sich bald auch in Frankreich, wo man das erste eigentliche Konzertgebäude 1811 errichtete. 1828 wurde in Paris die Société des Concerts du Conservatoire gegründet, die eine Reihe erfolgreicher Konzerte veranstaltete. Die Philharmonic Society of London (später Royal Philharmonic Society) datiert aus dem Jahr 1813. Vor der Entstehung solcher öffentlicher Gebäude für den Konzertbetrieb hatte man musikalische Darbietungen hauptsächlich in Kirchen, Theatern oder in Privathäusern reicher Adliger erlebt. Die Protektion durch den Adel ging allerdings zunehmend zurück. Zur gleichen Zeit wurde der Konzertbesuch beim neuen wohlhabenden Bürgertum immer beliebter, was – gemeinsam mit der zunehmenden Größe der Orchester – zu geräumigeren Konzertsälen führte. Dass der Geschmack des neuen Publikums bis zu einem gewissen Grad auch die komponierten Werke beeinflusste, liegt auf der Hand.

Die »Vauxhall pleasure gardens« aus Ackermanns 1809 veröffentlichtem *Microcosm of London*. In diesem Etablissement konnte man sich zu volkstümlicher Musik auf unterschiedlichste Weise unter freiem Himmel vergnügen.

Rechts: **Franz Liszt, Gemälde von Henri von Heinrich, 1839. Liszt war der hervorragendste Vertreter der neuen Gattung der Symphonischen Dichtung. Das dabei vorgegebene Thema galt als Ausgangspunkt für die unterschiedlichsten damit assoziierten Ideen und Empfindungen.**

Unten: **Scherenschnitt des Geigers Nicolò Paganini, der sein Instrument äußerst virtuos beherrschte. Paganini trat in vielen Städten Europas auf und wurde von den Zuhörern in den immer beliebter werdenden Konzertsälen großartig gefeiert. Er hatte beträchtlichen Einfluss auf die Komponisten der Romantik, besonders auf Franz Liszt.**

Komponist und Virtuose

Der Komponist zog die Konsequenz aus der zunehmenden gesellschaftlichen Bedeutung der Mittelschicht und wurde zu einem freien Unternehmer. Noch Ende des 18. Jahrhunderts brauchte jeder Musiker, der den Erfolg suchte, eine Anstellung entweder am fürstlichen Hof oder bei einer aristokratischen Familie. Haydn war vielleicht der letzte bedeutende Komponist, dessen Laufbahn diesem traditionellen Muster folgte, in seinen späteren Jahren erzielte er allerdings auch beträchtliche Einnahmen aus seiner freien Tätigkeit. Mozart bemühte sich vergeblich um eine Anstellung bei Hofe und musste sich lange Zeit allein auf die Einnahmen aus Subskriptionskonzerten stützen, die er selbst veranstaltete; erst 1787 wurde er unter Joseph II. als Kammermusiker angestellt. Beethoven war der erste Komponist, der auf fürstliche Protektion so gut wie nicht mehr angewiesen war, sondern seinen Lebensunterhalt aus einer Vielzahl unterschiedlicher Einnahmen, darunter öffentlichen Konzerten und dem Verkauf seiner Werke, bestritt.

Mit dem Geiger und Komponisten Niccolò Paganini (1782–1840) tauchte ein weiteres Phänomen dieser Zeit auf, der Virtuosenkult. Als »Virtuosen« bezeichnete man zunächst Musiker, die eine Karriere als Solist anstrebten; seit dem 19. Jahrhundert benannte man dann diejenigen Interpreten als Virtuosen, die sich durch herausragende technische Fähigkeiten auszeichneten. 1793 hatte Paganini seinen ersten Auftritt. Nach zahlreichen Konzertreisen in Italien feierte er bald Erfolge in Wien, Paris und London. Paganinis außerordentliche Geschicklichkeit als Geiger – vor allem seine Flageolett-Töne (flötenähnliche Töne) und Pizzicati (gezupfte Töne) –, sein markantes

Erscheinungsbild, seine ausladenden Gesten sowie sein emotionaler Interpretationsstil führten sogar zu der Vermutung, er sei mit dem Teufel im Bunde.

Die Oper in Frankreich

Im frühen 19. Jahrhundert wurde Paris zur wichtigsten Opernmetropole Europas. Hier entwickelte sich auch die typisch französische Gattung der Grand opéra, bei der szenische Effekte genauso wichtig wurden wie die Musik selbst. Diese Opern richteten sich an neue Besucherkreise, die das ihnen gebotene großartige Schauspiel zu schätzen wussten. Nicht nur wurde das Opernorchester vergrößert, es bekam darüber hinaus bedeutende Aufgaben hinsichtlich der Weiterführung der szenischen Aktion zugewiesen.

Der deutsche Komponist Giacomo Meyerbeer (1791–1864) feierte erste Erfolge in Italien, wo vor allem sein *Il crociato in Egitto* (1824) Beifall fand. Seine erste französische Oper, *Robert le diable* (1831), in der er Mittelalterliches und Phantastisches miteinander verband, war äußerst beliebt. Seine zweite Oper, *Les huguenots* (1836), wurde dann zu einem triumphalen Erfolg und festigte seine Position als führender Vertreter der Grand opéra. Außerordentlich erfolgreich waren auch noch drei weitere Opern des Komponisten, in denen er seine hervorragenden Instrumentationskünste sowie sein Geschick im Führen großer Ensembles bewies: *Le prophète* (1849), *L'étoile du Nord* (1854) und die 1865 posthum uraufgeführte spektakulärste Oper Meyerbeers, *L'africaine*.

Zu den Zeitgenossen Meyerbeers gehörten Daniel Auber (1782–1871) und Fromental Halévy (1799–1862). 1828 komponierte Auber *La muette de Portici*, deren revolutionäre Thematik, faszinierende szenische Effekte und eindrucksvolle Massenszenen einen wichtigen Beitrag zur Entwicklung der Grand opéra bedeuteten. Auber war zu seiner Zeit auch der führende Komponist komischer Opern; in *Fra diavolo* (1830) und *Le cheval de bronze* (1835) gelang es ihm Humor mit klangvoller Melodik geschickt zu verbinden. Halévys bedeutendstes Werk ist die spannungsgeladene Oper *La juive* (1835).

Das Gemälde von Edgar Degas zeigt eine Ballettszene aus Giacomo Meyerbeers Oper *Robert le diable*, 1876. Die Oper erlebte bei ihrer Uraufführung 1831 einen riesigen Erfolg und wurde mit den folgenden Worten in der *Revue musicale* gefeiert: »[...] die Partitur von *Robert le diable* ist nicht nur ein Meisterwerk Meyerbeers; das Werk ist für die Geschichte der Kunst insgesamt von Bedeutung. [...] Ohne Zweifel setzt sich M. Meyerbeer damit an die Spitze der jetzigen deutschen Schule.«

Die italienische Oper

Auch in Italien blieb im frühen 19. Jahrhundert die Oper der wichtigste Beitrag zur Musik, obwohl die Wiener Klassik die genialen musikalischen Leistungen bis zu einem gewissen Grad überschatteten. Von besonderer Bedeutung für die Entwicklung der italienischen Opera seria war ein Deutscher, Johann Simon Mayr (1763–1845), der den größten Teil seines Lebens in Italien verbrachte. Mayr schrieb mehr als 70 Opern und beeinflusste Komponisten wie zum Beispiel Gaetano Donizetti. Die italienische Spielart der komischen Oper, die Opera buffa, wurde hingegen von Gioacchino Rossini (1792–1868) vollständig erneuert.

Rossinis erste Opera buffa, *La cambiale di matrimonio* (1810), wurde in Venedig uraufgeführt. Dort kam auch seine erste Opera seria auf die Bühne, *Tancredi* (1813), ebenso wie die im gleichen Jahr uraufgeführte Buffo-Oper *L'italiana in Algeri* ein sofortiger Erfolg. *Il barbiere di Siviglia* (1816), das die gleichen Protagonisten aufweist wie Mozarts *Hochzeit des Figaro*, wurde anfangs nicht gut aufgenommen, gehört heute aber zu den bedeutendsten Opern dieses Genres. 1817 schrieb Rossini *La cenerentola* sowie *La gazza ladra*. Mit *Mosè in Egitto* (1818) und *Semiramide* (1823) wandte er sich ernsteren Stoffen zu. 1824 ging er nach Paris, wo er die Opéra comique *Le comte Ory* (1828) und *Guillaume Tell* (1829) schrieb. Diese heroische Oper, Rossinis größte Leistung, kennzeichnet den Beginn der Grand opéra in Frankreich. Der Schwung und die Erregtheit in Rossinis Musik, sein Humor und seine besondere Fähigkeit zur Erfindung von Melodien haben ihm seinen Platz als Meister der Opera buffa gesichert.

Links: **Gaetano Donizettis Oper *Don Pasquale* in einer Aufführung der Mailänder Scala aus dem Jahr 1904. Die komische Oper in drei Akten erwies sich bei ihrer Uraufführung 1843 in Paris als großer Erfolg; sie wird seitdem auf der ganzen Welt gefeiert.**

Rechts: **Porträt von Vincenzo Bellini. Die Opern des jung verstorbenen Bellini kennzeichnen den Übergang von Rossinis stark verziertem Vokalstil zu den dramatischen Werken von Verdi.**

Titelseite für eine Ausgabe von Rossinis Oper *Wilhelm Tell* aus dem 19. Jahrhundert – es handelt sich um die fünfte Auflage der Erstausgabe. Sujet dieser letzten Oper Rossinis ist der Kampf der Schweizer gegen ihre österreichischen Besetzer.

Gaetano Donizetti (1797–1848), der in Bergamo aufgewachsen war, schrieb von 1818 an unter dem Einfluss Rossinis eine Reihe von Opern. 1830 erreichte er mit *Anna Bolena* seinen ersten internationalen Erfolg. Zu seinen späteren Werken gehören Opere serie wie *Lucrezia Borgia* (1833) und *Lucia di Lammermoor* (1835), seine wohl beste Oper. Donizettis Sujets offenbaren den Romantiker mit der typischen Vorliebe für historische, melodramatische Themen. 1838 ließ er sich in Paris nieder. Mit *L'elisir d'amore* (1832) hatte er bereits Talent zur Opera buffa bewiesen. *La fille du régiment* (1840) brachte ihm dann die volle Anerkennung des französischen Publikums. *Don Pasquale* (1843) steht schließlich gleichrangig neben Rossinis besten Opern. Der produktive Donizetti verfügte wie Rossini über die besondere Fähigkeit eingängige Melodien zu schreiben.

Vincenzo Bellini (1801–1835) stammt aus Catania auf Sizilien. Aufgewachsen in einer musikalischen Familie, begann er schon in jungen Jahren mit der Komposition von Opern. Internationale Aufmerksamkeit erlangte er mit *Il pirata*, die 1827 an der Mailänder Scala uraufgeführt wurde. Weitere Erfolge erzielte er mit *I Capuleti ed i Montecchi* (1830) nach Shakespeares *Romeo und Julia* sowie mit *La sonnambula* und *Norma* (beide 1831). Zu dem großen Erfolg trug in erheblichem Maße Bellinis Librettist bei, der Dramatiker Felice Romani (1788–1825). 1834 ließ sich Bellini in Paris nieder, wo er mit *I puritani* einen weiteren Triumph feierte. Bellinis Opern beruhen auf ernsten Stoffen, die häufig durch einen Hauch sentimentaler Romantik und ein gelegentliches Happy End abgemildert werden. Seine Musik zeichnet sich durch besondere Klangschönheit und edle melodische Schlichtheit aus.

Giuseppe Verdi 1813–1901

Hauptwerke

Opern

1839 *Oberto, Conte di San Bonifacio*
1839 *Un giorno di regno*
1842 *Nabucco*
1843 *I lombardi alla prima crociata*
1844 *Ernani*
1847 *Macbeth*
1849 *Luisa Miller*
1851 *Rigoletto*
1853 *Il trovatore*
1853 *La traviata*
1855 *Les vêpres siciliennes*
1857 *Simone Boccanegra*
1859 *Un ballo in maschera*
1862 *La forza del destino*
1867 *Don Carlos*
1871 *Aida*
1887 *Otello*
1893 *Falstaff*

Chorwerke

1874 *Messa da Requiem*
1889 *Ave Maria*
1897 *Stabat mater*

Verdi kommt aus Le Roncole bei Parma, wo er als Sohn eines Gastwirts aufwuchs. Seine erste Oper, *Oberto*, wurde 1839 an der Mailänder Scala gegeben. Ihr mäßiger Erfolg führte dennoch zu drei weiteren Opernaufträgen, wobei die erste beim Publikum komplett durchfiel. Mit *Nabucco* (1842), die mit der babylonischen Gefangenschaft der Juden indirekt Italiens Befreiungskampf gegen Österreich thematisiert, machte der Komponist sich in seinem Land einen Namen. Weitere Opern, darunter *I lombardi alla prima crociata* (1843) und *Giovanna d'Arco* waren noch deutlichere Aufrufe zum Patriotismus. *Macbeth* (1847) gehört schon zu seinen reiferen Werken. Das erste wirkliche Meisterstück Verdis war jedoch sein 1851 komponierter *Rigoletto*, der die berühmte Arie »La donna è mobile« enthält. Auf dieses Werk folgten 1853 die besonders melodienreichen Opern *Il trovatore* sowie *La traviata*, in der sich die schwindsüchtige Halbweltdame Violetta auf Bitten des Vaters ihres Liebhabers opfert. Da man das Sujet zunächst als ungeeignet für die Oper ansah, war das Werk nicht auf Anhieb erfolgreich.

Mit *Les vêpres siciliennes* eröffnete sich Verdi 1855 das Genre der Grand opéra. *Simone Boccanegra* (1857) und *Un ballo in maschera* (1859) zeugen von der stetig wachsenden Charakterisierungskunst des Komponisten. *La forza del destino* (1862) verbindet komische und tragische Elemente. *Don Carlos* (1867) zeigt sowohl Verdis Begabung große, dramatische Szenen zu kreieren als auch seine Fähigkeit das Orchester bühnenwirksam einzusetzen. Zur Eröffnung des Suezkanals erhielt Verdi den Auftrag für *Aida* (1871). Er erzählt in dieser Oper die Geschichte des Feld-

Oben links: **Giuseppe Verdi, Fotografie um 1874. Verdi gab der italienischen Oper ein neues Gesicht, indem es ihm gelang, Handlung und Musik zu einem homogenen Kunstwerk zu verschmelzen. Der aus einfachen Verhältnissen stammende Verdi wurde zum führenden italienischen Komponisten des 19. Jahrhunderts.**

Oben rechts: ***Innenansicht der Mailänder Scala*, Gemälde von Francesco Durelli, 1819. Viele Verdi-Opern wurden hier erfolgreich uraufgeführt, angefangen von seiner ersten Oper, *Oberto*, bis hin zu seinem letzten Werk, *Falstaff*.**

herrn Radames, der von zwei Frauen geliebt wird, einer ägyptischen Prinzessin und einer äthiopischen Sklavin. Das im alten Ägypten angesiedelte Werk, das den Konflikt zwischen Liebe und der Verpflichtung gegenüber dem eigenen Vaterland thematisiert, zeichnet sich durch klangvolle Melodien, eine ausgefeilte Dramaturgie sowie eine ausgeprägte Charakterzeichnung aus.

Verdi ist die wichtigste Persönlichkeit der italienischen Oper im 19. Jahrhundert: Sein Genie liegt in der organischen Verbindung musikalischer und dramatischer Elemente zu einem einheitlichen Ganzen.

In seinen beiden letzten Bühnenwerken, *Otello* (1887) und *Falstaff* (1893), suchte Verdi erneut bei Shakespeare nach Inspiration. Otello wird als das Meisterwerk des Komponisten im tragischen Genre angesehen. Die Partitur zeichnet die Entwicklung der Charaktere, die von Eifersucht und Macht bestimmt sind, eindrucksvoll nach. Mit seiner letzten Oper, *Falstaff*, feierte Verdi mehr als fünfzig Jahre nach seinem Scheitern mit *Un giorno di regno* einen triumphalen Erfolg des Buffo-Stils. In seinen späteren Jahren schrieb Verdi auch geistliche Musik, darunter ein *Requiem* (1874) und ein *Stabat mater* (1897). Verdi ist die wichtigste Persönlichkeit der italienischen Oper im 19. Jahrhundert: Sein Genie liegt in der organischen Verbindung musikalischer und dramatischer Elemente zu einem einheitlichen Ganzen.

Der in Leipzig geborene Richard Wagner begann im Alter von 16 Jahren zu komponieren. Zwar wurde bereits 1832 seine erste Symphonie uraufgeführt, doch hatte er mit der Oper weniger Erfolg: Sein Erstlingswerk *Die Feen* gelangte erst gar nicht auf die Bühne und *Das Liebesverbot* fiel bei der einzigen Aufführung 1836 katastrophal durch. Die Uraufführung der 1840 abgeschlossenen Oper *Rienzi* hingegen wurde 1842 in Dresden zu einem Triumph. *Der fliegende Holländer*, ein Werk, mit dem sich Wagner wieder von der Großen Oper entfernte, wurde 1843 mit etwas weniger Erfolg aufgeführt. Es folgten zwei weitere Opern, *Tannhäuser* (1845) und *Lohengrin* (1850), die den beliebten »Hochzeitschor« enthält. Diese beiden Werke spielen im mittelalterlichen Deutschland und weisen den Weg zu einem neuen Opernstil, bei dem Rezitativ und Arie nicht mehr voneinander abgesetzt werden, sondern eine »unendliche Melodie« bilden.

Auf Grund seiner Beteiligung an der Revolution von 1848 musste Wagner Deutschland verlassen. Im Schweizer Exil veröffentlichte er seine musiktheoretischen Schriften. In dieser Zeit begann er außerdem mit der Arbeit am Opernzyklus *Der Ring der Nibelungen*, der ihn länger als 20 Jahre beschäftigte. Eine Affäre mit der Frau eines reichen Gönners inspirierte ihn 1865 zur Oper *Tristan und Isolde*, in der der romantische Erlösungsgedanke thematisiert wird. Die Musik des *Tristan* ist reich an Chromatik und weist schon auf die spätere Abkehr vom Prinzip der Tonalität hin. Wagner bezeichnete das Werk als »erstes Musikdrama«. 1861 konnte er

Richard Wagner 1813–1883

Hauptwerke

Opern

1842 *Rienzi*
1843 *Der fliegende Holländer*
1845 *Tannhäuser*
1850 *Lohengrin*
1865 *Tristan und Isolde*
1868 *Die Meistersinger von Nürnberg*
1869 *Das Rheingold*
1870 *Die Walküre*
1876 *Siegfried*
1876 *Götterdämmerung*
1882 *Parsifal*

Orchesterwerke

1870 *Siegfried-Idyll*
1871 *Kaisermarsch*

Lieder

1858 *Wesendonck-Lieder*

Richard Wagners Einführung von Zeitmotiven und das Konzept des Musikdramas, in dem Worte und Musik zu einem Gesamtkunstwerk von großer emotionaler Dichte verschmolzen, machten ihn zum Hauptvertreter der romantischen Musik in Deutschland und zu einem der wichtigsten Erneuerer der Oper – gleichrangig mit Mozart und Verdi.

nach Deutschland zurückkehren und mit der Komposition seiner einzigen komischen Oper, *Die Meistersinger von Nürnberg*, beginnen. Im Mittelpunkt steht der junge Walther von Stoltzing, der siegreich aus einem Sängerwettstreit hervorgeht. Sein Preislied bricht mit allen bisher gekannten Regeln der Komposition. Zwischen diesem Sujet und Wagners eigenem Kampf um Anerkennung gibt es eine deutlich erkennbare Analogie.

Die ersten beiden Opern des *Ring*-Zyklus, *Das Rheingold* und *Die Walküre*, wurden 1869 und 1870 in München uraufgeführt. Doch Wagner plante seine bisher noch unvollendete Tetralogie in einem eigenen Opernhaus aufzuführen. Die ersten Bayreuther Festspiele wurden 1876 mit der Aufführung des gesamten *Ringes – Das Rheingold*, *Die Walküre*, *Siegfried* und *Götterdämmerung* – eröffnet. Der auf altnordischen Sagen beruhende *Ring* ist ein Meisterwerk von größten Ausmaßen. Musik und Handlung werden durch »Leitmotive« zusammengehalten, das heißt, ein Motiv oder Thema wird mit einer außermusikalischen Idee gekoppelt und erscheint dann ständig als deren Träger. Wagner vergrößerte hier ebenso wie in *Tristan und Isolde* das herkömmliche Orchester ganz erheblich, vor allem bei den Blechbläsern, wobei sein vorrangiges Interesse einer expressiven, hochchromatischen Harmonik galt. Sein letztes Werk, *Parsifal*, vollendete Wagner 1882. Wagners Konzeption der Oper als »Gesamtkunstwerk« sollte auf die Entwicklung der abendländischen Musik von größter Wirkung sein. Seine Musik und seine theoretischen Abhandlungen riefen unter späteren Komponisten sowohl Widerstreit wie auch größten Zuspruch hervor.

Oben: **Brünnhilde (Sopran) aus Wagners *Ring*-Zyklus in einer Bayreuther Inszenierung zwischen den beiden Weltkriegen. Die nordische Thematik und Wagners selbst formulierter Antisemitismus bewirkten, dass sein Werk im nationalsozialistischen Deutschland außerordentlich geschätzt wurde.**

Rechts: **Eine Pariser Inszenierung von Wagners letzter Oper, *Parsifal*, aus dem Jahr 1988. Die Oper, von Wagner selbst als »Bühnenweihfestspiel« bezeichnet, handelt von Liebe, Entsagung und Erlösung im Kontext der Legende vom Heiligen Gral.**

Die Opern von Richard Strauss

Die Oper *Salome* war bereits die dritte Oper des Komponisten. Das auf einem Schauspiel von Oscar Wilde beruhende und 1905 uraufgeführte Werk verursachte wegen seines makabren und erotisch gefärbten Sujets einen Skandal, führte aber dennoch zu einem unmittelbaren Erfolg. Ebenso wie *Salome* endet auch *Elektra* auf grausame Weise. Doch trotz der Fülle an Dissonanzen bleibt die Musik unmittelbar vor dem Übergang zur Atonalität stehen. Die nächste Oper, *Der Rosenkavalier* (1911), eine köstliche Liebeskomödie voller Intrigen, war sicherlich die erfolgreichste Oper des Komponisten – hervorgerufen nicht zuletzt durch die nostalgische Atmosphäre Wiens im 18. Jahrhundert. 1913 wurde *Ariadne auf Naxos* uraufgeführt, 1919 dann *Die Frau ohne Schatten*. Seine letzte Oper, *Capriccio* (1942), bezeichnete Strauss selbst als einaktiges »Konversationsstück für Musik«.

Entwicklungen in Frankreich und Italien

Um die Mitte des 19. Jahrhunderts entwickelte sich in Frankreich das *Drame lyrique*, eine Verschmelzung von Elementen der Grand opéra mit denen der Opér comique. Der erste bedeutende Exponent dieser Richtung war Charles Gounod (1818–1893). Seine frühen Opern wurden zwar nur mit mäßigem Interesse aufgenommen, dennoch erlebte er mit der Uraufführung seines *Faust* im Jahr 1859 einen beachtlichen Erfolg. Dieses reizvolle und melodienreiche Werk bedeutete einen Wendepunkt in der französi-

Links: **Der spanische Bariton Mariano Padilla y Ramos als Escamillo in Bizets *Carmen*. Obwohl die Oper zunächst nicht sonderlich erfolgreich war, gehört sie heute zu den beliebtesten Werken im Repertoire überhaupt.**

Unten: **Die französische Mezzosopranistin Celestine Galli-Marié als erste Carmen. Tschaikowsky beurteilte ihre Interpretation der Partie mit der folgenden Bemerkung: »[Galli-Marié] gelang es, die Darstellung ungezügelter Leidenschaft mit mystischem Fatalismus zu verbinden.«**

Oben links: **Eine Szene aus Richard Strauss' Oper *Salome* während der Uraufführung am 9. Dezember 1905 in Dresden. Die von Erotik durchdrungene Oper mit ihrem blutigen Höhepunkt zog sowohl Anerkennung wie auch Kritik auf sich. Bei der Uraufführung erhielt Strauss 38 Vorhänge.**

Links: **Partitur der Strauss-Oper *Elektra*. Ähnlich wie *Salome* war auch *Elektra* – die stoffliche Grundlage ist ein Schauspiel von Sophokles – eine dramatische Erzählung von Rache und Leidenschaft. Auch diese Oper zog das Publikum magisch an.**

schen Oper. Zu Gounods weiteren musikdramatischen Werken zählt *Roméo et Juliette* (1867).

Einer seiner Schüler war der Pianist Georges Bizet (1838–1875). Seine 1855 komponierte brillante Symphonie C-Dur ging zunächst verloren und wurde erst 1935 uraufgeführt. Die Opern *Les pêcheurs de perles* (1863) und *La jolie fille de Perth* (1867) stießen auf relativ wenig Resonanz, die Schauspielmusik für Alphonse Daudets Stück *L'Arlésienne* (1872) kam beim Publikum schließlich besser an. Bizet starb wenige Monate nach der erfolglosen Uraufführung von *Carmen* 1875 als verbitterter Mensch. Und doch erreichte dieses von rasender Eifersucht und sexueller Begierde geprägte Werk, das die Gattung des Drama lyrique sprengte und damals einen Skandal verursachte, größte Beliebtheit. Die außerordentlich rhythmische Vitalität des Werkes, das genau gezeichnete Lokalkolorit und der Melodienreichtum verbinden sich zu höchster emotionaler Dichte. *Carmen* übte einen nachhaltigendem Einfluss auf die Entwicklung der italienischen Verismo-Oper aus.

Ein weiterer bedeutender französischer Opernkomponist jener Zeit war Ambroise Thomas (1811–1896). Obwohl *Mignon* (1866) einen großen Erfolg erlebte, sind die anderen Werke aus seiner Feder heute fast vergessen. Camille Saint-Saëns (1835–1921) wurde als pianistisches Wunderkind gefeiert. Doch von seinen zahlreichen Opern kennt man heute nur noch *Samson et Dalila*. Dafür machte er sich mit seinen symphonischen Dichtungen und der »zoologischen Fantasie« *Le carneval des animaux* (1886) einen Namen. Auch Jules Massenet (1842–1912) gehört zur ersten Garde französischer Opernkomponisten. Seine bekanntesten Werke – *Manon* (1884), *Werther* (1892) und *Thaïs* – sprechen das Publikum auch heute noch an.

Während des Zweiten Kaiserreichs entwickelte sich die Operette, eine leichte, oft satirisch geprägte komische Oper. Der Begründer dieser Gattung war Jacques Offenbach (1819–1881). Der Komponist deutsch-jüdischer Herkunft war zunächst Dirigent am

Théâtre Français in Paris, ehe er sein eigenes Haus eröffnete. Dort präsentierte er komische Opern und eigene Operetten wie *Orphée aux enfers* (1859), *La belle Hélène* (1864), *La vie Parisienne* (1866) und *La périchole* (1868). Sein einziges Werk im Stil der Grand Opéra, *Les contes d'Hoffmann*, ließ er bei seinem Tod unvollendet zurück. Seine melodienreichen Operetten begründeten die anhaltende Popularität dieser Gattung und veranlassten den »Walzerkönig« Johann Strauß (1825–1899) zur Komposition der *Fledermaus* (1874) sowie des *Zigeunerbarons* (1885).

Mit dem Begriff *Verismo* (*vero*, ital. = wahr) bezeichnete man in Italien Opern, die auf naturalistische Weise das Leben gewöhnlicher Menschen nachzeichneten. Diese Werke richteten sich großteils gegen die Opern Wagners und die exaltierten Sujets der italienischen Oper, wie sie etwa Verdi propagierte. Die beiden wichtigsten Persönlichkeiten dieser neuen Opernsprache waren Pietro Mascagni (1863–1945) und Ruggiero Leoncavallo (1858–1919). Mascagnis einaktige Oper *Cavalleria rusticana* (1890) handelt von Untreue und Rache in einer sizilianischen Stadt. Die Oper wird häufig zusammen mit Leoncavallos kurzem Zweiakter *I pagliacci* (1892) auf die Bühne gebracht, einer ähnlichen Geschichte von Ehebruch und mörderischer Vergeltung.

Der berühmteste Vertreter der italienischen Oper am Ausgang des 19. Jahrhunderts war zweifellos Giacomo Puccini (1858–1924). Er stammte aus einer Familie mit einer weit in die Vergangenheit reichenden musikalischen Tradition. Nach einer Aufführung der *Aida*, die er 1876 gesehen hatte, entschloss er sich selbst zur Komposition von Opern. Seine ersten Versuche in diesem Genre waren nur mäßig erfolgreich, die Uraufführung von

Die begabte amerikanische Sopranistin Geraldine Farrar in der tragischen Partie der Madame Butterfly. Puccini schrieb exzellente weibliche Hauptrollen. Madame Butterfly verübt Selbstmord, nachdem sie erfährt, dass ihr amerikanischer Ehemann sie verlassen hat.

Manon Lescaut 1893 dagegen ein triumphaler Erfolg; dieses Werk begründete Puccinis Ruhm in Italien wie auch im Ausland. Im Jahr 1896 folgte die Uraufführung von *La bohème*, die das bunte Leben französischer Künstler in Paris um die Mitte des 19. Jahrhunderts thematisiert – das erste Werk seiner reifen Schaffenszeit. Puccini schrieb zwei weitere äußerst erfolgreiche Opern, *Tosca* (1900) und *Madame Butterfly* (1904), beides Werke, die von seiner hohen Kunst tragische Frauenpartien zu konzipieren zeugen. Zu Puccinis späteren Werken gehören *La rondine* (1917) und *Gianni Schicchi* (1918), eine komische einaktige Oper, Teil eines von Puccini komponierten Opern-Triptychons. Die unvollendet hinterlassene Oper *Turandot* enthält ebenfalls eine bedeutende Partie für eine weibliche Stimme. Als Puccini 1924 starb, endete mit ihm auch die große Tradition der italienischen Oper. Alle seine Kompositionen weisen Elemente des Verismo auf, in sämtlichen Werken zeigt er ungeheuer starke Emotionen. Seine melodische Erfindungskraft und die reichen Klangfarben seiner Werke haben diesen Werken einen nachhaltigen Platz im Repertoire gesichert.

Vokalmusik im späten 19. Jahrhundert

Im frühen 19. Jahrhundert hatte Franz Schubert dem »Lied« zu einer musikalischen Gattung von ganz eigenem Gewicht verholfen. Mendelssohn, Schumann und Brahms trugen mit ihren Werken zu diesem Genre bei, ganz besonders aber Hugo Wolf (1860–1903), ein glühender Wagnerianer. Als Wolfs Streichquartett, die *Italienische Serenade*, 1887 er-

Oben: **Giacomo Puccini, Fotografie mit eigenhändiger Signatur. Puccini glänzte durch eine Fülle von Begabungen. So verband er dramatische Handlung, Leidenschaft, Pathos und Exotik mit Elementen des Verismo.**

Rechts: **Titelseite der Partitur von Puccinis Oper *Tosca*, 1900. Ähnlich wie *Madame Butterfly* handelt auch *Tosca* von der tragischen Geschichte einer liebenden Frau. Die Protagonistin verübt ebenfalls Selbstmord, in diesem Fall nach der Exekution ihres Liebhabers.**

schien, setzte kurze Zeit später eine fruchtbare Zeit der Liedkomposition ein. Wolfs *Spanisches Liederbuch* erschien 1891, das zweiteilige *Italienische Liederbuch* 1892 bzw. 1896. Obgleich das Publikum in Wien Wolfs Liedkomposition sehr schätzte, versagte es seiner einzigen vollendeten, 1896 uraufgeführten Oper, *Der Corregidor*, den Erfolg. Wolf zeichnet sich als Komponist – er schrieb fast 300 Lieder – durch seine besondere Fähigkeit aus die poetischen Texte mit größter Subtilität und psychologischer Genauigkeit musikalisch auszudeuten.

Im späten 19. Jahrhundert erfreute sich in Frankreich eine eigene Liedgattung, die *Mélodie*, besonderer Beliebtheit; meist handelte es sich um klavierbegleitete Sololieder. Die Dichter Verlaine und Baudelaire inspirierten Komponisten wie Henri Duparc (1848–1933), dessen wenige Lieder, darunter *Chanson triste* (1868) und *L'invitation au voyage* (1870), ein bemerkenswertes Feingefühl zeigen. Gabriel Fauré (1845–1924) wird vor allem in Zusammenhang mit Liedern wie *Après un rêve* (1865) und seinen Liedzyklen wie *La bonne chanson* (1892) erinnert, schrieb aber auch eine Fülle weiterer Musik. Zu seinen geistlichen Werken gehört das *Cantique de Jean Racine* (1865) sowie das berühmte *Requiem* (1877). Fauré verfasste darüber hinaus Bühnenmusik zu Maurice Maeterlincks *Pélleas et Mélisande* (1898) und Fauchois' *Masques et Bergamasques* (1919). Zu seinen kammermusikalischen Werken gehört die *Elégie* für Violoncello und Klavier, zu seinen bekannten Orchesterwerken die *Pavane* (1887). Seine Klaviermusik – darunter Nocturnes, Barcarolles, Préludes und Impromptus – ist stilistisch so vielfältig und individuell wie seine Lieder.

Oben links: **Gabriel Fauré wurde vor allem durch sein berühmtes *Requiem* und seine Lieder bekannt.**

Links: **Hugo Wolf, Fotografie aus dem Jahr 1889. Wolf schrieb eine Fülle von Liedern, wobei er vielfach Texte von Mörike und Goethe sowie deutsche Übersetzungen italienischer und spanischer Gedichte vertonte.**

Das Gemälde von Francis Luis Mora zeigt Mendelssohn bei der Komposition des *Sommernachtstraum*. Die Ouvertüre zu Shakespeares Schauspiel entstand in noch jugendlichem Alter.

Symphonische Musik

Johann Stamitz hatte im 18. Jahrhundert die grundlegende Struktur des Symphonieorchesters geprägt. Im Verlauf des 19. Jahrhunderts kamen einige Neuerungen hinzu: Anstatt Holzbläser nur doppelt zu besetzen, sah die Partitur je drei oder sogar vier von ihnen vor. Bei den Blechbläsern ergänzte man Posaunen, zusätzlich wurden Hörner und Trompeten eingeführt. Durch die Erfindung von Ventilen, die das Spiel aller zwölf chromatischen Halbtöne ermöglichten, ließen sich diese Instrumente nun bedeutend vielseitiger als zuvor einsetzen. Darüber hinaus gab es im Orchester des 19. Jahrhunderts Tuba, Kontrafagotte und Bassklarinette.

Alle bedeutenden Symphoniker des 19. Jahrhunderts standen bis zu einem gewissen Grad im Schatten Beethovens. Einige Komponisten, darunter Schumann, Mendelssohn und Brahms, verharrten mehr oder weniger bei den klassischen Formschemata und schrieben Werke, die im Grunde keine programmatischen Ideen aufwiesen. Andere – so Liszt und Berlioz – waren innovativer. Ihr Kompositionsstil, der stärker von romantischen Vorstellungen geprägt war, wurde in der Folge durch Gustav Mahler und Richard Strauss weiterentwickelt.

Felix Mendelssohn-Bartholdy (1809–1847) komponierte schon als Kind. Sein im Alter von 16 Jahren entstandenes Oktett Es-Dur und die ein Jahr später fertig gestellte Ouvertüre zu Shakespeares *Ein Sommernachtstraum* sind eindrucksvolle Belege seiner großen kompositorischen Reife. Der junge Mendelssohn, der sich insbesondere für die Musik von Johann Sebastian Bach begeisterte, dirigierte 1829 die erste Aufführung der *Matthäuspassion* nach dem Tod des Komponisten. Im gleichen Jahr 1829 unternahm er die erste Englandreise. Ein Ferienaufenthalt in Schottland inspirierte ihn zu seiner *Hebriden-Ouvertüre*. 1830 komponierte Mendelssohn die Symphonie Nr. 5 D-Dur, die *Reformations-Symphonie*, im darauf folgenden Jahr begann er die Arbeit an seiner vierten Symphonie A-Dur, der *Italienischen Symphonie*, die 1833 uraufgeführt wurde. Erste Vorarbeiten zu Men-

Oben: **Klarinette und Bassklarinette aus Wilhelm Heckels 1831 gegründeter Werkstatt für Blasinstrumente. Während des 19. Jahrhunderts wurden die Holzbläser im Symphonieorchester immer stärker besetzt, sodass auch die Bassklarinette Eingang ins Orchester fand.**

Rechts: **Auch die Tuba wurde erst im frühen 19. Jahrhundert ins Orchester aufgenommen. Diese Tenor-Tuba stammt aus der Werkstatt des Wiener Instrumentenbauers Florian Slack. Wagner besetzte das neue Instrument in seinem *Ring*-Zyklus, Bruckner in seinen Symphonien.**

delssohns Violinkonzert, das sich gegenüber allen anderen Werken durch seinen Melodienreichtum und das reizvolle Andante auszeichnet, stammen aus dem Jahr 1838, wenngleich es erst 1844 vollendet wurde. Seine dritte Symphonie, die Königin Viktoria gewidmete *Schottische Symphonie* a-Moll, wurde 1842 uraufgeführt. Anlässlich der Komposition des Oratoriums *Elias*, 1846 in Birmingham uraufgeführt, wurde Mendelssohn geradezu verehrt. Zu seinen weiteren Werken gehören die *Lieder ohne Worte* (1832–45) für Klavier sowie Kammermusik und eine Reihe von Orgelsonaten. Mendelssohn erwies sich in seinen Symphonien wie in seinen Ouvertüren als empfindsamer Künstler, der sich von seinen zahlreichen Reisen nachhaltig inspirieren ließ; dennoch sind seine Werke nicht als Programmmusik zu bezeichnen, sondern entsprechen ganz den klassischen Vorbildern.

Die Symphonien des österreichischen Komponisten Anton Bruckner (1824–1896) stellen eine singuläre Erscheinung dar. In den frühen 60er Jahren begegnete er erstmals der Musik Wagners, dessen Neuerungen ihn dazu ermutigten, seine eigenen Ideen weiter zu verfolgen. Seine langsam reifende künstlerische Sprache fand ihren besten Ausdruck in der geistlichen Vokalmusik (er schrieb zwischen 1864 und 1868 drei Messen) und in der ersten Symphonie c-Moll. Die zweite Symphonie c-Moll erschien 1872, während derselben Dekade gefolgt von drei weiteren. Die Werke wurden mit viel Kritik aufgenommen, da sie zahlreiche Musiker für nicht spielbar hielten. Widerstrebend revidierte Bruckner die Partituren, um beim Publikum mehr Erfolg zu erlangen. Erst in den 80er Jahren des 19. Jahrhunderts fand er die verdiente Anerkennung. Die siebte Symphonie E-Dur (1883) stieß mit dem bemerkenswert schönen Adagio des zweiten Satzes auf großen Zuspruch. 1884 schrieb Bruckner sein herrliches *Te Deum*, ein Werk, dessen Schönheit von den Empfindungen eines tiefgläubigen Mannes zeugt. Drei Jahre später vollendete er seine achte Symphonie c-Moll, die er in der Folge erheblich umarbeitete. Die unvollendet hinterlassene neunte Symphonie d-Moll ist ein Meisterwerk. Bruckners Symphonien beruhen auf der viersätzigen klassischen Tradition, sind aber – ausgehend von Beethovens Neunter – vom Umfang her sehr viel größer angelegt und durchdrungen von der Religiosität des Komponisten.

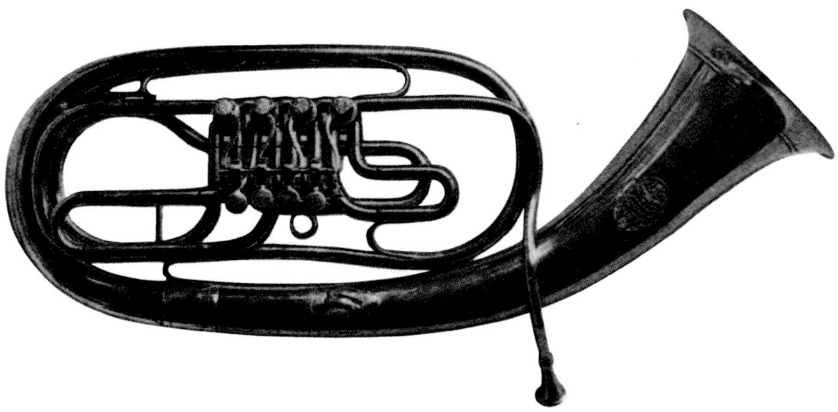

Berlioz und Liszt

Hector Berlioz (1803–1869) schätzte Beethovens Musik außerordentlich, zudem war er von Shakespeare und Goethe stark beeinflusst. 1830 vollendete er seine *Symphonie fantastique*, ein programmatisches Werk in fünf Sätzen, in dem er Episoden aus dem Leben eines Künstlers nachzeichnete. *Harold en Italie*, eine Symphonie für Bratsche und Orchester, entstand 1833. Die Oper *Benvenuto Cellini* (1834–38) blieb jedoch erfolglos. Von 1842 an führten ihn seine Reisen nach Deutschland, England und Russland, wo seine kompositorische Begabung auf größeres Publikumsinteresse stieß als in seinem heimatlichen Frankreich. Weitere Meisterwerke folgten: die dramatische Legende *La damnation de Faust* (1846), das Oratorium *L'enfance du Christ* (1854) und seine bedeutende fünfaktige Oper *Les Troyens* (1855-58). Eine weitere Oper, *Béatrice et Bénédict* (1862), beruht auf der textlichen Vorlage von Shakespeares Komödie Viel Lärm um nichts. Berlioz war nicht nur Komponist, sondern zugleich ein bedeutender Musikkritiker. Seinen Nachruhm verdankt er aber vor allem den Neuerungen, die er in die symphonische Musik einführte, nicht zuletzt seiner Begabung für neue Orchesterfarben und Harmonien. Seine *Instrumentationslehre* ist nach wie vor ein Standardwerk.

Franz Liszt kreierte ein neues, typisch romantisches Genre, die »symphonische Dichtung«, ein groß besetztes Orchesterwerk mit außermusikalischer Vorlage (meist der Malerei oder Literatur entlehnt). Mit programmmusikalischen Werken wie *Mazeppa* (1851), *Les préludes* (1854) und der *Faust-Symphonie* (1854–57) trug er maßgeblich zu dieser Gattung bei.

Oben: **Bruckner am Dirigentenpult, Scherenschnitt aus dem 19. Jahrhundert. Die Musik Wagners erwies sich als reiche Inspirationsquelle für Bruckner. Umgekehrt lobte Wagner Bruckners Kompositionen, von dem er einmal behauptete, dass er der einzige Komponist sei, der es mit Beethoven aufnehmen könne.**

Rechts: **Hector Berlioz, Porträt von Charles Baugniet, 1851. Berlioz trug wesentlich zur Entwicklung des Orchesters bei. Seine Theorien hielt er in der 1843 veröffentlichten Instrumentationslehre *Grand traité d'instrumentation et d'orchestration moderne* fest.**

Hauptwerke

1856–1859	1. Klavierkonzert d-Moll op. 15
1873	*Variationen über ein Thema von Haydn* op. 56a
1876	1. Symphonie c-Moll op. 68
1876	2. Symphonie D-Dur op. 73
1878	Violinkonzert D-Dur op. 77
1880	*Akademische Festouvertüre* op. 80
1881	*Tragische Ouvertüre* op. 81
1881	2. Klavierkonzert B-Dur op. 83
1883	3. Symphonie F-Dur op. 90
1885	4. Symphonie e-Moll op. 98
1887	Konzert für Violine und Violoncello mit Orchester a-Moll op. 102

Klavierwerke

1852	2. Klaviersonate fis-Moll op. 2
1853	1. Klaviersonate C-Dur op. 1
1853	3. Klaviersonate f-Moll op. 5
1854	*Variationen über ein Thema von Schumann* op. 9
1861	*Variationen und Fuge über ein Thema von Händel* op. 24
1868–1880	*Ungarische Tänze für Klavier zu vier Händen*
1873	*Variationen über ein Thema von Haydn für zwei Klaviere* op. 56b
1874	*Liebeslieder.* Walzer für Klavier zu vier Händen op. 52a
1877	*Neue Liebeslieder.* Walzer für Klavier zu vier Händen op. 65a sowie Duos, Rhapsodien, Capricci, Intermezzi, Balladen

Kammermusik

1860	Streichsextett B-Dur op. 18
1861	Klavierquartett g-Moll op. 25
1861	Klavierquartett A-Dur op. 26
1864	Klavierquintett f-Moll op. 34
1865	Streichsextett G-Dur op. 36
1868–1873	Streichquartette c-Moll op. 51/1 und a-Moll op. 51/2
1875	Klavierquartett c-Moll op. 60
1876	Streichquartett B-Dur op. 67
1878–1879	Violinsonate G-Dur op. 78
1882	Klaviertrio C-Dur op. 87
1886	Klaviertrio c-Moll op. 101
1885	Violinsonate A-Dur op. 100
1886–1888	Violinsonate d-Moll op. 108
1891	Klarinettenquintett h-Moll op. 115
1894	Klarinettensonaten f-Moll op. 120/1 und Es-Dur op. 120/2

Chor- und Vokalmusik

1868	*Ein deutsches Requiem* op. 45
1869	Rhapsodie für Alt-Solo, Männerchor und Orchester op. 53
1896	*Vier ernste Gesänge für eine Bassstimme* op. 121 mehr als 200 Lieder

Orgelwerke

1896	*Elf Choralvorspiele* op. 122

Johannes Brahms 1833–1897

Der in Hamburg geborene Brahms erhielt seinen ersten Musikunterricht bei seinem Vater, Klavierunterricht später bei dem hervorragenden Lehrer Eduard Marxsen. Um das Familieneinkommen aufzubessern, musizierte der junge Brahms in Hamburger Hafenkneipen, begann zu dieser Zeit aber schon mit der Komposition. 1853 unternahm er mit dem Geiger Eduard Reményi eine längere Konzertreise. In Hannover begegnete er dem herausragenden jungen Geiger Joseph Joachim, der ihn bei Liszt einführte. Liszt war von den Kompositionen des jungen Mannes beeindruckt. Brahms wandte sich nach Düsseldorf, wo er Robert Schumann kennenlernte. Auch dieser äußerte sich begeistert über die Werke des jungen Brahms. 1857 erhielt er eine Stellung als Klavierlehrer am fürstlichen Hof in Detmold und leitete zugleich einen Frauenchor in Hamburg. 1863 zog er nach Wien, wo einige seiner wichtigsten Werke entstanden. Dazu zählt sein *Deutsches Requiem* (1868), ein bedeutendes Chorwerk nach biblischen Texten, das

Rechts: **Johannes Brahms, auf der Rückseite signierte Fotografie von 1874. Brahms komponierte anstatt programmatischer Musik Orchesterstücke in klassischer Tradition mit romantischer Färbung.**

Links und oben: **Brahms schrieb viele Lieder, die von seiner romantischen Empfindsamkeit zeugen. Oben ist das Titelblatt der *Liebeslieder-Walzer* op. 52 abgebildet (aus einer Publikation um 1905), links das Titelblatt zu einer 1889 veröffentlichten Auswahl von Liedern.**

Brahms unmittelbar zum führenden Exponenten der Musikwelt machte. Die 1869 veröffentlichten *Ungarischen Tänze* für Klavier zu vier Händen waren zwar ungleich leichtere Werke, bedeuteten aber einen glanzvollen Erfolg. Die *Variationen über ein Thema von Haydn* (1873), die sowohl in einer Orchesterfassung wie auch für zwei Klaviere publiziert wurden, fanden ebenfalls hervorragende Aufnahme. Die erste Symphonie c-Moll erschien nach längerer Vorbereitungszeit 1876, die zweite Symphonie D-Dur im darauf folgenden Jahr. Auf diese beiden Meisterwerke folgte eine ganze Reihe weiterer Kompositionen, darunter das Violinkonzert D-Dur (1878), die *Akademische Festouvertüre* (1880), das B-Dur-Klavierkonzert (1882) sowie die dritte und vierte Symphonie (1883 bzw. 1885).

In der Kammermusik konnte es niemand mit Brahms aufnehmen. Zu seinen besten Werken gehören zweifellos die Streichsextette B-Dur (1860) und G-Dur (1865), das Klavierquintett f-Moll (1864), das Klavierquartett c-Moll (1875) und das Klarinettenquintett h-Moll (1891). 1896 vollendete Brahms seine letzten Werke, die *Vier ernsten Gesänge* und die *Elf Choralvorspiele* für Orgel.

Brahms komponierte in allen Gattungen außer der Oper. Als Symphoniker steht der geschickte Kontrapunktiker und insgesamt konservative Komponist in der klassischen Tradition; er behielt das viersätzige Formschema bei und vermied jeden Hinweis auf programmatische Elemente. In seinen Werken gibt es jedoch ausgesprochen romantische Züge, wie man sie beispielsweise in seinem Violinkonzert und in den vielen Liedern findet.

Gustav Mahler 1860–1911

Oben links: **Gustav Mahler, 1898. Bei seinem Tod war Mahler vor allem als Dirigent geschätzt. Er war ein Perfektionist, der seinen Orchestern immense Leistungen abverlangte. In der Geschichte der Wiener Oper, deren Direktor er 1897 wurde, prägte er eine der glanzvollsten Epochen des Hauses.**

Links: ***Der wohlgerüstete Starke*, Detail aus dem Beethovenfries des österreichischen Malers und Grafikers Gustav Klimt, angeblich eine Darstellung von Gustav Mahler selbst.**

Der in Kalischt/Böhmen geborene Gustav Mahler gab sein erstes öffentliches Klavierkonzert im Alter von zehn Jahren. Das wichtigste seiner frühen Werke, die Kantate *Das klagende Lied* für Soli, Chor und Orchester (1878), fiel jedoch durch. 1883 komponierte er den Liedzyklus *Lieder eines fahrenden Gesellen* und begann sich mit der Komposition der ersten Symphonie auseinanderzusetzen. Er hatte eine Reihe bedeutender Positionen in Leipzig (1886–88), Budapest (1888–91) und Hamburg (1891–97) inne und machte sich allmählich einen Namen als Dirigent von Wagner- und Mozartopern. Seine Symphonie Nr. 1 D-Dur wurde bei der Uraufführung in Budapest 1889 beim Publikum nicht besonders gut aufgenommen. Die symphonischen Dichtungen scheinen die Zuhörer eher verwundert zu haben. 1894 beendete er seine umfangreiche zweite Symphonie in fünf Sätzen, die im darauf folgenden Jahr in Berlin erfolgreich uraufgeführt wurde. Sie war für ein großes Orchester, Sopran- und Alt-Solo sowie gemischten Chor konzipiert und enthielt ebenso wie seine dritte und vierte Symphonie Lieder aus seinem Zyklus *Des Knaben Wunderhorn*. 1897 übernahm Mahler die musikalische Leitung der Wiener Hofoper, die damit in eine der glanzvollsten Epochen ihrer Geschichte eintrat.

Mahlers fünfte, sechste und siebte Symphonie – entstanden zwischen 1901 und 1905 – sind reine Instrumentalwerke und weisen sehr viel weniger programmatische Elemente als ihre Vorgänger auf. Die *Kindertotenlieder* schloss Mahler 1904 ab. 1907 musste er seine Stellung an der Wiener

Das Plakat für die Uraufführung von Mahlers Achter Symphonie, die er 1910 in München dirigierte. Mahler konzipierte die Symphonie in zwei Chorsätzen, wobei er im ersten Teil einen lateinischen Hymnus, im zweiten die Schlussszene aus Goethes *Faust* vertonte. Die Aufführung war ein riesiges Unternehmen – beteiligt waren mehr als tausend Ausführende – sodass das Werk schnell den Beinamen »Symphonie der Tausend« erhielt.

Hauptwerke

Symphonien

1884–1888	Symphonie Nr. 1 D-Dur
1887–1894	Symphonie Nr. 2 c-Moll
1893–1896	Symphonie Nr. 3 d-Moll
1900	Symphonie Nr. 4 G-Dur
1902	Symphonie Nr. 5 cis-Moll
1903–1905	Symphonie Nr. 6 a-Moll
1905	Symphonie Nr. 7 e-Moll
1907	Symphonie Nr. 8 Es-Dur
1910	Symphonie Nr. 9 D-Dur
1910	Symphonie Nr. 10 Fis-Dur (unvollendet)

Chormusik und Lieder

1879–1899	*Das klagende Lied* (verschiedene Fassungen)
1883–1885	*Lieder eines fahrenden Gesellen*
1888–1899	*Des Knaben Wunderhorn*
1901–1904	*Kindertotenlieder*
1908	*Das Lied von der Erde*

Die Philharmonie, Gemälde von Max Oppenheimer, 1935–52. Es zeigt Gustav Mahler als Dirigent der Wiener Philharmoniker, ein Amt, das er 1898 antrat. Sein rücksichtsloses Bestehen auf höchster Qualität überzeugte im gleichen Maße, wie es die Geister spaltete. Mahler musste das Dirigat aufgrund des Widerstands gegenüber seinen diktatorischen Methoden schließlich abgeben.

Oper auf Grund einer antisemitischen Pressekampagne aufgeben. Daraufhin nahm er ein Engagement in New York an, wo er als Dirigent beachtlichen Erfolg hatte, aber jeden Sommer nach Österreich zurückkehrte, um dort auf dem Land zu komponieren. 1908 schrieb er *Das Lied von der Erde*, einen Liedzyklus fast symphonischen Ausmaßes. Mit der Symphonie Nr. 8 (1907), die auch als *Symphonie der Tausend* bekannt ist, sprengte Mahler den Rahmen der Gattung, da es sich eigentlich um zwei ausgedehnte Chorsätze handelt. Das Stück hat wahrhaft beeindruckende Ausmaße, zur Aufführung bedarf es eines Orchesters und Chores von insgesamt mehr als tausend Mitwirkenden. Die Resonanz war bei der Uraufführung 1910 offensichtlich überwältigend, Mahler wurde umjubelt. Die neunte Symphonie wurde zusammen mit dem *Lied von der Erde* erst nach dem Tod des Komponisten uraufgeführt, sie kennzeichnet die Rückkehr zum ursprünglich viersätzigen, rein orchestralen Werk. Die unvollendete Zehnte beeindruckt durch die Verwendung eines aus neun Tönen bestehenden extrem dissonanten Akkords, der erstmals im Eingangssatz erklingt.

Mahler, der mit Orchestern bisher ungekannter Größe arbeitete, trieb die symphonischen Strukturen der Spätromantik bis an ihre Grenzen. Trotz der programmatischen Elemente in vielen seiner Werke war er sowohl Erbe einer Tradition, die von Haydn bis zu Bruckner reichte, wie auch Vorläufer der musikalischen Umbrüche des 20. Jahrhunderts. Seine Experimente mit der Tonalität, die dazu führten, dass ein Stück manchmal in einer anderen als der Ausgangstonart endet, bahnten Arnold Schönberg und anderen Mitgliedern der 2. Wiener Schule, auf die Mahler bedeutenden Einfluss haben sollte, den Weg.

Symphonische Musik in Deutschland und Frankreich

Richard Strauss (1864–1949), der nur vier Jahre jünger als Mahler war, wurde durch die symphonische Musik Berlioz' und Liszts inspiriert. Der gebürtige Münchner begann schon im Alter von sechs Jahren zu komponieren und als er die Schule verließ, konnte er schon eine Symphonie, Lieder, Orchesterwerke und Kammermusik vorweisen. Nach einigen Semestern Philosophie an der Münchner Universität widmete er sich ganz der Musik. Seine Ausbildung und spätere Karriere als Dirigent verdankte er maßgeblich Hans von Bülow; in den Folgejahren übernahm er Dirigate in München, Weimar und Berlin und wurde schließlich Leiter der Wiener Staatsoper (1919–24).

Seine Komponistenlaufbahn begann mit der Uraufführung der symphonischen Dichtung *Don Juan* (1889). Das Werk beeindruckte auf Grund der hervorragenden Tonmalerei und ausgezeichneten Instrumentierung. Bei *Tod und Verklärung* (1889) und *Also sprach Zarathustra* (1896) handelt es sich eher um philosophische und nachdenklichere Werke. Seine symphonischen Dichtungen *Till Eulenspiegels lustige Streiche* (1895) und *Don Quixote* (1897) sind programmmusikalische Werke und zeugen von tiefen psychologischen Einblicken. *Ein Heldenleben* (1898) hält man in Fachkreisen für ein autobiographisches Werk, da es die Bemühungen des Komponisten um Anerkennung thematisiert. Die *Sinfonia domestica* (1903) gibt hingegen eine genaue Beschreibung des Alltagslebens im Hause Strauss. 1915 erlebte seine letzte symphonische Dichtung, *Eine Alpensymphonie*, in Berlin ihre Uraufführung.

Die letzten Kompositionen von Strauss waren das Zweite Hornkonzert (1943), die *Metamorphosen*, eine Studie für 23 Solostreicher, sowie das Oboenkonzert (beide 1945) und seine *Vier letzten Lieder* (1948) – ein treffendes Vermächtnis des bedeutenden Liedkomponisten. Strauss wurde als würdiger Nachfolger Wagners gefeiert. Diesem zollte er gebührenden Tribut, verehrte aber auch die Werke Mozarts. Den Einfluss solch unterschiedlicher Vorbilder erkennt man beispielsweise an dem Kontrast von *Der Rosenkavalier* und *Die Frau ohne Schatten*. Strauss verstand es auf meisterliche Weise einen großen Orchesterapparat zu herrlichen Klängen zusammenzuführen und beeinflusste darüber hinaus ganz maßgeblich die Entstehung der symphonischen Dichtung.

Richard Strauss, Bleistiftzeichnung. Strauss trug maßgeblich zur Entwicklung der Symphonischen Dichtung bei, die er mit der gleichen Leidenschaft und Wärme erfüllte wie seine skandalösen Opern.

Im späten 19. Jahrhundert wurde in Frankreich die symphonische Tradition Berlioz' und Liszts durch Saint-Saëns, Franck, d'Indy und anderen weitergetragen. Zu den Werken des aus Belgien stammenden César Franck (1822–1890) gehört die Symphonie d-Moll (1888), die vor allem auch durch ihre reiche Chromatik und zyklische Anlage besticht. Weitere Werke von Franck sind die *Variations symphoniques* (1885) für Klavier und Orchester, symphonische Dichtungen im Stile Liszts und das Streichquartett D-Dur (1889). Vincent d'Indy (1851–1931) legte seiner *Symphonie sur un chant montagnard français* op. 25 ein Volkslied zu Grunde, ein Werk, das Elemente sowohl des Klavierkonzerts wie auch der Symphonie in sich vereinigt. Ernest Chausson (1855–1899) wird vor allem für seine Symphonie B-Dur (1891) sowie sein *Poème* für Violine und Orchester (1896) erinnert.

Von Emmanuel Chabrier (1841–1894), der stark von spanischer Musik beeinflusst war, kennt man am besten seine farbenreiche Rhapsodie für Orchester, *España* (1883). Chabrier war zugleich ein streitbarer Wagneria-

Werbeanzeige für einen Flügel der Firma Steinweg, 1923. Gegen Ende des 18. Jahrhunderts wurde das Klavier zum wichtigsten Tasteninstrument.

***Chopin im Salon des Fürsten Anton Radziwill*, Gemälde aus dem Jahr 1887. Chopins zarter und empfindsamer Klavierstil passte glänzend zu dem verfeinerten Lebensstil in den Salons.**

ner, dessen Opern *Gwendoline* (1885) und *Le roi malgré lui* (1887) den Einfluss des Meisters deutlich belegen. Auch als Komponist bedeutender Klaviermusik zeichnete sich Chabrier aus, darunter die *Pièces pittoresques* (1881). Spanisches Kolorit zeigt sich auch in der Musik von Edouard Lalo (1823–1892). Lalo hatte mit seiner *Symphonie espagnole* für Violine und Orchester (1875) und mit seinem Cellokonzert (1876) großen Erfolg. Weitere bedeutende Werke sind die Symphonie g-Moll (1887), ein Violinkonzert und die Oper *Le roi d'Ys* (1888), die als sein Meisterwerk gilt. Paul Dukas (1865–1935) kennt man vor allem auf Grund seiner berühmten symphonischen Dichtung *L'apprenti sorcier* (1887) sowie der Oper *Ariane et Barbe-bleue* (1907).

Das Klavier

Gegen Ende des 18. Jahrhunderts begann das Klavier das Cembalo als führendes Tasteninstrument zu ersetzen. Das Klavier zeichnete sich gegenüber dem Cembalo vor allem durch größere dynamische Differenzierungsmöglichkeiten sowie dramatischere Kontraste aus. Zu den ersten Komponisten, die diese klanglichen Möglichkeiten nutzten, gehörten Mozart und Haydn. Das Instrument erfuhr in den frühen Jahren des 19. Jahrhunderts aber noch ganz erhebliche Entwicklungen. Der Tonumfang wurde auf sieben Oktaven erweitert und das Instrument erhielt einen gusseisernen Rahmen, der eine stärkere Saitenspannung und auf diese Weise sowohl größere Lautstärke wie auch größere Klangfülle erlaubte. Diese Neuerungen ermöglichten einerseits eine größere klangliche Vielfalt, bewirkten aber auch, dass man das Instrument in den neuen größeren Konzertsälen deutlicher hören konnte. Das Klavier wurde in Gattungen wie dem Konzert – als Soloinstrument – und der Sonate schnell zum beliebtesten Instrument überhaupt. Angefangen mit Beethoven brach-

ten Komponisten ihre innersten Empfindungen in Klavierwerken zum Ausdruck, sodass das Repertoire bald enorm anwuchs.

Zu den bedeutendsten Komponisten von Klaviermusik gehören zweifelsohne Chopin und Liszt, die beide hervorragende Pianisten waren. Der in Warschau geborene Frédéric Chopin (1810–1849) ließ sich 1831 in Paris nieder. In den riesigen Sälen konnte er sich mit seinem zarten Anschlag nicht durchsetzen, doch die geräumigen Salons großer Privathäuser boten für sein Spiel den idealen Rahmen. Chopin schrieb fast ausschließlich für das Klavier, seine Polonaisen, Scherzi und Balladen sowie Préludes, Mazurken und Walzer zeichnen sich durch Klangfülle, melodische Schönheit und farbige Harmonik aus. In den Mazurken und Polonaisen klingen die Tanzrhythmen seiner polnischen Heimat an. Zu seinen bedeutendsten Werken gehören die Etüden, darunter die so genannte *Revolutionsetüde* c-Moll op. 10 Nr. 12. Chopins besondere Originalität liegt in der Erweiterung der klassischen Harmonik, seinen kühnen Experimenten sowie in der geschickten Behandlung von Modulationen. Weitere Meisterwerke sind die beiden späten Klaviersonaten in b-Moll op. 35 und in h-Moll op. 58 sowie die *Fantasie* f-Moll op. 49. Chopin hatte darüber hinaus maßgeblichen Einfluss auf die Entwicklung der modernen Klaviertechnik.

Der ungarische Pianist und Komponist Franz Liszt bei einem Konzert in Berlin, 1847. Liszt, der sich besonders bei der weiblichen Zuhörerschaft großer Sympathie erfreute, war eine vielseitige Persönlichkeit. Er hatte ein impulsives Temperament, seine Affären waren allgemein bekannt und dennoch war er ein tief religiöser Mensch.

Der im ungarischen Raiding geborene Franz Liszt (1811–1886) debütierte im Alter von neun Jahren als Pianist. 1924 trat er erstmals in Paris auf und wurde begeistert aufgenommen. In Paris machte er die Bekanntschaft von Berlioz und Chopin, die beide seine weitere musikalische Entwicklung entscheidend prägten. Das Erlebnis Paganini veranlasste ihn zu dem Entschluss dessen virtuose Technik auf das Klavier zu übertragen. 1833 schrieb Liszt eine Klavierfassung von Berlioz' *Symphonie fantastique*. Diese Klavierbearbeitung war das erste einer langen Reihe ähnlicher Werke, mit der er die Vielseitigkeit des Instruments belegte und die so übertragene Musik einem größeren Publikum zugänglich machte.

Gegen Ende der 30er Jahre konzertierte Liszt in ganz Europa und wurde überall stürmisch bejubelt. 1848 wurde er zum Hofkapellmeister in Weimar ernannt. Seine Werke aus diesen Jahren, darunter die *Etudes d'exécution transcendante* (1851), die *Années de pèlerinage* (um 1854) und die erste Gruppe der *Ungarischen Rhapsodien* (1855) sind sowohl farbig wie auch ideenreich. Das Klavierwerk Liszts, das die Möglichkeiten des Instruments voll ausmisst, setzt eine ausgezeichnete pianistische Technik voraus. Liszts Beiträge zur Entwicklung der Klaviermusik sind von erheblicher Bedeutung; in seinen späteren Werken nahm er die harmonische Tonsprache des 20. Jahrhunderts vorweg.

Weitere Klavierkomponisten der Frühromantik waren Felix Mendelssohn und Robert Schumann (1810–1856). Von Mendelssohn sind die *Lieder ohne Worte* am bekanntesten. Robert Schumanns Klaviermusik gehört zusammen mit seinen Liedern zu seinen wichtigsten Werken. Sowohl die *Etudes symphoniques* op. 13 (1834) als auch der *Carnaval* op. 9 (1835) bezogen ihre thematische Anregung aus einer Liebesaffäre des Komponisten.

1834 wurde Schumann zum Mitbegründer und Herausgeber der *Neuen Zeitschrift für Musik*. Er erwies sich als scharfsichtiger Kritiker, der die Werke romantischer Komponisten favorisierte. Während der 30er Jahre schrieb Schumann weiterhin Klavierwerke wie die *Fantasie* C-Dur op. 17 (1836), die *Kinderszenen* op. 13 und die *Kreisleriana* op. 16 (beide 1838). 1840 komponierte er die Liederzyklen *Dichterliebe* op. 48 und *Frauenliebe und -leben* op. 42. Im darauf folgenden Jahr entstand seine erste Sympho-

Titelblatt der Partitur zu Rimski-Korsakows Oper *Der goldene Hahn*. Die Partitur wurde anlässlich der Moskauer Uraufführung am 24. September 1909 publiziert. Diese im Westen bekannteste Oper des Komponisten erregte bei ihrer Entstehung den Zorn der russischen Zensur.

Nikolai Rimski-Korsakow, Zeichnung von Ilja Repin, 1888. Rimski-Korsakow war ein führendes Mitglieder des »mächtigen Häufleins«, dessen nationalistische Ziele er voll unterstützte. Er schrieb als erster russischer Komponist eine Symphonie.

Der Oper fehlt wie auch *Boris Godunow* eine klare Gliederung; die nachhaltige Beliebtheit des Werkes gründet sich auf die farbenreiche Musik, die ungewöhnlichen harmonischen Fortschreitungen sowie die exotischen Anklänge. Zu den bekannten Werken Borodins gehören die symphonische Dichtung *Eine Steppenskizze aus Mittelasien* (1880) und das zweite Streichquartett D-Dur (1885).

Von Nikolai Rimski-Korsakow (1844–1908) stammt die erste eigenständige russische Symphonie. Das Werk wurde 1865 erfolgreich in St. Petersburg uraufgeführt und in der Folge wurde Rimski-Korsakow zu einem führenden Mitglied des »mächtigen Häufleins«. Seine erste Oper, *Das Mädchen von Pskow*, kam 1873 zur Uraufführung. Ein Jahr darauf dirigierte er die Uraufführung seiner dritten Symphonie, sollte aber noch größeren Ruhm mit seinen Opern und symphonischen Dichtungen erlangen, in denen er aus der Kindheit erinnerte Volksmusik verarbeitete. Die Sujets seiner 15 Opern entlehnte er slawischen Volksmärchen und der russischen Geschichte. Zu seinen bedeutendsten Werken gehören *Schneeflöckchen* (1880–81), *Sadko* (1898), *Die Sage von der unsichtbaren Stadt Kitesh und der Jungfrau Fewronija* (1907) sowie *Der goldene Hahn* (1909). Seine Werke bestechen eher durch ihre Verbindung von Phantasie und Übernatürlichem als durch dramatische Gestaltungskraft. Rimski-Korsakows Vorliebe für eine reiche Orchesterkoloristik wird in seinen symphonischen Suiten *Capriccio espagnol* op. 34 (1887), *Scheherazade* op. 35 (1888) sowie in der Ouvertüre *La grande Pâque russe* op. 36 (1888) deutlich. Er überarbeitete immer wieder seine früheren Werke und revidierte auch in erheblichem Maße Kompositionen Mussorgskis – nicht immer mit glücklichen Ergebnissen. Igor Strawinsky, Alexander Glasunow und Sergej Prokofiew gehörten zu Rimski-Korsakows Schülern. So beeinflusste das Werk der ersten russischen Komponistengeneration die Entwicklung der russischen Musik im 20. Jahrhundert.

Peter I. Tschaikowsky 1840–1893

Hauptwerke

Opern
1869 *Der Wojewode* op.3
1873 *Schneewittchen* op.12
1879 *Eugen Onegin* op.24
1881 *Die Jungfrau von Orléans*
1890 *Pique Dame* op.68

Ballette
1877 *Schwanensee* op.20
1890 *Dornröschen* op.66
1892 *Nussknacker* op.71

Orchesterwerke
1869 *Romeo und Julia*. Fantasie-Ouvertüre
1872 Symphonie Nr. 2 c-Moll op. 17 (die *Kleinrussische*)
1875 Symphonie Nr. 3 D-Dur op. 29 (die *Ruthenische*)
1875 Klavierkonzert Nr. 1 b-Moll op. 23
1876 *Francesca da Rimini* op. 32. Orchesterfantasie
1876 *Marche Slave* h-Moll op. 31
1877 Variationen über ein Rokoko-Thema für Violoncello und Orchester op. 33
1877 Symphonie Nr. 4 f-Moll op. 36
1878 Violinkonzert D-Dur op. 35
1880 Klavierkonzert Nr. 2 G-Dur op. 44
1880 Serenade für Streichinstrumente C-Dur op. 48
1880 *Capriccio italien* op. 45
1880 *Ouvertüre 1812* op. 49
1885 *Manfred-Symphonie* op. 58
1888 Symphonie Nr. 5 e-Moll op. 64
1888 *Hamlet* op. 67a. Ouvertüren-Fantasie
1893 Symphonie Nr. 6 h-Moll op. 74 *Pathétique*

Kammermusik
1871, 1874, 1876 Drei Streichquartette op. 11; op. 22; op. 30
1890 Streichsextett *Souvenir de Florence* op. 70

Vokalmusik
Mehr als 100 Lieder, darunter
1869 *Nur wer die Sehnsucht kennt* op. 6 Nr. 6
1876 *Don Juans Serenade* (nach Tolstoi) op. 38 Nr. 1

Anton Rubinstein, Leiter des Konservatoriums in St. Petersburg, beim Dirigieren. Die große Popularität der Werke von Tschaikowsky veranlasste Rubinstein zur Auseinandersetzung mit der Frage nach der Qualität von dessen Kompositionen, vor allem des ersten Klavierkonzerts. Das Publikum teilte seine Meinung jedoch nicht, und das Werk wurde bei seiner Uraufführung in Boston im Jahr 1875 begeistert aufgenommen.

Oben: **Sein Leben lang quälten Tschaikowsky Schuldgefühle aufgrund seiner Homosexualität. Seinen Tod – angeblich starb er an der Cholera, die er sich durch das Trinken verseuchten Wassers zugezogen hatte – hält man heute möglicherweise für Selbstmord.**

Links: **Alicia Markowa in Tschaikowskys Ballett *Schwanensee*, 1910. Tschaikowsky ist vor allem für seine Ballette berühmt, die mit ihren kraftvollen Empfindungen und bezaubernden Musik stets das Publikum begeisterten.**

Schon in jungen Jahren zeigte Tschaikowsky eine ausgesprochen musikalische Begabung. 1862 trat er als Student von Anton Rubinstein in das Konservatorium von St. Petersburg ein. 1866 übernahm er am Konservatorium in Moskau eine Professur für Harmonielehre. Seine 1866 uraufgeführte Symphonie Nr. 1 g-Moll *Winterträume* wurde wohlwollend aufgenommen; im Zuge der damit verbundenen Vorbereitungen erlitt der Komponist jedoch einen Nervenzusammenbruch. Etwa zu dieser Zeit machte er die Bekanntschaft des »mächtigen Häufleins« und komponierte auf Anregung von Balakirew die Fantasie-Ouvertüre *Romeo und Julia*. Das Werk fiel bei der ersten Aufführung 1869 durch und wurde von Tschaikowsky später revidiert. Seine Oper *Der Wojewode*, die im gleichen Jahr ihre Uraufführung erlebte, war ebenso erfolglos. In den frühen 70er Jahren des 19. Jahrhunderts erlebte Tschaikowsky jedoch eine bessere Resonanz auf seine Werke, er vollendete die zweite und dritte Symphonie (1872 bzw. 1875), komponierte zwei Streichquartette, sein Klavierkonzert Nr. 1 b-Moll (1875) und das 1877 uraufgeführte Ballett *Schwanensee*.

1878 entstanden die Oper *Eugen Onegin*, das Violinkonzert D-Dur und die 4. Symphonie f-Moll. 1880 folgten das *Capriccio italien*, die *Ouvertüre 1812*, die Streicherserenade C-Dur und das 2. Klavierkonzert G-Dur. Im folgenden Jahr gab Tschaikowsky seine Stelle am Moskauer Konservatorium auf und verbrachte nun den größten Teil seiner Zeit mit Reisen ins Ausland. 1888, im Jahr der Vollendung der Symphonie Nr. 5 e-Moll, unternahm der Komponist eine ausgedehnte Auslandsreise als Dirigent. Zwei Jahre zuvor hatte er seine *Manfred-Symphonie* vollendet. Die Ballettmusiken für *Dornröschen* (1889) und *Der Nussknacker* (1892) bestätigten seine meisterhafte Beherrschung auch dieses Genres, seine Oper *Pique Dame* (1890) verzeichnete einen unmittelbaren Erfolg. Die Symphonie Nr. 6 b-Moll, die unter dem Namen *Pathétique* bekannt ist, wurde 1893, nur wenige Tage vor dem Tod des Komponisten, uraufgeführt.

Die große Beliebtheit der Werke Tschaikowskys führte zu erregten Debatten über die Qualität seiner Musik. Die starke Emotionalität in seinen Werken wurde bei diesen Diskussionen sowohl als besondere Qualität hervorgehoben wie auch zur Begründung abwertender Urteile herangezogen. Tschaikowsky war unzweifelhaft der erste bedeutende russische Symphoniker; auch wenn seine Symphonien nicht alle von gleicher Qualität sind, zeichnet sich die Vierte zweifellos durch ihre hervorragende Orchesterbehandlung und reiche Melodik aus. Im Bereich seiner Bühnenwerke feierte Tschaikowsky besondere Erfolge mit seinen drei Ballettpartituren *Schwanensee*, *Dornröschen* und *Der Nussknacker*. Doch auch die Opern *Eugen Onegin* und *Pique Dame* zeichnen sich durch bühnenwirksame Intensität und einfühlsame musikalische Porträts der Protagonisten aus. Zu seinen weiteren berühmten Orchesterwerken gehören die vielfach umgearbeitete Ouvertüre *Romeo und Julia*, die Orchesterfantasie *Francesca da Rimini* und die *Streicherserenade*.

Böhmische Musik

Die Musik Böhmens stand jahrhundertelang unter dem Einfluss Westeuropas. Erst im 19. Jahrhundert wuchs dort eine eigene Tradition der Komposition und des Musizierens. Zu den bedeutendsten Vertretern gehörten der Pianist und Komponist Johann Ladislaus Dussek (1770–1812) sowie František Škroup (1801–1862), der die erste tschechische Oper komponierte. Der Begründer einer eigenen nationalen Schule war aber zweifellos Bedřich Smetana (1824–1884). Er übernahm bei der Einrichtung der tschechischen Nationaloper 1861 in Prag eine führende Rolle. Zu dieser Zeit hatte er zwar schon symphonische Dichtungen komponiert, seine Musik geriet aber erst mit seinen ersten beiden Opern ins öffentliche Blickfeld: *Die Brandenburger in Böhmen* und *Die verkaufte Braut* wurden beide 1866 vor einem begeisterten Publikum uraufgeführt. Smetana, der zeit seines Lebens schlecht hörte, ertaubte 1874 vollends. Dennoch begann er den aus sechs symphonischen Dichtungen bestehenden Werkzyklus *Mein Vaterland*, den er 1879 beendete. Das bekannteste Werk des Zyklus' ist die *Moldau*, in der er in einer wunderbar erzählenden Tonsprache den Verlauf des heimatlichen Flusses von den Anfängen als kleines Rinnsal bis zur majestätischen Annäherung an die Stadt Prag nachzeichnet. Smetanas Streichquartett Nr. 2 d-Moll *Aus meinem Leben* (1876) ist eine musikalische Autobiographie, in der ein im letzten Satz wiederholter hoher Ton das pfeifende Geräusch imitiert, das auf die Taubheit des Komponisten hinweist. Der typisch nationale Ton in Smetanas Werken beruht sowohl auf der Wahl seiner Stoffe – böhmische Geschichte, Legenden und Landschaften – wie auch auf der Verwendung von Melodien, die Volksliedern und Rhythmen heimatlicher Tänze nachempfunden waren.

Antonín Dvořák, 1879. Dvořák war ein Meister darin, volkstümliche Lieder und Tänze in seine Kompositionen zu integrieren. Das gilt für Werke wie die *Slawischen Tänze* und sein heimatliches Böhmen ebenso wie für die *Symphonie aus der neuen Welt* und die USA.

Antonín Dvořák (1841–1904) war der erste böhmische Komponist, der internationalen Ruhm erlangte. 1875 erhielt er von der österreichischen Regierung – ein Mitglied des Preisgerichts war Johannes Brahms – ein Stipendium. Brahms suchte außerdem einen Verleger für Dvořáks Werke. Die von Fritz Simrock herausgegebenen *Slawischen Tänze* (1878) machten Dvořák in weiten Kreisen bekannt. Seine geistliche Komposition *Stabat Mater* (1877) trug zu seinem Ruhm, der mittlerweile bis in die USA reichte, weiter bei. 1885 vollendete er sein wohl bestes Orchesterwerk, die Symphonie Nr. 7 d-Moll op. 70. Der Komponist selbst dirigierte die Uraufführung in London. Die Symphonie Nr. 8 G-Dur op. 88 entstand 1889, das *Requiem* op. 89 im darauf folgenden Jahr.

1892 nahm Dvořák eine Stelle am Nationalkonservatorium in New York an. Dort komponierte er die berühmte Symphonie Nr. 9 e-Moll op. 95 *Aus der Neuen Welt* (1893), in der amerikanische Volkslieder anklingen. Andere Werke aus dieser produktiven Zeit waren das Streichquartett F-Dur op. 96 (1893) und das herrliche Cellokonzert h-Moll op. 104 – vielleicht das beste Konzert, das für dieses Instrument je komponiert wurde. Der von Sehnsucht nach seiner Heimat geplagte Dvořák kehrte schließlich nach Prag zurück und konzentrierte sich auf die Komposition symphonischer Dichtungen sowie seiner auf einem Märchen beruhenden Oper *Rusalka* (1901). Zu seinen bedeutendsten kammermusikalischen Werken gehören das Klavierquintett A-Dur op. 81 (1887) und das Klaviertrio *Dumky* e-Moll op. 90 (1891). Dvořáks Stärke als Komponist lag in seiner Fähigkeit, die heimatliche Volksmusik in den klassischen Kanon symphonischer und kammermusikalischer Werke harmonisch einzubinden.

Musik in Nordeuropa

Oben links: **Autographe Partitur der Violinsonate Nr. 2 G-Dur op. 13 von Edvard Grieg. Der größte Teil von Griegs Musik ist für kleine Besetzungen geschrieben. Sogar mit ganz wenigen Tönen gelang es ihm, eine ganz eigene, lyrische Musik zu komponieren, die Melodien und Rhythmen seiner norwegischen Heimat aufnimmt.**

Oben rechts: ***Peer Gynt* von Edvard Grieg, Bühnenbild zum ersten Akt nach Ibsens Schauspiel anlässlich einer Aufführung in Leningrad 1922. Die Oper war bei der Uraufführung 1876 ein voller Erfolg, und Grieg wurde zu einem Nationalhelden.**

Die Musik im Norden Europas war stark von deutscher Tradition geprägt. Mit dem Erstarken des Nationalismus im 19. Jahrhundert begannen aber auch die skandinavischen Komponisten, sich mit der Musik ihrer Heimat zu beschäftigen. Der in Bergen geborene Norweger Edvard Grieg (1843–1907) studierte als junger Mann in Leipzig, wo er von der frühromantischen Musik Mendelssohns und Schumanns nachhaltig geprägt wurde. 1863 ging er nach Kopenhagen; dort lenkte die Begegnung mit dem norwegischen Nationalkomponisten Rikard Nordraak (1842–1866) seine weitere musikalische Entwicklung in ganz neue Bahnen. So sind die *Humoresken* für Klavier (1865) von norwegischen Volksliedern beeinflusst, ebenso wie die *Lyrischen Stücke*, deren erste er 1867 komponierte. Im folgenden Jahr schrieb er eines seiner bekanntesten Werke, das Klavierkonzert a-Moll, das ihm die Anerkennung Liszts sicherte. Auf Bitten Henrik Ibsens verfasste Grieg die Bühnenmusik zu dessen Schauspiel *Peer Gynt*, einer Gestalt aus der norwegischen Volkssage. Mit der erfolgreichen Uraufführung dieses Werkes 1876 festigte Grieg seinen Rang als bedeutendster Komponist seines Landes. Zu seinen Orchesterwerken gehört die *Holberg-Suite* (1884), wenngleich Grieg meist in kleineren Genres wirkte.

Carl Nielsen (1865–1931) wurde in der Nähe der dänischen Stadt Odense geboren. Seine frühen Kompositionen zeugen vom Einfluss der deutschen Romantik. In seiner ersten Symphonie (1892) behält er die Strukturen der Klassik zwar bei, verbindet diese Formen aber mit einer fortschrittlichen harmonischen Sprache – das Werk endet in einer anderen als der Ausgangstonart. Dieses Strukturprinzip übernahm er auch in seinen späteren Symphonien, vor allem in der fünften, die sich durch den kühnen Einsatz gewagter Harmonien auszeichnet. Zu seinen weiteren Werken zählen eine Oper, *Saul und David* (1902), Kammermusik, ein Violin- und ein Klarinettenkonzert.

Jean Sibelius (1885–1957) aus dem finnischen Tavastehus, machte sich als Komponist schnell einen Namen. Seine starken nationalen Empfindungen fanden ihren Ausdruck in einer Reihe symphonischer Dichtungen, die zum Teil auf finnischen Legenden beruhen, darunter *En Saga* op. 9 (1892) und *Der Schwan von Tuonela* (1893) mit dem unendlich traurigen Solo für Englischhorn. 1899 veröffentlichte Sibelius seine erste Symphonie e-Moll op. 39 sowie seine berühmteste symphonische Dichtung, *Finlandia* op. 26. Obwohl Letztere weitgehend herkömmlichen Formen folgt, zeigt sich hier bereits die Individualität des Komponisten. Seine zweite Symphonie D-Dur op. 43 erschien 1901, zwei Jahre später das lyrische Violinkonzert d-Moll op. 47, das sofort zum Erfolg wurde. Die dreisätzige dritte Symphonie C-Dur op. 52 zeigt mehr noch als das zweite Werk dieser Gattung eine Abkehr von der traditionellen symphonischen Formsprache. Die herbe vierte Symphonie a-Moll op. 63 (1911) wurde zögernd aufgenommen, die fünfte Symphonie Es-Dur op. 82 (1915) sollte das beliebteste Werk des Komponisten in diesem Genre werden. Die sechste Symphonie d-Moll op. 104 wurde 1923 uraufgeführt, die siebte und letzte Symphonie C-Dur op. 105 im darauf folgenden Jahr. Die elegische symphonische Dichtung *Tapiola* op. 112, ein von finnischer Mythologie beeinflusstes Stück, kam 1826 zur Uraufführung. Danach schrieb Sibelius keine nennenswerten Werke mehr. Seine eigentliche Leistung liegt in den strukturellen Erneuerungen, die er in die Formsprache der Symphonie einführte: die Abkehr von der Form des Sonatensatzes und die allmähliche Herausbildung eines Hauptthemas, das gelegentlich aus verschiedenen Motiven entwickelt wird, bis es schließlich als Ganzes erscheint. Die einsätzige siebte Symphonie, die eine durchgehende klangliche Einheit bildet, bedeutet die logische Konsequenz aus Sibelius' symphonischer Arbeit.

Ganz oben: **Jean Sibelius auf der Terrasse seines Hauses in Finnland, 1907. Sibelius ließ sich bei mehreren seiner Symphonischen Dichtungen und Lieder – er schrieb über 100 – von finnischen Legenden inspirieren.**

Oben: **Beatrice Harrison bei einer Aufnahme mit Edward Elgar am 15. November 1920. Nach dem Tod seiner Frau im Jahr 1920 zog sich Elgar von der Komposition fast völlig zurück. Zu dieser Zeit stand sein Rang als bedeutendster englischer Komponist seit Purcell bereits fest.**

Musik in England

Das englische Musikleben Ende des 19. Jahrhunderts wurde vor allem durch vier Komponisten wiederbelebt. Es waren dies Sir Arthur Sullivan (1842–1900), der gemeinsam mit seinem Librettisten W. S. Gilbert eine Reihe außerordentlich beliebter Operetten schrieb, darunter *Iolanthe* (1882), *The Mikado* (1885) und *The Gondoliers* (1889). Darüber hinaus komponierte Sullivan ein Oratorium, eine Oper und kammermusikalische Werke – leider sind diese Beiträge heute in Vergessenheit geraten. Sir Hubert Parry (1848–1918) trat mit Oratorien, Anthems und Kantaten hervor. Der gebürtige Ire Sir Charles Stanford (1852–1924) war sowohl Komponist wie auch Lehrer und schrieb vor allem kirchenmusikalische Werke.

Der bedeutendste englische Komponist des ausgehenden 19. Jahrhunderts war zweifelsohne Sir Edward Elgar (1857–1934). Der Sohn eines Musikalienhändlers war weitgehend Autodidakt, er beherrschte mehrere Musikinstrumente, darunter Geige, Fagott und Orgel. Mit *Enigma Variations* op. 36 (1899) zeichnete er in mehreren Variationen die Persönlichkeit eines Freundes nach – das Werk war ein großer Erfolg. Das Oratorium *The Dream of Gerontius*, das bei der Uraufführung im Jahr 1900 in Birmingham noch auf wenig Gegenliebe gestoßen war, festigte bei einer Aufführung in Düsseldorf 1902 seinen internationalen Ruf. Die Orchestermärsche *Pomp and Circumstance* op. 39 (1901–07) trugen erheblich zu Elgars Ruhm bei, ebenso wie seine *Introduction and Allegro* für Streichquartett und Streichorchester op. 47 (1905), ein ausgesprochen lyrisches Werk. Seine beiden Symphonien (1908 bzw. 1911) sind stilistisch spätromantische Werke, zeichnen sich aber durch eine typisch »englische« Qualität aus. Weitere bedeutende Stücke seines Spätwerkes sind das

Rechts: ***The Sorcerer*, Plakat für Gilbert & Sullivans Operette anlässlich einer Aufführung in den 20er Jahren. Die Verbindung zwischen dem Komponisten Arthur Sullivan und dem Librettisten William Schwenck Gilbert führte zur Erneuerung der englischen Musik Ende des 19. Jahrhunderts. Insgesamt schrieben die beiden 14 Operetten.**

Unten: **Der spanische Tanz »Bolero« war seit dem Ende des 18. Jahrhunderts äußerst beliebt. Die lebhaften Rhythmen des Tanzes inspirierten viele Komponisten, vor allem in Spanien selbst, das gegen Ende des 19. Jahrhunderts musikalisch aufblühte.**

Violinkonzert h-Moll op. 61 (1910), die symphonische Dichtung *Falstaff* (1913) und sein letztes Meisterwerk, das ausgesprochen elegische Cellokonzert e-Moll op. 85 komponiert im Jahr 1919.

Musik in Spanien

In der zweiten Hälfte des 19. Jahrhunderts setzte in Spanien eine mit England vergleichbare Entwicklung ein. Die »musikalische Renaissance« ging von den farbigen Tanzrhythmen aus, die Komponisten von Rimski-Korsakow bis Debussy beeinflussten. Felipe Pedrell (1841–1922), den man vor allem im Zusammenhang mit seinen Schriften über spanische Volkslieder kennt, schrieb die Oper *Los Pirineos* (1891). Enrique Granados (1867–1916), ein Schüler Pedrells, ließ sich von den Gemälden Goyas zu der Klaviersuite *Goyescas* (1911) anregen. Isaac Albéniz (1860–1909) war schon in jungen Jahren ein hervorragender Pianist, der bei Pedrell und Liszt studierte. Seine Kompositionen galten vor allem dem Klavier, darunter sein Meisterwerk, die vier unter dem Namen *Iberia* (1906–08) bekannten Klaviersuiten, in denen die Rhythmen und Harmonien spanischer Volksmusik anklingen.

Die Neue Musik

8

In der ersten Dekade des 20. Jahrhunderts erlebte Europa eine Zeit relativer Stabilität, bis unheilvolle Allianzen sämtliche großen Mächte Europas 1914 in den Krieg zogen. Während der 30er Jahre, einer Zeit wirtschaftlicher Depression, kamen die Nationalsozialisten in Deutschland an die Macht. Der deutsche Einmarsch in Polen 1939 verstrickte die Welt in einen ungeheuerlichen Krieg. Während der zweiten Hälfte des 20. Jahrhunderts entstanden in Europa eigene suprastaatliche Organisationen. Der Niedergang des sowjetischen Kommunismus und der Fall der Mauer in den späten 80er Jahren sorgten im Vereinten Europa für neue Impulse. Das 20. Jahrhundert war eine Zeit bemerkenswerter wissenschaftlicher und technologischer Errungenschaften. Radio, Fernsehen und Computer veränderten die menschliche Kommunikation auf zuvor kaum erahnte Weise.

Das 20. Jahrhundert

Die Musik Claude Debussys (1862–1918) wird häufig mit der impressionistischen Malerei in Verbindung gesetzt. Diese Verbindungen sind aber – sieht man einmal von Monets Auflösen der Linie und Debussys Aufbrechen der funktionellen Harmonik ab – nur lose. Debussy wurde von vielen verschiedenen Richtungen beeinflusst. Zu Beginn seiner kompositorischen Laufbahn war er ein großer Verehrer Wagners; so besuchte er die Bayreuther Festspiele im Jahr 1888. Anlässlich der Pariser Weltausstellung 1889 erlebte er erstmals javanesische Gamelan-Musik, ein Eindruck, der sich in seinen eigenen Werken deutlich niederschlagen sollte. Debussy war aber auch mit den Kompositionen Mussorgskis vertraut, dem frühen Vertreter einer Tonsprache, die nicht von der Funktionsharmonik geprägt war. Diese neue Klanglichkeit wird in Mussorgskis Werk unter anderem in der vom Glockenklang geprägten Krönungsszene aus *Boris Godunow* deutlich.

Das *Prélude à l'après-midi d'un faune* (1894) ist Debussys erstes großes Orchesterwerk. Es entspricht der Anlage nach dem zu Grunde liegenden Gedicht Mallarmés (schnell–langsam–schnell) und beschwört die sinnliche Atmosphäre der Textvorlage herauf. Debussy verwendet darin die aus sechs Tönen bestehende Ganztonskala, die ein wichtiges Element seines Werkes werden sollte. Die Ganztonskala ist in sich zwar nicht dissonant, aus ihrer symmetrischen Anlage resultieren aber statisch wirkende Melodien und Harmonien. Die drei *Nocturnes* aus dem Jahr 1899, *Nuages*, *Fêtes* und *Sirènes*, wurden durch Gemälde Whistlers angeregt. In den dritten Nocturnes, *Sirènes*, gibt es einen untextierten Frauenchor, dessen Funktion nicht im Vortrag einer Erzählung, sondern in der Ergänzung einer neuen Klangfarbe liegt. Im ebenfalls dreiteiligen Orchesterwerk *La mer* (1905) versuchte Debussy die wogende Bewegung des Meeres nachzuzeichnen. Auf

Oben: **Der Jahreswechsel 1989/90 am Brandenburger Tor in Berlin. Der Fall der Berliner Mauer bedeutete den endgültigen Zusammenbruch des Kommunismus in Europa.**

Links: **Der legendäre Tänzer Vaclav Nijinsky mit seiner Schwester Bronislawa in Debussys *L'après-midi d'un faune*. Die Inszenierung der Ballets Russes – hier die Aufführung in Paris im Mai 1912 – wurde von Nijinsky choreografiert.**

Rechts: **Claude Debussy mit seiner Tochter Claude-Emma, die den Spitznamen Chouchou trug, Fotografie von 1916.**

Unten: **Szene aus *Pélleas et Mélisande*, Aufführung an der Waliser Nationaloper 1992, Debussys einzige Oper.**

eindrucksvolle Weise gelang ihm die Instrumentation komplexer Klanggebilde. Sowohl bei Streichern wie auch bei Bläsern setzte er vielfach Dämpfer ein, um klangliche Fülle bei geringer Lautstärke zu bewirken. Er besetzte oft zwei Harfen und großes Schlagzeug sowie Streicher, von denen er *Sul-ponticello*-Effekte (Strich dicht am Steg) verlangte. Im Vordergrund der drei Teile der *Images pour orchestre* (1812) steht das ebenfalls dreiteilige und von spanischem Kolorit zeugende Stück *Ibéria. Jeux* (1913) ist von flüchtigen und ständig in Veränderung befindlichen Motiven geprägt.

Debussy schrieb nur eine Oper, *Pelléas et Mélisande* (1902), die ausschließlich in einem rezitativischen Gesangsstil vorgetragen wird. Im Mittelpunkt der Handlung steht die tragische Beziehung zwischen Pelléas, Mélisande und Golo. Der merkwürdigen, jenseitigen Atmosphäre der Oper entspricht die Orchestrierung mit subtilen Klangfarben und spannungsarmen, statischen Harmonien.

Debussy komponierte auch Kammermusik, vor allem Klavierwerke. Zu seinen bekannten Klavierstücken gehören die zwei Bücher *Préludes* (1910 und 1918), *Estampes* (1903), *Children's Corner* (1908) sowie die *Etudes* (1915), wobei der Satz durch seine modale und von der Ganztonskala geprägten Harmonik Debussys Orchestersprache entspricht. Das erste Stück der *Préludes*, »L'isle joyeuse«, ist allerdings in Sonatenform geschrieben und weist bereits auf Debussys Umkehr zur eher klassischen Musiksprache hin. Die Sonaten für Cello und Klavier (1915), Flöte, Bratsche und Harfe (1915) sowie Violine und Klavier (1917) wirken wie ein Rückblick auf die Werke Rameaus und Couperins.

Bei oberflächlicher Betrachtung ähnelt die Musik Maurice Ravels (1875–1937) derjenigen Debussys. Beide Komponisten verstanden sich meisterlich auf eine farbige Instrumentation und setzten vielfach Ganztonskalen und modale Wendungen ein. Dennoch wirken Ravels Kompositionen klarer, präziser, klassischer, auch seine Harmonik ist auf Grund der latent vorhandenen Funktionalität weniger radikal als die Debussys. Ravels symphonische Werke, wie beispielsweise die *Shéhérazade* (1903) für Gesang und Orchester, die *Rhapsodie espagnole* (1908) und *Boléro* (1928), strahlen nahezu eine sinnliche Exotik aus. Obwohl *Boléro* heute zu einem Klassiker des Konzertbetriebs geworden ist, zeigt das Werk doch eine völlig neue formale Anlage: Die einfache Repetition des zu Grunde liegenden Motivs wird durch ein großes Orchester-Crescendo überlagert. Ravel schrieb nur eine einzige Oper, *L'enfant et les sortilèges* (1925); als Meisterwerk impressionistischer Instrumentierung gilt sein Ballett *Daphnis et Chloé*.

Ravel, selbst ein ausgezeichneter Pianist, ergänzte das Klavierrepertoire um bedeutende Werke. Zu seinen wichtigsten Kompositionen gehören das Klavierkonzert für die linke Hand (1930), sein Klavierkonzert in G (1931) und eine Reihe von Solostücken, darunter *Pavane pour une infante défunte* (1899), *Miroirs* (1905) und *Gaspard de la nuit* (1908), die weitaus romantischer als die Werke von Debussy klingen. Ravel orchestrierte viele seiner eigenen Klavierstücke, schrieb auch eine Orchesterfassung von Mussorgskis *Bilder einer Ausstellung*, die schließlich bekannter werden sollte als die Originalvorlage selbst. Die Anfänge des Neoklassizismus zeigen sich in der *Sonatine* (1905) und in *Le tombeau de Couperin* (1917). Das Orchesterwerk *La valse* zeichnet dagegen ein grelles, fast makabres Abbild des berühmtesten Tanzes des 19. Jahrhunderts.

Der spanische Komponist Manuel de Falla (1876–1946) komponierte 1905 die Oper *La vida breve*. Zwischen 1907 und 1914 lebte er in Paris, wo er Bekanntschaft mit Debussy und Ravel machte. Bei seiner Rückkehr nach Spanien schrieb er die Ballettmusik *El amor brujo* (1915). Beide Werke greifen die schlichten Rhythmen der andalusischen Volks-

Unten links: ***Maurice Ravel am Klavier*, Porträt von Achille Ouvré, 1911. Ravel ließ sich nicht nur von impressionistischer Ästhetik beeinflussen, sondern auch von barocken Vorbildern sowie Tanz, Jazz und orientalischer Musik.**

Unten rechts: **Der spanische Komponist Manuel de Falla. Trotz starker impressionistischer Einflüsse – vor allem im Bereich der Harmonie – ließen seine Werke stets das heimatliche Spanien anklingen.**

Rechts: **Jean Cocteau, Zeichnung aus dem Jahr 1920, gewidmet »meinem lieben Freund Erik Satie«. Cocteaus Zusammenarbeit mit Satie, die aus dem Jahr 1915 herrührt, förderte die Verbreitung von Saties Werken. Unter anderem arbeiteten sie 1917 gemeinsam mit Diaghilew und Picasso an dem Ballett *Parade*.**

Unten: **Pablo Picasso, Kostümentwurf für Slatkiewicz, den »Manager aus New York«. Picasso entwarf für die Inszenierung von Erik Saties *Parade* auch das Bühnenbild.**

musik auf. Ein ähnliche Atmosphäre wird auch in *Noches en los jardines de España*, einer Folge »symphonischer Eindrücke« für Klavier und Orchester, heraufbeschworen. 1919 wurde *El sombrero de tres picos* geradezu enthusiastisch gefeiert; die anregende und lebhafte Musik dieses Balletts festigte de Fallas internationalen Ruhm. Sein letztes größeres Werk war ein Konzert für Cembalo und Kammerorchester (1926).

Erik Satie (1866–1925) repräsentiert den anderen Pol der französischen Musik um die Jahrhundertwende. Als absoluter Individualist setzte er in seinem Werk die bisher gültigen harmonischen Regeln außer Kraft und zeigte seine Prädisposition zur Satire und zum Dadaismus. Die bekannten Klavierstücke *Gymnopédies* (1888, später von Debussy instrumentiert) sind ein frühes Beispiel modal geprägter Formen, während sein *Socrate* (1920) für Sopran und Klavier wieder ausgeglichener und klassischer wirkt. Der Einfluss Saties war noch lange nach seinem Tod spürbar, am nachhaltigsten in den Werken John Cages. So kannte Cage Satis *Vexations* für Klavier solo, ein Stück, bei dem ein Abschnitt von etwa zwei Minuten Dauer 840-mal wiederholt wird.

Ein weiterer Komponist dieser Zeit war der Tscheche Leoš Janáček (1854–1928), dessen Œuvre stilistisch eng verwandt mit dem Werk Dvořáks ist. Erst in den letzten zehn Lebensjahren des Komponisten entstanden eigenständige Werke wie die zwei Streichquartette (1923 und 1928), die *Sinfonietta* (1926) und die Opern *Das schlaue Füchslein* (1924) und *Aus einem Totenhause* (1928). Sein Gespür für die Sprachrhythmen und Betonungsmuster der tschechischen Sprache mündeten schließlich in einen einzigartigen Opernstil. Besonderes Gewicht kam hierbei der individuellen Charakterisierung der einzelnen Partien zu. Janáčeks Interesse an der mährischen Volksmusik bewirkte darüber hinaus die Aufnahme repetitiver Elemente und Sprechmelodien, was seinen Kompositionen einen Hauch von Modernität verlieh.

Der russische Komponist und Pianist Alexander Skrjabin (1872–1915) näherte sich in seinen letzten Klaviersonaten einer als atonal zu bezeichnenden Musiksprache an. Er erreichte diese neue klangliche Ebene nach einer ungewöhnlichen kompositorischen Entwicklung, die sowohl den Einfluss von Debussy und Liszt verriet als auch seine eigene Vorliebe für mystizistische Strömungen. Seine ersten Klavierwerke waren Nocturnes und Preludes im Stil Chopins. Später entwickelte er aber fast seriell anmutende Kompositionen, bei denen er das Material für den weiteren Verlauf des Stückes aus einem mehrtönigen Akkord ableitete. Dieser zu Grunde liegende Akkord enthielt häufig Tritoni und Ganztonverbindungen mit dem Ergebnis, dass die sich daraus entwickelnde Musik sehr impressionistisch wirkte. Neben seinen zehn Klaviersonaten schrieb Skrjabin zwei ausgesprochen moderne Orchesterwerke, *Le poème de l'extase* (1908) und *Prometheus* (1910).

Skrjabins Landsmann, der Komponist und Pianist Sergej Rachmaninow (1873–1943), ergänzte das Klavierrepertoire ebenfalls um wichtige Werke. Seine Musik ist vom Stil her allerdings ausgesprochen spätromantisch, geprägt von klangvoller Melodik und virtuosen Effekten. Am bekanntesten sind seine Klavierkonzerte, vor allem das beliebte Zweite Klavierkonzert (1901), seine Symphonien sowie die *Rhapsodie über ein Thema von Paganini* (1935) für Klavier und Orchester.

Die 2. Wiener Schule

In mancher Hinsicht hat es den Anschein, als haben die Komponisten der 2. Wiener Schule die Vorherrschaft Deutschlands im Bereich der klassischen Musik weitergeführt, und das gilt

Oben rechts: **Leoš Janáček, Porträt von Gustav Bohm. Der Komponist erlebte in seinen späten Jahren eine neue kreative Phase, die zum Teil durch den Nationalstolz auf die neue Unabhängigkeit der Tschechoslowakei ausgelöst wurde.**

Rechts: **Titelblatt zu Janáčeks Sammlung mährischer Volkslieder, die 1947 in Prag mit der Umschlaggestaltung von Karel Svolinsky publiziert wurde.**

Arnold Schönberg, Bleistiftzeichnung von Egon Schiele. Der jüdische Komponist unterrichtete in Berlin, bis ihm der Aufstieg der Nationalsozialisten dazu veranlasste, das Land zu verlassen.

trotz der Radikalität, die die Werke Arnold Schönbergs (1874–1935), Alban Bergs (1885–1935) und Anton Weberns (1883–1945) auszeichnen. Die tonale Harmonik war im Begriff sich aufzulösen, vor allem auf Grund der zunehmenden chromatischen Färbung bei den romantischen Komponisten sowie der Parallelführung von Akkorden bei Debussy. Die 2. Wiener Schule machte diesem Zustand schnell ein Ende und wagte einen Neuanfang – wenn auch mit ganz anderen Mitteln.

Schönberg bemühte sich um eine stilistische Synthese der wichtigsten musikalischen Entwicklungslinien des 19. Jahrhunderts, wie sie bereits in den gewagten Harmonien bei Wagner und der strengen Motivarbeit bei Brahms angelegt waren. Seine frühen Werke zeigen deutlich spätromantische Einflüsse, am stärksten sein Streichsextett *Verklärte Nacht* op. 4 (1899). Andere Kompositionen aus dieser Zeit, darunter die symphonische Dichtung *Pelleas und Melisande* op. 5 (1903) und die Kantate *Gurrelieder* (1911 abgeschlossen), belegen noch die Vorliebe für die große Orchesterbesetzung des 19. Jahrhunderts. Je weiter sich Schönberg in atonale Bereiche vorwagte, desto kleiner wurden interessanterweise seine Besetzungen.

Seine *1. Kammersymphonie* E-Dur op. 9 entspricht formal zwar noch klassischen Formstrukturen, zeigt aber bereits eine Verdichtung musikalischer Ideen, der Schönberg durch die solistische Schreibweise (ein Spieler pro Stimme) entspricht. Das markante, aus einer Folge steigender Quarten bestehende Eröffnungsthema weist deutlich auf die Preisgabe der Tonalität hin, die man auch in den *Drei Klavierstücken* op. 11 aus dem Jahr 1909 erkennt. Schönberg hielt die Atonalität für einen unvermeidlichen Entwicklungsschritt in der Geschichte abendländischer Musik und bezeichnete die Tatsache, dass dissonante Intervalle nun nicht mehr aufgelöst werden mussten, als »Emanzipation der Dissonanz«. Dissonante Klänge konnten somit für sich stehen.

Die 2. Wiener Schule hatte auch Verbindungen zu expressionistischen Tendenzen in der Kunst. Der Expressionismus bedeutete eine Art Übersteigerung des romantischen Wunsches nach persönlichem Ausdruck. Er entsprach dem Bedürfnis, die in der Moderne von Angst und Entfremdung gekennzeichneten inneren Erfahrungen zu vermitteln. Schönbergs Affinität zu dieser Stilrichtung tritt in dem Monodram *Erwartung* op. 17 (1909) und in seinem Liedzyklus *Pierrot Lunaire* op. 21 (1912) am deutlichsten hervor. In beiden Werken werden Texte verarbeitet, in denen es um menschliche Vereinsamung und Wahnsinn geht. Vor allem *Pierrot Lunaire* wirkt mit seiner fast kabarettistischen Atmosphäre und dem charakteristischen »Sprechgesang« fast gespenstisch.

Pierrot Lunaire war Schönbergs letztes Werk in freier Atonalität. Es offenbart zugleich schon die Suche nach Strukturen jenseits der Funktionsharmonik. So weist der Liedzyklus festgefügte Formschemata, kontrapunktischen Satz und metrisches Gleichmaß auf. Da sich größere musikalische Komplexe in atonalen Werken nicht mehr zusammenfügen ließen – es sei denn durch einen verbindenden Text –, wurden die komponierten Formen immer kleiner, zu Miniaturen, wie in den Klavierstücken op. 19. Andere musikalische Parameter erhielten zunehmendes Gewicht, insbesondere die Klangfarbe – Schönberg spricht von der »Klangfarbenmelodie«. Die strukturelle Bedeutung der Klangfarbe erkennt man am besten im dritten Stück, *Farben*, aus den *Fünf Orchesterstücken* op. 16, wo Klangblöcke in einem statisch wirkenden Umfeld auf merkwürdige Weise verschoben wurden.

Schönberg ging es um die Entwicklung einer musikalischen Sprache, die der neuen Atonalität Raum bot, ihr zugleich aber auch einen der herkömmlichen Tonalität entsprechenden Rahmen setzte. Die von ihm entwickelte Zwölftontechnik setzte Schönberg am vorteilhaftesten in seinem dritten und vierten Streichquartett (op. 30 bzw. op 37), in seiner *Suite für Klavier* op. 25 und in den *Variationen für Orchester* op. 31 ein. Die Komposition mit zwölf Tönen geht von einer Reihe aus, in der alle zwölf chromatischen Halbtöne der Tonleiter in einer vorab festgelegten Folge erscheinen. Diese Reihe kann sowohl horizontal wie vertikal eingesetzt werden, als Melodie, als Kontrapunkt oder auch als Grundlage harmonischer Gestaltung. Die Reihe lässt sich außerdem durch verschiedene Umwandlungen der Originalgestalt sowie die Transposition dieser Reihen auf insgesamt 48 Arten verwenden.

Schönberg emigrierte 1934 in die Vereinigten Staaten und unterrichtete an der University of Southern California. Neben weiteren Werken nach dem Zwölftonprinzip schrieb er für seine Studenten auch einige tonale Kompositionen. In der zweiten Hälfte seiner Schaffenszeit wandte er sich wieder größeren Formen zu. Er komponierte die Oper *Moses und Aron* (1932) und das Oratorium *Ein Überlebender aus Warschau* (1947). Schönberg erreichte insgesamt aber nicht die meisterliche Beherrschung und innovative Anwendung der Zwölftontechnik, die seine Schüler auszeichnet.

Alban Berg wandte sich 1904 mit der Bitte um Kompositionsunterricht an Schönberg; als ausübender Musiker war er darin wenig erfahren. Seine frühesten Werke sind die Klaviersonate op. 1 (1908), das Streichquartett op. 3 (1910) und die fünf Orchesterlieder nach Texten von Peter Altenberg op. 4 (1912). Vor allem dieses Werk zeigte Bergs Begabung für die Instrumentation und große Leichtigkeit im Umgang mit den knappen Formen der freien Atonalität. Die letzten nicht seriellen Werke sind das Kammerkonzert für Violine und Klavier mit 13 Bläsern (1925) und die Oper *Wozzeck* (1925), ein Meisterwerk des expressionistischen Musiktheaters. Berg gelang es, klassische Formschemata wie Passacaglia und Symphonie mit verfremdeten Volksmusikzitaten zu verbinden.

Oben: **Titelseite der Zeitschrift *Das Theater* vom Januar 1926 mit einer Fotografie von Alban Bergs *Wozzeck*.**

Rechts: **Anton Webern, Portrait von Max Oppenheimer, um 1908. Webern hatte beträchtlichen Einfluss auf die Weiterentwicklung der seriellen Komposition nach dem Zweiten Weltkrieg.**

Auch die Zwölftontechnik wandte er auf ganz eigene Weise an; häufig setzte er sich über die »Regeln« hinweg, indem er einem einzelnen Werk mehr als nur eine Reihe zu Grunde legte oder Reihen der größeren Vielfalt halber abwandelte. Die Zusammenführung atonaler und tonaler Gesetzmäßigkeiten erreichte er durch eine besondere Struktur seiner Reihen, die zwar den Gesetzen der Zwölftonmusik gehorchten, zugleich aber auch Elemente tonaler Musik enthielten. Die zwölftönige Reihe zum Violinkonzert aus dem Jahr 1935 enthält sogar ein Ganztonmotiv, mit dem am Ende des Werkes Bachs Choral *Es ist genug* eingeführt wird. Berg ließ sein letztes bedeutendes Werk, die Oper *Lulu*, unvollendet zurück.

Anton Webern näherte sich der Zwölftonmusik von einer anderen Seite. Seine frühen atonalen Stücke wie die *Fünf Stücke* für Orchester op. 10 (1913) und die *Sechs Bagatellen* für Streichquartett op. 9 (1913) zeugen von seinem Wunsch, die Grenzbereiche der Musik auszuloten. Webern erweist sich nicht nur als Meister der kleinsten Form, sondern komprimiert das Tonmaterial zu außerordentlich konzentrierter und farbiger Musik. Seine Hauptbedeutung jedoch liegt in seinem Umgang mit der Zwölftonmusik. Es erscheint paradox, dass Weberns Zielsetzung zwar von der Klassik bestimmt war, die daraus resultierende Musik sich aber von allem bisher Gehörten deutlich unterschied. Webern vereinte in seiner Musik Vertikale und Horizontale miteinander, um so eine neue Ebene formaler Kohärenz und Stimmigkeit zu erreichen. Auch seine Reihen sind wie schon diejenigen Alban Bergs von den eigenwilligen Zielvorstellungen des Komponisten gekennzeichnet. Häufig bilden sie in sich winzige Strukturen, bei denen einzelne Abschnitte der Reihe Palindrome, Transpositionen oder Umkehrungen anderer Intervalle sind. Weberns Reihen enthalten nur eine begrenzte Zahl von Intervallen, beispielsweise Terzen und kleine Sekunden, was den Aufbau struktureller Verwandtschaften erleichtert.

Die Titel seiner reiferen Werke wie Symphonie op. 21 (1928), *Konzert für neun Instrumente* op. 24 (1934) und *Variationen für Orchester* op. 30 (1940) belegen Weberns Auseinandersetzung mit der Formsprache der Klassik. Diese Stücke weisen eine besondere Reinheit des Ausdrucks auf; nicht einmal annäherungsweise gibt es hier so etwas wie eine melodische Linie; die Werke bestehen ausschließlich aus dem Weiterreichen winziger Fragmente von einem Instrument des Ensembles zum anderen, wobei das Ensemble kaum je als *tutti* in Erscheinung tritt.

Igor Strawinskys drei Ballette – *L'oiseau de feu*, *Pétrouchka* und *Le sacre du printemps* – wurden sämtlich von Sergej Diaghilews Ballets Russes auf die Bühne gebracht. Diese bemerkenswerte Fotografie zeigt die russische Tänzerin Tamara Karasawina bei ihrem Auftritt in *L'oiseau de feu* in der Pariser Inszenierung der aus dem Jahr 1910.

Strawinsky und der Neoklassizismus

Wenn man die 2. Wiener Schule als eine Fortsetzung der deutschen Romantik versteht, dann bedeutet das Werk des Russen Igor Strawinsky (1882–1971) eine deutliche Reaktion auf diese Tradition. Strawinskys erstes Ballett *L'oiseau de feu* (1910) zeigt eine farbige und sinnliche Orchestersprache mit einem Hauch von Exotik. Die nächsten beiden Ballette, *Pétrouchka* (1911) und *Le sacre du printemps* (1913), sind bereits reife Werke aus Strawinskys erster Stilepoche. In beiden Werken finden russische Volkslieder Verwendung, die Musiksprache enthält polytonale Klänge (das Übereinanderschichten zweier oder mehrerer häufig nur entfernt verwandter »Tonarten«) und Achtton-Skalen. Die der russischen Musik entlehnten Klänge in der Partitur des *Sacre* sind allerdings sehr viel abstrakter als in der Musik zu *Pétrouchka*. Die drastisch synkopierten Akzente und motorischen Rhythmen sowie die kühne Instrumentierung –

Rechts: **Der Komponist Strawinsky probt *Le sacre du printemps*, Karikatur von Jean Cocteau.**

Umschlag einer Notenausgabe von Strawinskys *Ragtime*. Das Stück ist ein deutlicher Beleg für die Faszination, die der Jazz auf Strawinsky ausübte. Die Zeichnung stammt von Pablo Picasso.

die Uraufführung endete in einem Skandal – bewirkten, dass die Musik mit dem Stigma des Primitivismus belegt wurde.

Von 1914 bis 1920 lebte Strawinsky in der Schweiz, wo sich seine Musik sowohl stilistisch wie auch von der Instrumentation her deutlich veränderte. So gewinnt der Jazz in Stücken wie *Ragtime* und *Piano Rag* zunehmend an Einfluss, aber auch in der Besetzung des Musikdramas *L'histoire du soldat* (1918). Strawinskys Vorliebe für das Klavier als perkussives Tasteninstrument – und nicht zum Ausdruck lyrischer Empfindungen –, der man erstmals in *Pétrouchka* begegnete, bleibt unverändert wichtig, vor allem in dem Ballett *Les noces*, in dem neben dem umfangreichen Schlagzeug vier Flügel besetzt sind. Der stilistische Bruch wird am deutlichsten am Ende seiner Schweizer Jahre: Das Ballett *Pulcinella* (1919–20) kennzeichnet den Übergang zur neoklassizistischen Phase. *Pulcinella* war ursprünglich für ein barocker Tradition nachempfundenes Orchester mit Concertino- (Sologruppe) und Ripieno-Instrumenten (volles Orchester) geschrieben. Ausgangspunkt des Werkes sind geschickt verarbeitete Kompositionen von Pergolesi aus dem 18. Jahrhundert. Unter Beibehaltung von Melodie und Basslinie repetiert Strawinsky Phrasen und rüttelt an den harmonischen Grundfesten des Werkes. Der Neoklassizismus war eine janusköpfige Erscheinung, gleichermaßen radikal wie konservativ. Die Radikalität beruhte teilweise auf der Abkehr von den Klangidealen der Romantik. Die reichhaltige Instrumentation wurde ausgedünnt und romantischer Ausdruck durch nüchterne Objektivität ersetzt.

Strawinskys neoklassizistische Periode dauerte bis 1951; es entstanden Werke wie das *Octuor* für Bläser (1922–23), das Ballett *Apollon Musagète* (1928) und die *Symphonie in C* (1940). 1951 – Strawinsky lebte schon lange in den USA – komponierte er die Oper *The Rake's Progress* und verwendete dabei formale Elemente der Oper aus dem 18. Jahrhundert. Weitere bedeutende Vokalwerke aus dieser Zeit sind *Oedipus Rex* (1927) und die *Symphonie de psaumes* (1930). Seine *Symphony in Three Movements* (1945) erinnert mit dem perkussiven Einsatz des Klaviers und den heftigen Synkopierungen an die russische

Rechts: **Die Gruppe »Les Six« mit (von links nach rechts) Francis Poulenc, Germaine Tailleferre, Louis Durey, einer Zeichnung von Georges Auric, sowie Jean Cocteau, Darius Milhaud und Arthur Honegger, in Milhauds Pariser Appartement im Jahr 1930.**

Unten: **Teil eines signierten Notenblatts für eine Aufführung von Béla Bartóks Oper *König Blaubart* aus dem Jahr 1925.**

Periode des Komponisten. Die letzte Stilphase zeigt die Offenheit des Komponisten gegenüber neuen Ideen. Werke wie das Ballett *Agon* (1954–57), *In Memoriam Dylan Thomas* (1954) und *Movements* für Klavier und Orchester (1959) sind Beispiele für Zwölfton-Kompositionen.

Am stärksten beeinflusst von Strawinsky und den neoklassizistischen Strömungen war die als »Les Six« bekannte Gruppe französischer Komponisten. Der produktivste Tonsetzer der »Six« war Darius Milhaud (1894–1974), der Tonmaterial aus den unterschiedlichsten Bereichen, etwa Blues und brasilianische Volksmusik, mit der für den Neoklassizismus so typischen ironischen Distanz kombinierte. Zu seinen Werken zählen Opern wie *Les malheurs d'Orphée* (1924) und *Médée* (1938), das Opern-Oratorium *Christophe Colomb* (1928) sowie die Ballette *La création du monde* (1924) und *Le boeuf sur le toit* (1919). Dieses letzte Werk enthält eines der berühmtesten Beispiele von Polytonalität in der modernen Musik.

Arthur Honegger (1892–1955), der bedeutendste Komponist von Orchestermusik in der Gruppe »Les Six«, schrieb zwischen 1931 und 1951 fünf Symphonien sowie *Pacific 231*, das die Geräusche einer Dampflokomotive musikalisch nachempfindet. Mit dem Opern-Oratorium *Le Roi David* erlangte er nachhaltigen Ruhm. Neben einer Fülle von Kammermusik und Liedern komponierte Francis Poulenc (1899–1963) mehrere Opern, darunter *Les mamelles de Tirésias* (1940) sowie ein Stück für Cembalo oder Klavier und kleines Orchester mit dem Titel *Concert champêtre* (1928). Weitere Komponisten der »Six« waren Georges Auric (1899–1983), Germaine Tailleferre (1892–1983) und Louis Durey (1888–1979).

Bartók und die Volksmusik

Der Ungar Béla Bartók (1881–1945) stellte die Verwendung von Volksmusik auf eine ganz neue methodische Basis. Gemeinsam mit Zoltán Kodály besuchte er Dörfer in Ungarn, Rumänien und der Türkei und nahm die Musik der dort lebenden Menschen auf. Die Melodien wurden geordnet, katalogisiert und veröffentlicht. Obwohl die folkloristischen Elemente in den Kompositionen Bartóks häufig anklingen, wirken sie nie rührselig oder banal.

Bartóks Schaffen lässt sich grob in zwei Stilperioden gliedern. Die Musik der frühen Jahre ist mehr nach innen gekehrt und ihrer Natur nach experimentell. Er schrieb mehrere Bühnenwerke, die Oper *Herzog Blaubarts Burg* op. 11 (1918) sowie die Ballette *Der holzgeschnitzte Prinz* (1917) und *Der wunderbare Mandarin* op. 19 (1926). Die letzte dieser drei Partituren zeichnet sich durch eine eindrucksvolle Fülle atemberaubender Chromatik und gewagte Instrumentationseffekte aus, die von dem Erlebnis *Sacre* zeugen. Bartók begann zu dieser Zeit auch mit der Komposition eines Zyklus von sechs Streichquartetten. Die ersten beiden sind eher lyrisch, auch wenn das zweite ein lebhaftes Scherzo enthält; das dritte (1927) mit seinen »drei Sätzen in einem« zeigt Bartóks Interesse an strukturellen Neuerungen. Das vierte Quartett (1928) ist vielleicht sein modernstes Werk. In zwei Sätzen erklingen ausschließlich gedämpfte, gezupfte Töne; das chromatische Eröffnungsthema wird in größter kontrapunktischer Strenge verarbeitet.

Die *Musik für Saiteninstrumente, Schlagzeug und Celesta* (1936) bietet auf Grund der Unterschiede zwischen den vier Sätzen ein gutes Beispiel für den Stilwandel zwischen erster und zweiter Stilepoche im Gesamtwerk Bartóks. Der erste und der dritte Satz sind ruhige und zugleich farbenreiche Sätze, charakterisiert durch die von der Celesta produzierten Klänge, während der zweite und vierte Satz lebhafter und stärker vom Rhythmus bestimmt sind. In diesem Werk zeigt sich, ebenso wie in den drei Klavierkonzerten (1926, 1931 und 1945), Bartóks perkussiver Einsatz des Klaviers.

Bartók (vierter von links) 1907 bei der Aufnahme slowakischer Volkslieder in Zobordarazs (heutige Tschechische Republik). Bartóks Untersuchungen führten zu dem Ergebnis, dass die echte Volksmusik der Magyaren sich beträchtlich von dem bis dahin als authentisch angesehenen Stil der Zigeuner unterscheidet.

Die Werke aus Bartóks zweiter stilistischer Periode sind mehr nach außen gerichtet und zugänglicher, enthalten aber nicht die neuartigen Momente der früheren Werke. Während dieser Zeit komponierte er das fünfte und sechste Streichquartett (1934 und 1939), sein zweites Violinkonzert (1938), das *Divertimento für Streichorchester* (1939), sein berühmtes *Konzert für Orchester* (1943) und ein Bratschenkonzert (1945). Bartók leistete mit seinen sechs Bänden des *Mikrokosmos* (1926-39) einen bedeutenden Beitrag zur Methodik des Klavierspiels.

Auch Zoltán Kodály (1882–1967) engagierte sich für Unterrichtsliteratur und verfasste 1950–54 einen musikpädagogischen Lehrgang für Kinder. Sein Interesse an der heimatlichen ungarischen Musik zeigt sich in dem Singspiel *Háry János* (1926), wo er mit dem Cimbalom ein typisches Instrument der ungarischen Musik einsetzt, sowie im *Psalmus Hungaricus* (1923) für Tenor, Chor und Orchester.

Musik in Deutschland

Paul Hindemith (1895–1963) vertritt in der deutschen Musik des 20. Jahrhunderts die konservativere Richtung. Seine Werke aus den 20er Jahren sind vom Stil her neobarock und zeigen formal sowie in ihrer kontrapunktischen Struktur den Einfluss Bachs, sind allerdings weniger von Streichern dominiert. Ein gutes Beispiel dieser stilistischen Richtung sind Hindemiths *Kammermusiken* Nr. 1–7 (1922–27). Während dieser Zeit schrieb er neben vier Streichquartetten auch zwei Opern, *Cardillac* (1926) und *Neues vom Tage* (1929). In der darauf folgenden Dekade setzte sich Hindemith theoretisch mit der Rolle des Komponisten und der Musik in der Moderne auseinander. Er vertrat die Ansicht, dass sich die Musik weder

Oben: **Paul Hindemith, Zeichnung von Milein Cosman. Hindemith verließ Deutschland 1938 aufgrund der Kulturpolitik des NS-Regimes. Er arbeitete von 1940 bis 1951 in den USA und ließ sich dann endgültig in der Schweiz nieder.**

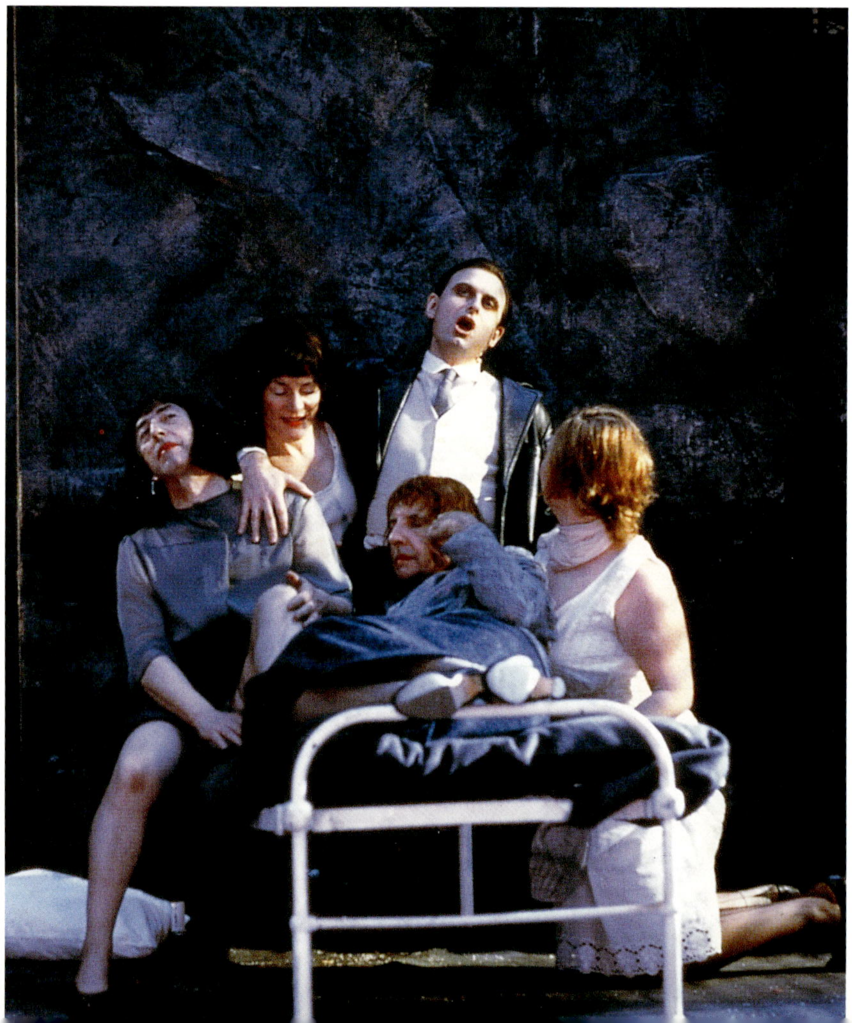

Rechts: **Kurt Weills berühmtestes Stück war zweifellos die gemeinsam mit Bertolt Brecht geschriebene *Dreigroschenoper*. Die hier gezeigte Szene stammt aus einer Inszenierung der Waliser Nationaloper aus dem Jahr 1984.**

Kurt Weill (rechts) mit Freunden und seiner Frau, der Sängerin Lotte Lenya (zweite von rechts) bei ihrer Ankunft in den USA im Jahr 1935. Lotte Lenya nahm während vieler Jahre am Werk des Komponisten aktiven Anteil.

durch übersteigerte Ästhetik noch durch übermäßige technische Schwierigkeiten vom Publikum entfernen dürfe. *Ludus tonalis* (1942) ist eine Sammlung mit Klavierstücken in jeder Tonart, die auf Hindemiths Neuordnung der Tonalität beruht. Die zwischen 1936 und 1955 geschriebenen Instrumentalsonaten sind eine Auseinandersetzung mit den Möglichkeiten der verschiedenen Orchesterinstrumente. Die Oper *Mathis der Maler* (1938) enthält Hindemiths künstlerisches Credo. Der Protagonist der Oper, ein Maler, muss sich zwischen künstlerischem und gesellschaftlichem Wirken entscheiden. Zu Hindemiths Spätwerk gehören ein Requiem *When Lilacs Last in the Door-yard Bloom'd*, die *Symphonischen Metamorphosen über Themen von C. M. v. Weber* (1943), eine Oper *Die Harmonie der Welt* (1957) sowie die letzten beiden Streichquartette. Von seinen theoretischen Schriften fand *Unterweisung im Tonsatz* (1917 bzw. 1939) auch international große Verbreitung.

Kurt Weill (1900–1950) ging in seinen Bemühungen um die Verständigung zwischen Komponist und Publikum noch einen Schritt weiter. Er konzentrierte sich hauptsächlich auf Opern, fügte seinen Werken aber Elemente der amerikanischen Volksmusik bei, sowohl hinsichtlich der Instrumentierung als auch der Themenwahl. Seine berühmtesten Werke entstanden in Zusammenarbeit mit Bertolt Brecht (1898–1956), mit dem er gemeinsam *Aufstieg und Fall der Stadt Mahagonny* (1929), die *Dreigroschenoper* (1928), die den bekannten Song des Mackie Messer »Und der Haifisch der hat Zähne« beinhaltet, sowie das Ballett *Die sieben Todsünden* (1933) konzipierte. Brecht und Weill vertraten beide politisch links gerichtete Ansichten, die sich in ihren Werken deutlich manifestierten. Neben Bühnenwerken verfasste Weill außerdem zwei Symphonien (1921 und 1933) sowie ein Streichquartett. Weill musste Europa 1935 wegen seiner politisch kontroversen Ansichten und jüdischen Herkunft verlassen. Er ließ sich in New York nieder, wo er eine Reihe von Broadway-Musicals schrieb, darunter *Knickerbocker Holiday* (1938), *Lady in the Dark* (1940), *One Touch of Venus* (1943) sowie *Street Scene* (1946).

Musik in den Vereinigten Staaten

Die amerikanische Musik des 20. Jahrhunderts bewegte sich zwischen revolutionären Neuerungen und eher konservativen Haltungen. Charles Ives (1874–1954) schrieb Werke, die sich durch eine besonders phantasievolle Zusammenstellung entlehnten Materials sowie Polytonalität, Atonalität und sogar Mikrotonalität auszeichnen. Er schrieb neben vier Symphonien weitere Orchesterwerke, unter anderem *The First Orchestral Set: Three Places in New England* (1914), *The Second Orchestral Set* (1915) sowie *The Unanswered Question* (1906). Die im letzten Werk anklingende Atonalität wird allgemein als Vorwegnahme der Schönbergschen Ideen angesehen. Ives komponierte außerdem etwa 200 Lieder sowie Kammermusik, darunter zwei Klaviersonaten, das vierteltönige Klavierstück *Tone Roads* (1911–15) und fünf Violinsonaten. Erst in den 30er Jahren des 20. Jahrhunderts erlangte sein Werk Aufmerksamkeit.

Auch Henry Cowell (1897–1965) gehört zu den amerikanischen Musikerneuerern. Seine bekanntesten Werke sind Klavierstücke, in denen er Toncluster und Klangeffekte komponierte, die von Pianisten das Hineingreifen in das Innere des Instruments verlangen – wie *The Aeolian Harp* (1923), *Piano Piece* (1924) und *The Banshee* (1925). Cowell verwendete auch in seinen Orchesterwerken Toncluster. Sein *Mosaic Quartet* (1935) ist ein frühes Beispiel von Aleatorik; die Reihenfolge der aus verschiedenen Abschnitten bestehenden Komposition ist dabei den Spielern überlassen.

Die Werke von Aaron Copland (1900–1990) stehen für die leichter zugängliche Richtung in der amerikanischen Musik. Copland nahm amerikanische Volkslieder und Spirituals in seine vorwiegend tonal konzipierten Werke auf. Beispiele dieses Stils sind das Orchesterstück *Appalachian Spring* (1944) sowie seine Ballette *Billy the Kid* (1938) und *Rodeo* (1942). Seine späteren Kompositionen wie beispielsweise die dritte Symphonie (1940), das von zwölftöniger Komposition angeregte Klavierquartett (1950) und das Orchesterwerk *Inscape* (1967) sind hingegen komplexere Werke. Jene musikalische Richtung wurde auch von Samuel Barber (1910–1981) vertreten. Am besten kennt man ihn für sein *Adagio for Strings* (1936), er schrieb aber auch Lieder, eine Oper, *Anthony and Cleopatra* (1936), sowie ein Violinkonzert (1940), das viele für sein bestes Werk halten.

Oben: **Charles Ives verdiente seinen Lebensunterhalt als Versicherungsagent; er musste nicht von seiner Musik leben. So konnte er seinen künstlerischen und ethischen Prinzipien kompromisslos folgen.**

Unten links: **Eine Langspielplatte aus den 50er Jahren. Bernstein dirigiert eine Aufführung von Gershwins *An American in Paris* und Coplands *Billy the Kid*.**

Unten rechts: **Aaron Copland 1940. Er war zunächst von Jazz und Neoklassizismus, später von atonaler Zwölftonmusik beeinflusst. Schließlich entwickelte er die tonale Schlichtheit seiner bekanntesten Kompositionen, die auf amerikanischen Volksliedern basieren.**

Oben links: **George Gershwin am Klavier. Neben Gershwins frühem Erfolg als Komponist beliebter Songs, die meist gemeinsam mit seinem Bruder, dem Lyriker Ira entstanden, vollbrachte er hervorragende Leistungen im Bereich der Ernsten Musik. In seinen umfangreicheren Werken findet man auch häufig Jazz-Elemente, dazu zählen die Oper *Porgy and Bess* (1935), *Rhapsody in Blue* (1924), ein Klavierkonzert in F und *An American in Paris* (1928).**

Oben rechts: **Samuel Barber 1951 bei einer Probe mit dem RIAS Symphonieorchester. Der romantische Grundton seiner frühen Werke wie *Adagio for Strings* wurde in den späten 30er Jahren zu einem eher von Dissonanzen geprägten Stil.**

Die Kompositionen von Elliott Carter (*1908), Milton Babbitt (*1916) und Conlon Nancarrow (1912–1997) repräsentieren die experimentierfreudigere Seite der amerikanischen Musik. Carters modernistischer Stil beruht auf Veränderungen metrischer Strukturen in Verbindung mit quasiseriellen Techniken. Besonders bekannt sind seine Streichquartette. Milton Babbitt folgte mit seiner Weiterentwicklung der Zwölftontechnik in der Nachfolge Weberns eher »klassischen« Pfaden. Nancarrow schuf sich seinen Platz in der modernen Musik durch seine Auseinandersetzung mit den Möglichkeiten der Pianola; sein Interesse an ethnischer Musik ging einher mit kompliziertesten rhythmischen Ideen.

Musik in England

Englische Komponisten folgten fast während des gesamten 20. Jahrhunderts ihren eigenen, eher konservativen Traditionen. Ralph Vaughan Williams (1872–1958) war der bedeutendste englische Komponist der ersten Jahrhunderthälfte. Er verfasste unter anderem neun Symphonien, eine Reihe von Liedern, Hymnen und sogar Filmmusik. Sein »idyllischer« und häufig von modalen Wendungen geprägter Stil rührte von seinem Interesse an der geistlichen Musik der englischen Renaissance her. In seiner *Fantasia on a Theme by Thomas Tallis* (1910) macht er sich durch Aufteilung der Streicher in drei eigene Orchester und ein Streichquartett die antiphonalen Effekte zu Nutze, die man aus der Musik des 16. Jahrhunderts kennt. Seinen Einsatz für die Kirchenmusik belegen die Oper *Pilgrim's Progress* (1951), die auf dem Werk von John Bunyan, einem Nonkonformisten des 17. Jahrhunderts beruht, sowie mehrere Oratorien. Vaughan Williams war zwischen 1904 und 1906 auch Herausgeber des englischen Kirchengesangbuchs. Zu seinen bekanntesten Werken gehört die Komposition *The Lark Ascending* (1914) für Violine und Klavier.

William Walton (1902–1982) schrieb ein Bratschenkonzert, eine Oper, *Troilus and Cressida* (1954), Symphonien und Kammermusik. Er ist vielleicht der am stärksten von kontinentalen Einflüssen geprägte englische Komponist seiner Generation. Das Werk *Façade* (1921–22) für einen Sprecher und Ensemble beschwört den leicht ironischen Ton der französischen Neoklassizisten herauf, während das Oratorium *Belshazzar's Feast* (1931) mit Effekten wie Polytonalität und Synkopen den Einfluss Strawinskys erkennen lässt. Weitere Komponisten dieser Epoche sind Gustav Holst (1874–1934), der die Orchestersuite *The Planets* (1916) schrieb, sowie Frederick Delius (1862–1934), bekannt für seine Opern, Orchesterstücke und symphonischen Dichtungen.

Benjamin Britten (1913–1976) machte sich durch die Erneuerungsbestrebungen der englischen Oper einen Namen. Seine Musiksprache basiert auf einer um modale Wendungen und gelegentliche Alterationen erweiterten Tonalität, die der harmonischen Sprache seiner Vorgängergeneration in hohem Maße verpflichtet ist. Sein Schaffen enthält zahlreiche schöne Opern wie *Peter Grimes* (1945), *Billy Budd* (1951) und *The Turn of the Screw* (1954), außerdem das *War Requiem* (1946).

Das Erbe Brittens trat Michael Tippett (1905–1998) an. Seine Hauptwerke sind das Oratorium *A Child of our Time* (1941), die Opern *The Midsummer Marriage* (1955) und *King Priam* (1962), darüber hinaus komponierte er drei Symphonien und eine Reihe von Konzerten. Der 1934 geborene Peter Maxwell Davies, der der englischen Avantgarde angehört, hat drei Opern geschrieben, darunter *Taverner* (1972).

Unten links: **Benjamin Britten (Mitte) betrachtet einen Bühnenbildentwurf für die Uraufführung seiner Oper *Peter Grimes* im Jahr 1945.**

Unten rechts: **William Walton probt mit der ungarischen Sopranistin Magda Laszlo am Londoner Opernhaus Covent Garden 1954 *Troilus and Cressida*.**

Musik in Russland: Prokofiew und Schostakowitsch

Oben links: **Standbild aus der spektakulären Bildfolge des »Kampfes auf dem Eis« in Sergei Eisensteins Filmerzählung *Alexander Newsky*. Sergej Prokofiew schrieb zu diesem Werk die Musik.**

Oben rechts: **Prokofiew in Nikopol, Fotografie von 1910. Trotz seiner Loyalität gegenüber dem russischen Vaterland und dem sowjetischen System, vermied der Komponist blinden Gehorsam. Dies belegen ironische, gelegentlich auch satirische Anklänge in seiner Musik.**

Das künstlerische Leben in einem totalitären Regime wird eindrucksvoll durch die Lebensläufe von Sergej Prokofiew (1891–1953) wie Dmitri Schostakowitsch (1906–1975) beleuchtet. Prokofiew entschloss sich 1918 zur Emigration, kehrte aber 1936 wieder nach Russland zurück. Während seiner frühen Jahre entwickelte er innerhalb der Gattungen Symphonie, Konzert und Oper einen erstaunlich vielfältigen Kompositionsstil. Seine erste Symphonie f-Moll (1917) ist ein frühes Beispiel des Neoklassizismus noch vor Strawinsky und der Gruppe »Les Six«, während seine zweite Symphonie den für *Le Sacre* charakteristischen schweren und modernen rhythmischen »Drive« aufweist. Seine Oper *Die Liebe zu den drei Orangen* (1921) ist eine musikalisch von Witz und Ironie gefärbte bizarre Erzählung. Andere Werke aus dieser Stilepoche sind eher als romantisch zu bezeichnen, wie beispielsweise die frühen Klavierkonzerte. Zu dieser Zeit war seine Tonsprache noch von komplexer Tonalität geprägt, aufgelockert durch gelegentlich eingestreute polytonale Dissonanzen. Zu den weiteren Werken aus der prä-sowjetischen Zeit gehören zwei Violinkonzerte (1917 und 1935) sowie die Opern *Feurige Engel* (1929) und *Der Spieler* (1929).

Nach seiner Rückkehr in die Sowjetunion wurde Prokofiews Musik – purer Notwendigkeit folgend – stilistisch konservativer, allerdings nicht ohne einige ironische Beigaben. Seine interessantesten Werke aus dieser Zeit sind das Kinderstück *Peter und der Wolf* (1936) sowie seine Filmmusiken zu Sergej Eisensteins *Alexander Newskij* (1939) und *Iwan der Schreckliche* (1945). Er verfasste auch die Ballettmusik zu *Romeo und Julia* (1938), eine Partitur, die von der sowjetischen Zensur zunächst als zu modern abgelehnt wurde, sowie zu *Aschenbrödel* (1945).

Schostakowitsch lebte zeit seines Lebens unter dem Druck der sowjetischen Kulturpolitik. Im Mittelpunkt seiner Kompositionen stehen die beiden Zyklen von je 15 Symphonien und 15 Streichquartetten. Obwohl seine Musiksprache primär tonal geprägt ist, zeigt Schostakowitsch ebenso wie Prokofiew ein gewisses Maß an Subversion. In seiner zweiten Symphonie *Oktober* (1927) und in seiner dritten Symphonie *Der 1. Mai* (1929) führte er jeweils im letzten Satz Chöre zum Lob der Revolution ein. Seine gewagtere vierte Symphonie musste er hingegen nach dem Protest der Regierung zurückziehen, statt dessen stellte er mit seiner fünften Symphonie ein grandioses Werk vor, das die berühmten punktierten Rhythmen am Anfang aufweist – auch diese Symphonie enthält Momente subtiler Ironie.

Oben links: **Ein für Prokofiews Ballett *Das Märchen vom Schelm* entworfener Bühnenvorhang.**

Unten: **Theaterzettel der ersten englischen Aufführung von Schostakowitschs Oper *Lady Macbeth des Mzensker Bezirks*.**

Seine siebte Symphonie (1941), die während der Belagerung Leningrads entstand, war bei der Parteiführung so angesehen, dass sie im Ausland bekannt gemacht wurde. Die achte und neunte Symphonie trafen den Geschmack der Partei nicht in dem Maße. Nach Stalins Tod 1953 schrieb Schostakowitsch mit seiner zehnten Symphonie sein vielleicht bestes Werk dieser Gattung. Er verwendete in dieser Symphonie ein musikalisches Motiv, das er aus der Umschrift seiner Initialen in die deutsche Sprache gewann; dieses Motiv erscheint auch in seinem achten Streichquartett aus derselben Zeit. Die 13. Symphonie ist zweifellos sein radikalstes Werk, da er damit unverhohlen die Aktionen der sowjetischen Regierung kritisierte. Schostakowitsch schrieb auch Opern, darunter das berühmte Werk *Lady Macbeth des Mzensker Bezirks* (1932), zwei Klavierkonzerte, Violinkonzerte und Cellokonzerte sowie eine Sammlung von 24 Präludien und Fugen für Klavier (1951), das vielleicht mehr als jedes andere Werk seine enge Verbindung mit der europäischen Tradition belegt.

Musik seit 1945

Das Ende des Zweiten Weltkriegs bietet sich als günstiger Ausgangspunkt zur Untersuchung der zeitgenössischen Musik an. Es ist allzu verständlich, dass die jungen Komponisten der ersten Nachkriegsgeneration einen Neuanfang suchten, eine neue musikalische Sprache entwickeln wollten. So unterschiedlich und zahlreich die Ansätze auch sein mögen, ein gemeinsames, allen Bemühungen zu Grunde liegendes Interesse ist dennoch zu erkennen: sowohl die Funktion des Komponisten als auch sein Kunstverständnis neu zu bestimmen.

Das bevorstehende Charakteristikum der Musik in den vergangenen 50 Jahren scheint das Fehlen eines einheitlichen Stils, einer verbindenden Methode und vergleichbarer Zielsetzungen zu sein. Die Pluralität stilistischer Richtungen steht in direkter Relation zu dem Zeitalter, in dem wir leben. Deshalb kann im Folgenden keine erschöpfende Darstellung sämtlicher Komponisten gegeben werden, die während dieser Zeit wirkten. Statt dessen werden die wichtigsten musikalischen Richtungen genannt und die mit diesen Strömungen besonders eng verbundenen Komponisten.

Serielle Musik

Die erste wichtige Kompositionsschule der Nachkriegszeit wurde interessanterweise durch die Werke von Anton Webern geprägt. Der Reiz seiner Zwölftonmusik lag in der knappen Textur, der rätselhaften Neuheit und der Tendenz Material und Form vollkommen zu verknüpfen. Der französische Komponist Olivier Messiaen (1908–1992) eröffnete mit seiner Klavierkomposition *Mode de valeurs et d'intensités* (1949) einen neuen Bereich der seriellen Komposition. Das Stück beruht auf drei Reihen zu je zwölf Tönen, wobei jeder Tonhöhe eine bestimmte Tonlänge, Lautstärke und Vortragsweise zugeordnet ist. Da jedoch die Tonhöhen relativ frei eingesetzt werden, ist das Stück streng genommen nicht als serielles Werk zu bezeichnen.

Messiaens Schüler Pierre Boulez (*1925) und Karlheinz Stockhausen (*1928) bauten die Möglichkeiten der seriellen Musik weiter aus. In Boulez' Komposition für zwei Klaviere, *Structures I-II* (1952–56), wird jeder Parameter der Komposition durch eine serielle Vorordnung gesteuert. Dem Stück liegt eine herkömmliche zwölftönige Reihe zu Grunde, die nach vorgegebenem Verfahren transponiert wird. Vorgeordnet werden aber auch Lautstärke, Anschlag und Tonlängen. Die verschiedenen Reihen werden dann durchgeführt, wobei Tonhöhe, Tempo und die Zahl verschiedener gleichzeitig vorgeführter Reihen variieren. Stockhausen schrieb in *Kreuzspiel* (1961) und *Punkte* (1952) ähnlich präzis festgelegte Werke, beide Komponisten stießen aber bald an die Grenzen dieser Musik.

Trotz strengster formaler Kriterien und äußerster logischer Perfektion führte die serielle Musik zu ähnlichen Klangergebnissen. Das Fehlen melodischer und thematischer Ele-

Links: **Plattencover für Schostakowitschs Filmmusik *The Gadfly*. Bei dem Foto des Komponisten handelt es sich um eine grafische Verfremdung.**

Unten links: **Pierre Boulez im Jahr 1963. Boulez prägte die Weiterentwicklung der seriellen Musik entscheidend mit, untersuchte darüber hinaus die Beziehung zwischen Dichtung und Musik und bereicherte den Orchesterklang durch elektronische Musik.**

Unten rechts: **Olivier Messiaen, Aufnahme aus den späten 50er Jahren. Messiaens Musik war stark von indischer Musik, vom katholischem Mystizismus und sogar vom Gesang der Vögel als Ausgangspunkt melodischen Materials bestimmt.**

mente sowie die isolierten Einzelklänge ergaben einen so genannten »Pointillismus«, der sich den Zuhörern nur mit Mühe erschloss und zugleich wenig Möglichkeiten weiterer Entwicklung bot. Stockhausen setzte bei der Suche nach Lösungen bei der gruppenweisen Vorordnung des Materials an – bei Melodien, Akkorden und Klangfarben. Ergebnis seiner Überlegungen war das Werk *Kontrapunkte* (1952–53). Seine Komposition *Gruppen* (1957) für drei räumlich getrennte Orchester enthält zwischen den streng komponierten Teilen auch freier gestaltete Abschnitte. Auch Boulez wich bei der Komposition von *Le marteau sans maître* (1955) von der strengen Gesetzmäßigkeit ab. Der Erfolg dieser Musik liegt neben den postseriellen Vorgaben, auf denen sie beruht, in ihren zarten, orientalisch wirkenden und ausdrucksvollen Linien. Der Italiener Luigi Nono (1924–1990) verknüpfte in seiner Musik serielle Musik mit politischem Engagement. Sein *Il canto sospreso* ist eine Auseinandersetzung mit den Grausamkeiten der Faschisten, seine Oper *Intolleranza 1960* eine Art Glaubensbekenntnis seiner politisch links gerichteten Sympathien.

Hans Werner Henze (*1926) wandte sich trotz seines anfänglichen Interesses für die serielle Musik schnell dem Musiktheater als seinem eigentlichen Medium zu. Wie Weill und Nono ging es ihm darum, seine sozialistischen Ansichten darzulegen. Seine Musik enthält Zitate sowohl aus der klassischen Musiktradition wie auch aus populäreren Gattungen. Zu seinen Opern zählen *König Hirsch* (1956) und das oratorische Werk *Das Floß der Medusa* (1968).

Elektronische Musik

Die elektronische und computergenerierte Musik ist möglicherweise die wichtigste Errungenschaft hinsichtlich neuer Klangfarben und kompositionstechnischer Verfahren. Neue Technologien stellen nicht nur die Mittel zur Herstellung neuer Klänge bereit, in jüngster Zeit wurden mit zunehmendem Erfolg auch instrumentale Klangfarben synthetisiert. Der Pionier dieser Richtung ist Pierre Schaeffer (*1910), der in seinen Pariser Studios die »Musique concrète« entwickelte. Diese frühe Art elektronischer Musik setzte auf Tonbändern vorfabrizierte Klänge ein, die dann auf unterschiedliche Weise durch Steuerung der Laufrichtung oder Geschwindigkeit der Aufnahmen manipuliert wurden. Schaeffers berühmtestes Werk ist seine *Etude aux chemins de fer* aus dem Jahr 1948, in dem er Eisenbahngeräusche zusammenstellte. Auch Edgard Varèse setzte elektronische Musik ein, und zwar einerseits in Verbindung mit einem Instrumentalensemble in *Déserts* (1954), andererseits selbstständig in seinem *Poème électronique* (1958).

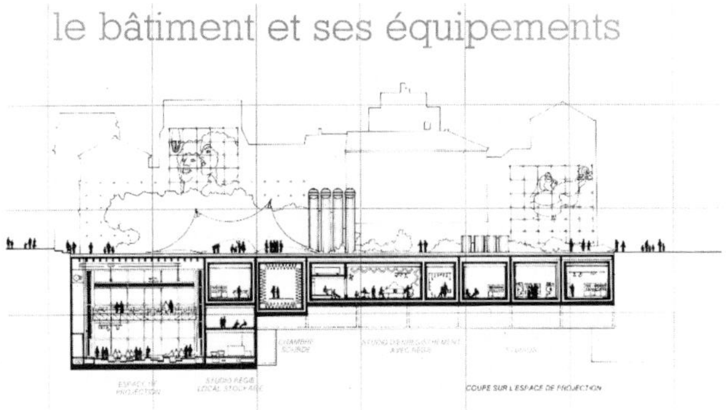

Ganz oben: **Karlheinz Stockhausen im Studio für Elektronische Musik in Köln (1960). Nach seinen Experimenten im Bereich der seriellen und der elektronischen Musik in den 50er Jahren überließ Stockhausen in seinen Werken der späten 60er Jahre, viele Aufführungsdetails der Intuition der Interpreten.**

Oben: **Gebäudeplan einschließlich technischer Ausstattung im IRCAM Zentrum in Paris.**

Elektronische Musik gab nun die Mittel an die Hand, die in der seriellen Musik schon angelegte Tendenz zur äußersten Determination von Ausdruckswerten umzusetzen. Karlheinz Stockhausen hielt die Verfahren der Musique concrète für seine Ziele nicht umsetzbar. Ausgangspunkt seiner Überlegungen war, dass in der seriellen Musik jeder musikalische Parameter eines Stückes festgelegt werden konnte. Es folgten Bestrebungen, auch die musikalische Klangfarbe den Strukturprinzipien der Komposition zu unterwerfen. In seinem Kölner Studio für Elektronische Musik produzierte Stockhausen entsprechende Werke, darunter vor allem seine elektronischen *Studien I und II* (1953), *Gesang der Jünglinge* (1956) – in diesem Werk verwendet er auch Klänge der Musique concrète – und *Kontakte* (1960) in Fassungen für elektronische Klänge sowie mit Klavier und Schlagzeug.

Rechts: **Seite aus der Partitur zu John Cages *Konzert für Klavier und Orchester* (1957–58). Cage, der vom Dadaismus wie vom Zen-Buddhismus beeeinflusst war, wandte die in der bildenden Kunst damals aktuellen Zufallsprinzipien auf die Darstellung von Klängen an; er legte dabei weder Instrument noch Dauer fest.**

Unten: **John Cage (links) im Aufnahmestudio mit dem amerikanischen Pianisten und Komponisten elektronischer Musik, David Tudor, 1965.**

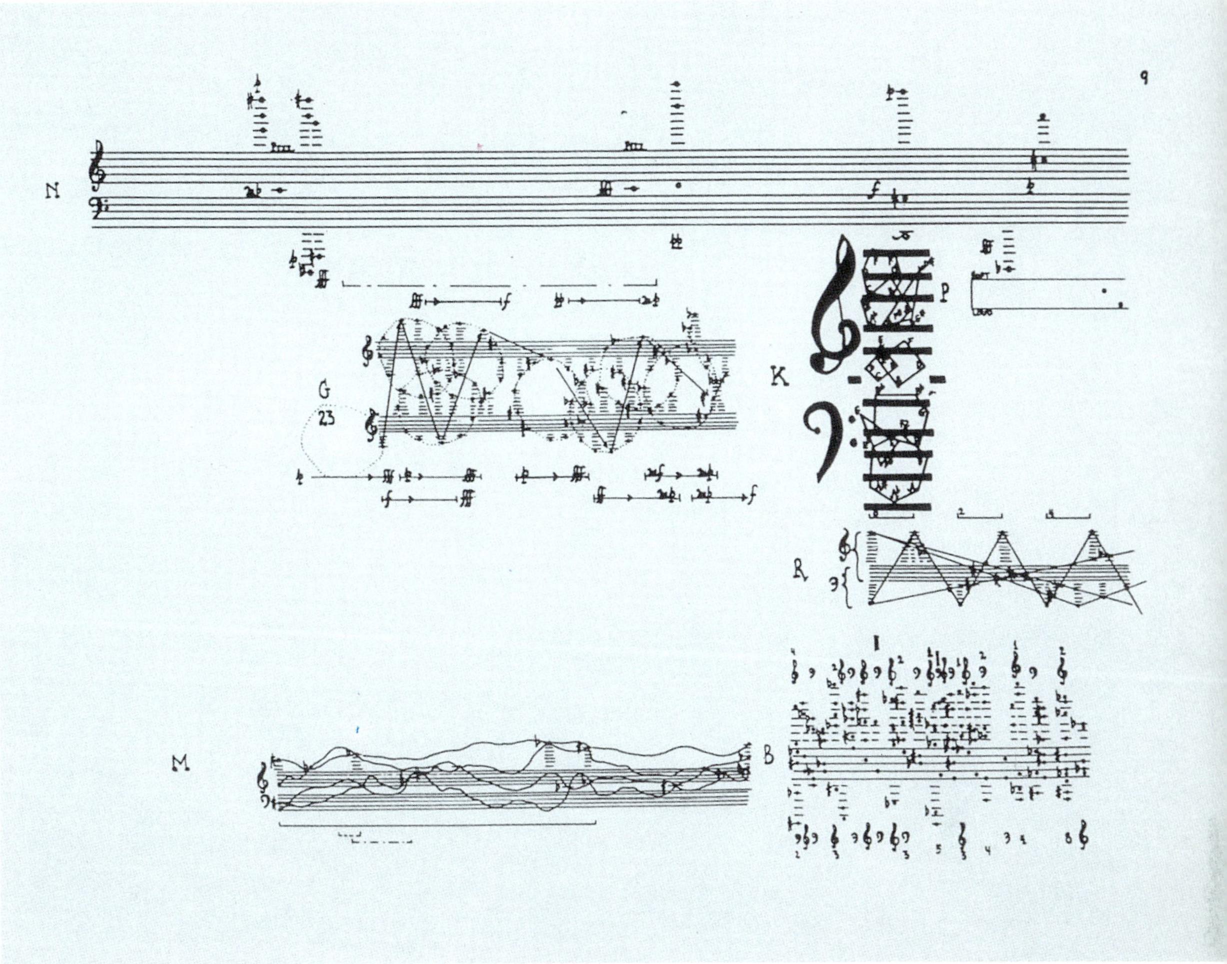

Die Weiterentwicklung des Computers wird der elektronischen Musik und ihrer Herstellung noch ungeahnte Möglichkeiten eröffnen. Computer sind dazu in der Lage das eigentliche Material einer Komposition bereitzustellen, bieten darüber hinaus auch die technischen Voraussetzungen zur »Live-Elektronik« und zur Verarbeitung von Publikumsreaktionen in Konzertsituationen bei der so genannten »Real-time Music«.

In den späten 70er Jahren wurde in Paris das Institut de Recherche et de Coordination Acoustique/Musique (IRCAM) gegründet, das zum führenden Forschungszentrum für elektronische Musik, Computermusik und die Analyse und Synthese von Klängen wurde. Komponisten wie Tristan Murail (*1947) und Kajia Saariaho (*1952) entwickelten mithilfe der exzellenten technischen Ausstattung des IRCAM Methoden zur Verbindung komplexer Klänge mit kompositorischen Strukturen – diese Richtung der neuen Musik ist unter dem Begriff »Spectral Music« bekannt.

Aleatorik

Einen Gegenpol zur seriellen Musik mit ihren rigiden musikalischen Parametern bilden kompositorische Verfahren, die Zufallsergebnisse, Improvisation und Auswahlprinzipien der Interpreten zulassen. Diese Musik setzt nicht nur die ästhetischen Theorien der Romantik und das Konzept des kreativen Genius außer Kraft, sie stellt auch die klassische Musik an sich und die Beziehung der Musik zur Außenwelt in Frage. Der bedeutendste Denker auf diesem Gebiet war der amerikanische Komponist John Cage (1912–1992). Er sah seine Aufgabe primär nicht darin, sein Innenleben musikalisch zu entblößen, sondern dem Menschen die ihn umgebenden Alltagsklänge zu verdeutlichen. Das berühmte *4'33''* ist ein vier Minuten und 33 Sekunden währendes »Nichts«, das man zunächst als »Stille«

Unten: **Morton Feldmann, dessen Musik sich durch eine besondere Zartheit auszeichnet.**

Ganz unten: **Eine Seite aus der Partitur der *Aventures* (1962) von György Ligeti. Ligetis besonderen Umgang mit Klangstrukturen, die durch das Verschmelzen einer Fülle von Stimmen gebildet werden, bezeichnet man als Mikropolyphonie.**

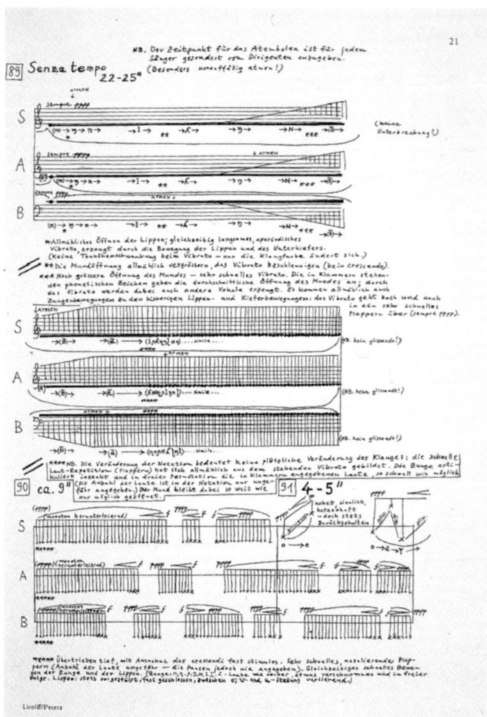

ansieht. Da auf der Bühne jedoch nichts geschieht, nehmen die Zuschauer die zahlreichen Klänge und Geräusche in ihrem Umfeld aufmerksamer wahr. Cage beschäftigte sich auch mit kompositorischen Verfahren, bei denen musikalisches Material aus Zufallsprozessen entwickelt wird, so beispielsweise durch das Werfen von Münzen (*Music of Changes* 1951) oder die kompositorische Einbeziehung von zwölf Radioapparaten, aus denen das tönt, was zum Zeitpunkt der Aufführung gerade gesendet wird (*Imaginary Landscape No. 4*).

Ein weiterer Aspekt der Aleatorik ist die offene Form. Das Musikstück erscheint bei jeder Aufführung in anderer Gestalt, wobei es abhängig ist von der jeweils neuen Gruppierung der einzelnen Werkteile, dann von den Improvisationen der Interpreten und der Verwendung variabler Parameter. Das erklingende Musikstück ist zwar immer dasselbe Werk, wird aber jeweils von einer anderen Warte aus betrachtet. Stockhausen arbeitete mit Prinzipien dieser Art während der 60er Jahre. Sein *Klavierstück XI* besteht aus einem großen Blatt Papier, auf dem verschiedene Musikfragmente notiert sind. Der Interpret beginnt mit irgendeinem Abschnitt in beliebigem Tempo, geht dann zum nächsten Teil über, der ihm gerade ins Auge fällt, wobei er das am Ende des vorhergehenden Abschnitts festgelegte Tempo wählt. Das Stück endet schließlich, wenn der Interpret einen Teil zum dritten Mal erreicht. Stockhausens *Zyklus* (1959) für Schlagzeug und Boulez' Dritte Klaviersonate funktionieren übrigens nach ähnlichen Ordnungsprinzipien.

Stockhausen arbeitete während dieser Zeit auch mit unterschiedlichsten improvisatorischen Elementen. Er schrieb Stücke nach einem so genannten »Plus-minus-Prinzip«, wobei das im weiteren Verlauf Gespielte durch eine Reihe von Zeichen, die sich auf einzelne musikalische Parameter beziehen, mit + (= mehr) oder – (= weniger) gekennzeichnet wurde. Die Arbeiten *Plus-minus* (1963), *Prozession* (1967) und *Kurzwellen* (1968) sind Beispiele für diese Art von Musik. Die kreative Mitwirkung des Musikers und dessen improvisatorisches Talent sind jedoch am meisten bei *Aus den sieben Tagen* (1968) gefragt. Das Stück besteht aus einer Folge von Texten, die bei den Interpreten musikalische Reaktionen hervorrufen sollen.

In den USA folgten verschiedene Komponisten den Anregungen von Cage. In den 50er Jahren verfassten Morton Feldman (1926–1987) und Earle Brown (*1926) graphisch notierte Kompositionen, deren Interpretation ebenfalls den Ausführenden überlassen blieb. Feldmans *Projections and Intersections* verdeutlicht den zeitlichen Ablauf durch das räumliche Layout der Partitur, während Besetzung, Stimmregister und Anzahl der verwendeten Klänge in Kästchen angegeben werden. Die graphische Notation erreichte ihre größten Möglichkeiten in Werken wie *December 1952* von Brown und *Treatise* (1963–67), einem Werk von Cornelius Cardew, das ohne erklärenden Text aus etwa 200 Seiten mit Symbolen und einer quasimusikalischen Notation besteht.

Neue Klänge

Die beiden vielleicht wichtigsten Vertreter der neuen Musik, die mit Klangfarbe und -struktur experimentieren, sind der aus Griechenland stammende Iannis Xenakis (*1922) und der ungarische Komponist György Ligeti (*1923). Xenakis hatte als ausgebildeter Architekt hervorragende mathematische Kenntnisse. Die Anwendung stochastischer Regeln zur Steuerung musikalischer Prozesse führte zu ganz neuen künstlerischen Ergeb-

Der griechische Komponist Iannis Xenakis (rechts) mit dem berühmten Architekten Le Corbusier, für den der gelernte Architekt und Ingenieur einige Jahre tätig war.

nissen von bedeutender Ausdruckskraft. In *Metastasis* (1953–55) werden vielschichtige Verbindungen von Streicher-Glissandi gezeigt, während *Plithoprakta* (1955–56) eine Vielzahl neuer – und genau errechneter – orchestraler »Klangflächen« vorstellt. Xenakis komponierte zahlreiche Werke für Streicher, für Schlagzeug (beispielsweise *Pleiades*) und elektronische Musik. Ligetis musikalische Strukturen wirken klanglich weniger schroff und beruhen zweifellos nicht auf vergleichbaren naturwissenschaftlichen Vorüberlegungen. *Atmosphères* (1961) und *Lontano* (1967) bestehen aus langsam fortschreitenden und lang ausgehaltenen Clustern von Orchesterklängen, während im Kammerkonzert für 13 Instrumentalisten verschiedene Schichten von Ostinati und kontrastierenden Tonimpulsen übereinander gelegt sind. Ligeti erreichte mit seiner Musik ein größeres Publikum als die meisten seiner Komponistenkollegen. Seine Musik wurde beispielsweise für den Soundtrack von Stanley Kubricks Filmen *2001: Odyssee im Weltraum* und *Shining* verwendet.

Die polnischen Komponisten Krzysztof Penderecki (*1933) und Witold Lutoslawski (1913–1994) experimentierten ebenfalls mit Klangfarben. Zur Erzielung eines dichten Klangvolumens ließen sie die Interpreten häufig zu selbst synchronisiertem Material spielen. Pendereckis *Threnos. Den Opfern von Hiroshima* (1960) für Streicher steht als Werk singulär da. Das Stück, das mit schrillen Tönen den Angriff auf Hiroshima nachzeichnet, ist das vielleicht radikalste Musikstück des 20. Jahrhunderts.

Auch der Italiener Giancinto Scelsi (1905–1988) experimentierte mit Klangeffekten. Charakteristisch für seine Werke sind die Begrenzung der vorgegebenen Tonhöhen sowie die Konzentration auf Timbre und mikrotonale Variationen. Seine *Quattro pezzi per orchestra su una nota sola* (1959) zeigen auf kraftvolle Weise den von einer einzigen, unveränderten Tonhöhe ausgehenden Klang. Scelsi war zunächst relativ wenig bekannt und wurde in Avantgarde-Kreisen erst in seinen letzten zehn Lebensjahren entdeckt. Die Bedeutung und Originalität seiner Werke wird erst in jüngster Vergangenheit ausreichend gewürdigt.

Oben links: **Plattencover für das *Te Deum* und andere geistliche Werke von Arvo Pärt, aufgeführt vom Estnischen Kammerchor und dem Kammerorchester Tallin unter dem Dirigat von Tõnu Kaljuste.**

Oben rechts: **Der für seine avantgardistischen Bühnenwerke bekannte Komponist Philip Glass arbeitete bei *Hydrogen Jukebox* mit dem führenden Dichter der Beat Generation, Allen Ginsberg, zusammen.**

Minimal Music

Eine Gegenreaktion auf die »zunehmende Komplexität« der neuen Musik in der Nachkriegszeit war unvermeidlich. Die Anfänge dieser Bewegung, die man als *Repetitive Music* oder *Minimal Music* bezeichnet, liegen in der Fluxus-Bewegung, die in den frühen 60er Jahren von New York ausging. Die bedeutendsten Protagonisten der Minimal Music waren zu dieser Zeit La Monte Young (*1935) und Terry Riley (*1935). Schlichte Musik wurde gemeinsam mit anderen Aktionen in so genannten Happenings aufgeführt. Rileys Stück *In C* (1964) besteht aus einer Fülle von Motiven in C-Dur, die bei einem durchlaufenden Rhythmus erklingen. Youngs Werk *The Tortoise, His Dreams and Journeys* für Stimmen, Mischpult, Verstärker, einen tiefen Brummton und Lautsprecher stellt die Geduld der Zuhörer durch seine Länge und langsame Entwicklung auf die Probe.

Steve Reich (*1936) und Philip Glass (*1937) entwickelten die Minimal Music durch die Verwendung auditiver Prozesse weiter. Reich führte dabei die Idee der Phasenverschiebung ein, wobei einfache musikalische Ideen durch eine minimale Beschleunigung des einen Spielers allmählich asynchron liefen und so verschoben wurden. Zunächst wandte er dieses Prinzip ausschließlich auf Tonbandausschnitte mit Sprache an, wie beispielsweise in *Come Out* (1966), später übertrug er dieses Prinzip aber auch auf Instrumentalmusik, wie etwa in *Piano Phase* und *Violin Phase* (1967). In den 70er Jahren führte Reich diese Ideen weiter, wenngleich er seine Werke umfangreicher und stärker besetzte. *Drumming* (1971), *Music for Mallet, Instruments, Voices and Organ* (1973) und *Music for 18 Musicians* (1974–76) sind Beispiele aus dieser Zeit. In jüngeren Jahren haben Reichs Werke ein wenig die ursprüngliche Radikalität verloren. Bei

Rechts: **Das Kronos Quartet, dem Steve Reich sein Stück *Different Trains* widmete, im Jahr 1988. Das Stück ist für Reichs spätere Werke charakteristisch, in denen er häufig sein jüdisches Erbe thematisiert.**

Rechts außen: **Philip Glass am Keyboard (im Vordergrund rechts) bei einer Probe mit seinen Musikern am UCLA, Los Angeles, März 1977.**

den Stücken für größere Ensembles wie *The Desert Music* (1982–83) und *The Four Sections* (1987) treten die kompositorischen Prozesse gegenüber der üppigen Klangfarbe des Orchesters wieder in den Hintergrund. Reich verfasste auch Werke, aus denen sein jüdisches Erbe hervorgeht, wie beispielsweise in der für das Kronos Quartet geschriebenen Komposition *Different Trains* (1988) und dem multimedialen Stück *The Cave* (1992).

Philip Glass arbeitete bei seinen Anfängen in den späten 60er Jahren – wahrscheinlich beeinflusst von seinen Experimenten mit indischer Musik – mit additiven Rhythmen. Er schrieb mehrere Werke wie beispielsweise *Music in Similar Motion* (1969), in denen er rhythmische Prozesse für nicht näher festgelegte Instrumente verarbeitete. Später ging er zu Werken wie *Music with Changing Parts* (1970) über, in denen additive Rhythmen durch Abschnitte lang ausgehaltener Akkorde überlagert wurden. Am besten kennt man Glass jedoch für seine Opernbeiträge, darunter *Einstein on the Beach* (1975), ein viereinhalbstündiges Werk, das weder einen Text noch zusammenhängende Handlungsstrukturen enthält. Auch andere minimalistische Komponisten sahen in der Oper eine besonders für ihre Musik geeignete Gattung. So schrieb der Amerikaner John Adams (*1947) *Nixon in China* (1987), die seine ausgezeichneten Instrumentationskünste belegt. Ein subtilerer und an Strawinsky erinnernder Minimalismus wird in den Werken Louis Andriessens (*1939) deutlich, der gemeinsam mit Peter Greenaway die Oper *Rosa* (1992) komponierte.

Ein stärker von religiösen und kontemplativen Momenten geprägter Minimalismus zeichnet die Werke des Esten Arvo Pärt (*1935) und des englischen Komponisten John Tavener (*1944) aus. Insgesamt gesehen hat der Minimalismus beim breiten Publikum mehr Anklang gefunden als die anderen musikalischen Strömungen der Nachkriegszeit. Die Gründe dafür liegen auf der Hand – stärkere Melodik, modale Harmonik und klangvolle Instrumentation.

Postmoderne und jüngste Entwicklungen

Der Begriff »Postmoderne« entstand in der Architektur zur Beschreibung eines Baustils, der die strengen Formen der internationalen Architektursprache ablehnte und den Bauwerken statt dessen Elemente vergangener Baustile spielerisch einverleibte. Postmoderne Ästhetik hat in den verschiedensten künstlerischen Bereichen zu vielfältigen Ergebnissen geführt. Zunächst einmal spiegelt die Postmoderne ein quasi geschichtsloses Zeitalter wider; der Künstler bedient sich allgemein verfügbarer Elemente der kulturellen Tradition. Die häufig ironischen Ergebnisse zeugen von der Vielschichtigkeit der zeitgenössischen Kultur.

Zwei Vertreter des postmodernen Stils sind der Russe Alfred Schnittke (1934–1998) und der Amerikaner John Zorn (*1953). Schnittke ist in vielfacher Hinsicht in der Tradition Schostakowitschs zu sehen. Seine Werke sind reich an ironischen Anspielungen, die sich aus der Verzerrung entlehnter Musikstücke ergeben. In seinem *Concerto Grosso* aus dem Jahr 1977 kombiniert Schnittke barocke Elemente mit Atonalität und Popmusik und verstört so bewusst sein Publikum. Zorns Werke hingegen sind auf direktere Weise mit der Alltagskultur – und vielleicht auch ihrem »Scheitern« – verbunden. *Forbidden Fruit* für Streichquartett und Tonband wechselt ständig zwischen unterschiedlichsten stilistischen Musikrichtungen und entspricht so in gewisser Weise dem »Zappen« des heutigen Fernsehkonsumenten mit seiner recht kurzen Aufmerksamkeitsspanne.

Trotz seiner scheinbaren Verspieltheit kann man den Postmodernismus durchaus als Hinweis auf eine eher nihilistische Zukunft verstehen. Wohin sollen wir uns wenden, ahistorisch und von keiner Strömung nach vorne getrieben? Es bleibt eigentlich nur der Weg zurück. Doch was ist die

Unten links: **Der Saxophonist und Komponist John Zorn, dessen Musik durch Elemente von Jazz und Rock charakterisiert ist, gemeinsam mit seiner Ex-Frau Mori Ikue, die in vielen Gruppen seine Schlagzeugerin war.**

Unten rechts: **Der Komponist Luciano Berio. Seine *Sinfonia* (1968) für Stimmen und Orchester enthält Ausschnitte aus zahlreichen Werken anderer Komponisten von Ravel bis Stockhausen. Berio ordnete diese Ausschnitte um das Scherzo von Mahlers Zweiter Synphonie an, das ihm als Rahmen diente. Das Zitieren aus anderen Werken ist ein Merkmal der Postmoderne.**

Botschaft dieser Musik? Bedeuten diese Werke womöglich das Ende der Kunstmusik? Vertraut man den zahlreichen Komponisten, die nicht bereit waren, die Prämissen der postmodernen Theorie zu akzeptieren, dann ist die Antwort ein deutliches »nein«.

Viele englische Komponisten haben die moderne Musik bewusst weiterentwickelt. Brian Ferneyhough (*1943) hat mit einer stilistischen Richtung, die häufig als »Komplexität« bezeichnet wird, den vielleicht extremsten Standpunkt der postseriellen Musik eingenommen. Seine Musik ist wie die seines Zeitgenossen Michael Finnissy (*1946) durch eine äußerst genaue Notation und hohe Anforderungen an den Interpreten geprägt. Komplizierteste Rhythmen und größte Sorgfalt hinsichtlich technischer Ausführung und Ausdruck verlangen vom Spieler Höchstleistungen. Ferneyhoughs *Transit* (1972–75) ist für Sänger und Ensemble geschrieben, *Carceri d'invenzione* (1981-86) ist ein umfangreicher Zyklus, in dem sich extrem virtuose Solostücke und kraftvolle, dichte Ensemblestücke abwechseln. Auch Harrison Birtwistle (*1934) hat mit seinen hervorragenden *Earth Dances* (1985-86) für Orchester und den beiden Opern *Gawain* (1991) und *The Mask of Orpheus* (1986) den traditionelleren Gattungen englischer Musik neue Impulse vermittelt.

Der deutsche Komponist Helmut Lachenmann (*1935) trug maßgeblich zur Erweiterung der Instrumentaltechniken bei. Er entwickelte eine der Tabulatur ähnliche Notenschrift, um eine engere Verbindung zwischen den Vorstellungen des Komponisten und dem ausführenden Spieler zu erreichen. Im Kontrast dazu werden die Werke von Wolfgang Rihm (*1952) als »neoromantisch« bezeichnet – eine ästhetische Strömung der Nachkriegszeit, die sowohl in den USA wie auch in England viel Anklang fand.

Angesichts dieser Fülle sich oft gegenseitig ausschließender ästhetischer Ansätze und stilistischer Richtungen in der zeitgenössischen klassischen Musik kann man sich kaum vorstellen, dass es unter Komponisten je wieder eine »gemeinsame Setzart« geben könnte. Das ist vielleicht aber auch nicht notwendig oder wünschenswert, denn die Pluralität moderner Musik ist nichts weniger als ein Spiegelbild unserer Zeit, in der sowohl Vergangenes wie auch andere kulturelle Lebensformen anklingen.

Unten links: **Die erste Aufnahme von Alfred Schnittkes *Geistlichen Hymnen* und seiner Symphonie Nr. 4, eingespielt vom Staatlichen Russischen Symphonieorchester unter der Leitung von Valéry Polyansky.**

Unten rechts: **Schnittke 1990 in Berlin. Zu seinen experimentellen Arbeiten mit seriellen Techniken und elektronischer Musik zählen zwei Symphonien, drei Violinkonzerte, ein Klavierkonzert, ein Oratorium, ein Requiem und die berühmte kammermusikalische *Hymnus-Serie*.**

Register

Kursive Seitenzahlen beziehen sich auf Abbildungen bzw. Bildunterschriften.

Abkürzungsschlüssel für Werkverzeichnisse

BWV Bach-Werke-Verzeichnis (J. S. Bach)
D Deutsch-Verzeichnis (Schubert)
KV Köchelverzeichnis (Mozart)

Bildnachweis

Der Verlag bedankt sich bei folgenden Institutionen für die freundliche Abdruckgenehmigung von Abbildungen in diesem Buch. Es wurde alles unternommen, um die Bildquellen vollständig anzugeben. Der Verlag entschuldigt sich für eventuelle unabsichtliche Auslassungen, sie werden in zukünftigen Auflagen berichtigt. Dank an Simon Scott für seine Hilfe an diesem Projekt.

AKG, LONDON 29, 42 oben, 45, 62, 72, 75, 79 rechts, 82 rechts, 96 rechts, 98 links, 99 links, 107, 108, 111 rechts, 115, 117, 124 oben, 125, 126 oben, 131, 132, 134 oben, 135 links, 137 unten, 138 unten, 141 unten, 142, 143 links, 143 rechts, 144 oben, 147 unten, 151 oben, 154, 156 oben, 157 unten, 160, 162 rechts, 168, 170 unten, 180 oben, Accademia Rossini, Bologna 76 unten, Akademie der Bildenden Künste, Wien / Erich Lessing 96 links, Österreichische Nationalbibliothek, Wien 42 unten, Bibliotheque Nationale 28, Biblioteca Governativa Statale 23, Bibliotheque Nationale, Paris 30, 80 rechts, Erich Lessing / Sammlung Schloss Ambras, Innsbruck 41, Fred Dolbin 174 oben, Hamburgische Geschichte 67, Von der Heydt-Museum, Wuppertal, Deutschland / Erich Lessing 167 unten, Histor. Museum des Stadt Wien, Wien 106, Hospital Tavera, Toledo / Joseph Martin 77, Erich Lessing / Kunsthistorisches Museum, Wien 36, Erich Lessing 16–17 oben, Liceo Musicale, Bologna 98 rechts, Moravska Museum, Brünn 165 oben, Erich Lessing / Musée du Louvre, Paris 10, 12 unten, Musée du Louvre, Paris 32, Museo Bibliografico Musicale, Bologna 82 links, 129 oben, National Gallery of Victoria, Melbourne 100, National Gallery, London / Erich Lessing 93, Österreichische Nationalbibliothek, Wien 66 unten, Österreichische Galerie im Belvedere, Wien / Erich Lessing 145, Mauro Pagano 65 oben, Royal College of Music, London 103, Schloss Schönbrunn,Wien / Erich Lessing 56 oben, Staatsbibliothek, München 48, Staatl. Kunstslg., Schloss-Museum 47, Universitätsbibliothek, Hamburg 86, Versailles Museum 79 links

BRIDGEMAN ART LIBRARY, LONDON / NEW YORK Trustees of Berkeley Castle, Gloucs. 54, Biblioteca de el Escorial, Madrid / Index 25, Biblioteca Medicea-Laurenziana, Florenz 33 links, Bibliotheque de L'Opera, Paris 178 oben links, Bibliotheque Municipale, Laon / Giraudon 18, Bibliotheque Nationale, Paris / Artephot / Trela 163 links, Bibliotheque Nationale, Paris / Giraudon 46, Bibliotheque Royale de Belgique, Brüssel 22, Bibliotheque Nationale, Paris 38, Bonhams, London 74, British Library, London 50 oben, 87 unten, 134 unten, 165 unten, British Library, London / © Succession Picasso / DACS 1999 169 unten, Schloss Versailles / Giraudon 104–105, Schloss Versailles / Peter Willi 58, Christie's Images, London 85 rechts, Christie's, London 53, Galleria dell' Accademia, Venedig 64, Gemäldegalerie, Dresden 122, Guildhall Art Gallery, Corporation of London 68, Haags Gemeentemuseum, Niederlande 112, 163 rechts, 179 rechts, Haags Gemeentemuseum, Niederlande / fotografiert von G.L. Manuel Freres 138 oben, Haags Gemeentemuseum, Niederlande 141 unten, Ham House, Surrey 55, Historisches Museum der Stadt, Wien 102, 118, Hotel Lallemand, Bourges / Giraudon 51, Louvre, Paris / Giraudon 110 links, Louvre, Paris / Lauros-Giraudon 49 unten, Musée Conde, Chantilly / Giraudon 80 links, Museo di Goethe, Rom / Giraudon 124 unten, Museo Real Academia de Bellas Artes, Madrid 92, Museum of London 70, National Gallery, London 59, Österreichische Galerie, Wien 144 Mitte, Österreichische Nationalbibliothek, Wien 146, Private Sammlung, 15, 43, 85 links, 87 oben, 88, 95, 114, 137 oben, 139, 153 rechts, 158–159 oben, 166, Private Sammlung / Peter Willi / © ADAGP, Paris und DACS, London 1999 81, Royal College of Music, London 71, Staatsbibliothek, Berlin 109, Stapleton Sammlung 50 unten, Victoria & Albert Museum, London 127, 157 oben, Victoria & Albert Museum, London, Großbritannien 69

CHANDOS 187 links

CORBIS UK LTD Bettmann arlin, 65 unten, 119, 175 links, UPI 173, 175 rechts, Gianni Dagli Orti 14 oben, Kimbell Art Museum 40

© 1993 ECM RECORDS Cover Fotografie von Tonu Tormis / Layout von Barbara Wojirsch 184 oben links

© 1993 ELECTRA ENTERTAINMENT, ein Unternehmen der Warner Communications Inc. / Design von James Victore Design Works / Cover Fotografie © Robert Frank 184 oben rechts

EMI 178 oben rechts

HULTON GETTY PICTURE COLLECTION 52 oben, 94, 130, 156 unten, Erich Auerbach 176 rechts, 181 unten, Alex Bender 176 links

ALAN KING 6, 8–9 unten, 16–17 unten, 26–27 unten, 34–35 unten, 56 unten, 90–91 Mitte rechts 120–121 unten, 158–159 unten

KOBAL COLLECTION MOSFILM 177 links

LEBRECHT COLLECTION front arlin, 12 oben, 13, 14 unten, 20, 21, 26–27 oben, 31, 33 rechts, 34–35 oben, 39, 44, 49 oben, 52 unten, 61, 63, 66 oben, 73, 76 oben, 90–91 oben, 99 rechts, 101, 110 rechts, 111 links, 120–121 oben, 126 unten, 128, 129 unten, 133 oben, 135 rechts, 136, 140 unten, 140 oben, 144 unten, 147 oben, 148, 149, 150, 151 unten, 152, 153 links, 155 rechts, 155 links, 167 oben, 170 oben, 171, 174 unten rechts, 177 rechts, 178 unten, 183, © ADAGP, Paris und DACS, London 1999 164 oben, 169 oben, © Copyright 1964 Henry Litolff's Verlag, Frankfurt. Nachdruck mit Genehmigung von Peters Edition Limited, London, 182 unten, Zdenek Chrapek 184 unten, Milein Cosman 172 oben, Betty Freeman 185, 187 rechts, © Copyright 1960 Henmar Press Inc., New York. Nachdruck mit Genehmigung von Peters Edition Limited, London. 181 oben, I.R.C.A.M. 180 unten, Andre LeCoz 179 links, G. Newson 182 oben, © Succession Picasso / DACS 1999 164 unten

MAGNUM PHOTOS Martine Franck 5, 186 rechts, Guy le Querrec 161, 186 links

PERFORMING ARTS LIBRARY Clive Barda 162 links, 172 unten, Ron Scherl 133 unten

RCA 174 unten links

WERNER FORMAN ARCHIVE Museo Nazionale Romano, Rom 8–9 oben